. I AM A BOOK READER IN SEOUL .

BOOK REVOLUTION IN SEOUL

책의 미래를 찾는 여행, 서울

일본의 북 디렉터가 본 서울의 서점 이야기

→ 우치누마 신타로, 아야메 요시노부 · 편저

다나카 유키코 · 사진

→ 김혜원 옮김

ꕯln

CONTENTS

인터뷰에서 언급되는 '올해'는 기본적으로 '2016년'입니다.

Departure

→ 시작하며 / 아야메 요시노부

서울에서 묵었던 에어비앤비의 숙소도, 취재차 방문했던 장소도 에어컨의 설정 온도는 18도였다. 단번에 땀을 식히든가 아니면 끄든가. 다른 선택지는 없었다.

에어컨에 대해 이야기하는 것이 아니다. 나는 서점에 대해 말하고 있다. 도쿄에서 비행기로 2시간 반 정도 떨어져 있는, 도쿄와 마찬가지로 천만 명이 사는 도시 서울에서는 지금 유례없는 서점 붐이 일고 있다. 특히 작년 여름 이후로 '동네 서점'이라는 개인이 운영하는 서점이 일주일에 한 군데는 생겨나고 있다. 시집만 파는 서점, 온갖 고양이 책을 다루는 서점, 독서 모임에 특화된 서점까지 하나같이 개성적이다. 게다가 서점을 개업한 이들은 80년대생을 중심으로 한 젊은 세대이다. 서점뿐만이 아니다. 독립출판물이라고 하는 개인이 만든 책도 매일 한 권씩은 출판되고 있으며, 독립출판물을 한데 모은 북페어가 열리면 젊은이들이 구름같이 모여든다. 편집자는 30대가 되면 출판사에서 나와 1인 출판사를 시작한다. 이러한 흐름은 스위치가 갑자기 켜진 듯이 급격해 보이기까지 한다.

대체 어떻게 된 일일까? 바로 옆에서 이렇게 재미있는 일들이 일어나고 있는데, 일본에서는 전혀 모른다고 해도 될 정도다.

이러한 숨어 있던 놀라운 일들이 《책의 미래를 찾는 여행, 서울》의 모든 출발점이다.

《책의 미래를 찾는 여행, 서울》의 집필 계기도 책이었다. 2013년에 편집했던 《책의 역습》이 한국에서 번역 출간(하루 출판사)되었는데,

2016년 6월에 출간 기념회를 겸하여 저자인 우치누마 신타로 씨와 함께 서울을 방문했다. 모처럼 왔으니 서울의 서점과 북카페에 가보고 싶어서 이틀에 걸쳐 북 디렉터인 정지혜 씨와 《책의 역습》 한국어판 편집자 문희언 씨의 안내를 받았다. 그런데 생각지도 않게 방문했던 장소들에 완전히 매료되어서, 맛있다던 삼겹살은 뒷전이고 다음 장소로 발길이 차마 떨어지지 않았다. 독자적으로 진화한 '맥주 파는 서점'에, 직접 굿즈를 만드는 온라인 서점의 오프라인 중고 서점에, 출판사가 운영하는 널찍한 북카페까지. 이런 현상을 만들어낸 뜨거운 열정에 한 대 얻어맞은 기분이었다. 나와 우치누마 씨는 귀국하기 전에 김포공항 내의 카페에 앉아서 대기하고 있었는데, 정신을 차리고 보니 맥주도 없는 상태로 "이걸 책으로 만들자"는 이야기를 하고 있었다. 그로부터 1개월 후. 이번에는 사진작가 다나카 유키코 씨도 합세해서 우리는 다시 무더운 서울을 찾았다. 지난달 방문했던 장소 외에 출판의 최전선에서 활동하고 있는 서울의 서점, 출판사, 잡지사 리스트를 더해서 네 분의 통역과 번갈아가며 일주일 정도 둘러보았다. 기본요금 300엔약 3,000원 - 역주인 택시로 곳곳을 돌아다니면서 우리가 느꼈던 놀라움의 정체를 확인하고자 했다. 그 과정을 기록한 책이 바로 《책의 미래를 찾는 여행, 서울》이다. 책의 현장에서 독립을 추구하는 서점 주인과 출판사 대표부터 넓게는 책과 관련된 활동을 하는 자영업자 등 독립적인 개인을 대상으로 하여, 2~3시간 동안 대화를 나누며 독립하기까지의 과정과 독립을 실행하는 데에 영향을 준 생각에 대해 찬찬히 들었다.

우리의 문제의식은 간단하다. 바로 '어쩌면 한국의 출판업계는 일본의 미래를 보여주고 있는 것이 아닐까?' 하는 점이다. 한국 인구는 5,145만 명(2017년 추산 인구로, 인구의 4분의 1이 서울에 집중되어 있다)으로, 현재 일본의 인구는 한국의 2배 정도 되지만 2097년에는 5,180만 명으로 감소하리라는 예측도 있다(〈아사히신문 글로브GLOBE〉 2017년 4월 2일). 즉 인구라는 측면에서 보면 지금의 한국은 80년 후의 일본이라는 말이 된다. 출판 시장은 독자 시장이기도 하다. 그렇다면 인구가 점점 감소할 일본의 미래가 한국의 현재에 투영되고 있는 것은 아닐까?

인구뿐만이 아니다. 학벌 사회, 취업난과 비정규직 고용, 증가하는 실업률, 만혼화와 고령화 현상, 높은 자살률, 혼란스러운 정치와 정체된 사회. 동아시아 문화권 안에 있는 한국과 일본 사이에 공통적으로 나타나는 사회문제는 얼마든지 찾아낼 수 있다. 젊은이들에게 미래, 희망, 성공이라는 단어를 건넨다 한들 그들은 쉽사리 받아들이지 못한다. 이러한 현재의 상황과 언뜻 정반대처럼 보이는 서점의 번성에는 어떤 의미가 있을까?

이런 자료도 있다. 한국에서는 여전히 자영업의 선택지 중에 치킨집이 인기가 많아서 2011년 기준으로 그 수는 3만 6천 곳인데, '2002년부터 2011년까지 약 7만 4천 곳이 개업을 한 반면 약 5만 곳이 휴 · 폐업했다'고 한다(《아사히신문》 2016년 9월 9일). 생각해보면 한국은 일본이 20년 걸려서 달성한 고도 경제성장을 단기간에 이루어낸 압축 성장의 나라이기도 하다. 박근혜 대통령 탄핵을 요구하며 광장에 모인 수백만 명의 사람들처럼 한번 불이 붙으면 타오를 때까지 멈출 수 없는 것일지도 모르겠다.

요컨대 한국이 일본에 앞서서 일종의 거대한 사회적 실험을 실행하고 있다는 말이다. '인구 감소 사회라는 실험실에서 조금 급진적으로 실험을 진행하면 이렇게 됩니다'라는 듯이 책의 미래가 어떤 모습일지를 앞서서 보여주며, 동시에 스위치를 올릴지 내릴지 그 선택을 묻고 있기도 하다. 이 책에 나오는 어떤 이들은 "한국의 출판계는 한번 망했던 적이 있으니까요"라는 말도 했지만, 망한 세계에 가서 미리 배울 수 있다면 그렇게 하지 않을 이유가 없다.

어쩌면 우리는 잘못 생각하고 있지 않았을까. 상대를 가볍게 여겼던 것은 아닐까. 일부러 긴 시간을 들여 미국이나 유럽까지 나가지 않아도, 바로 코앞에 매일같이 과감한 실험을 하는 사람들이 이렇게나 많이 있었는데 말이다.

《책의 미래를 찾는 여행, 서울》은 무엇보다 한국의 친구들이 베풀어준

호의가 바탕이 되었다. 일본 서점을 시작으로 출판계에 대해 배우고자 했던 이들이 일본을 방문하고 일본어를 공부한 덕분에 인연이 돌고 돌아 우리가 서울에서 만나게 되었다. 비록 우리는 한국의 출판에 대해 뒤늦게 접하게 되었지만 한국 서점의 흥미로운 점들을 계속 발견해나가고 있는 중이다. 이 책을 읽고 서울의 서점이나 출판에 흥미가 생긴다면 우선 현지에 가보는 것을 추천한다(도쿄에서 나의 고향인 돗토리까지 가는 비용보다 저렴하다). 언어로는 표현할 수 없는, 서울에 부유하는 '공기'에 몸을 맡겨보기를 권한다.《책의 역습》을 한국어로 번역한 문희언 씨가 편집도 했다는 점에 놀랐지만, 문희언 씨는 한술 더 떠서 "유명한 번역가 선생님한테 번역을 맡겨도 믿을 수 없으니까요"라는 말을 했다. 개인을 독립과 변화의 흐름 속으로 이끌어가는 기개도 한국 곳곳에서 만날 수 있다.

취재는 2016년 7월 말에 했으나 편집 작업이 오래 걸리기도 하여 출간이 늦어졌다. 그 사이에 서울에서는 어떠한 변화가 있었을까를 생각하니 가만히 앉아 있을 수가 없었다. 그래서 책이 나오기 전에 다시 서울에 가서 추가로 취재를 했는데, 1년도 채 되지 않는 기간에 2호점을 내거나 이전한 서점이 있는가 하면, 책을 13권이나 출판하거나 퇴사하고 새로운 기획을 하고 있는 편집자도 있었다. 정말이지 변화의 속도는 압도적이다.

이 책은 변화의 단면을 보여줄 뿐이지만, 데라야마 슈지 식으로 말하면 '달리면서 읽는 책'이 되기를 바란다**문학, 연극, 영화 등 다양한 장르를 넘나들며 활동했던 예술계의 기린아 데라야마 슈지는 '달리면서 읽는 책은 없는 걸까? 이런 생각을 진지하게 한 적이 있다'는 글을 썼다 - 역주**. 문화 교류라는 추상적인 말 속에서 책이라는 구체적인 단서를 찾아서, 폐쇄적인 시대보다는 개방적인 시대를 향해 한 표와 한 몸을 던지고 싶다. 그렇다, 우리는 단지 서점에 대해서만 이야기를 하고 있는 것이 아니다.

2017년 5월

→ (Bookstore)

THANKS
BOOKS

LEE KISEOB

(Bookstore)

BOOK ─────────→ → (Bookstore)
←──→ REVOLUTION
→ IN ──→ SEOUL

1.

동네 문화 공간을 지향하는
큐레이션 서점의 선두 주자

→ (Interview)

이기섭

THANKS BOOKS 땡스북스 대표

1968년 대전 출생

─────→ 한국의 서점을 다루는 기사에 반드시 소개되는 서점이 있다. 젊음의 거리 홍대에 있는 서점 땡스북스다. 땡스북스는 최초의 커피 파는 큐레이션 서점으로 2011년 탄생했다. 이제는 홍대뿐만 아니라 서울을 대표하는 동네 서점이 되었다. 서점에 진열된 책들은 북디자인부터 흥미를 끈다. 평일 낮에도 젊은 여성 손님들이 잇따라 들어온다. 땡스북스의 인기 비결은 무엇일까? 이기섭 대표의 본업이 디자이너라는 점에 그 단서가 숨어 있는 것일까?

THANKS BOOKS

문화 공간 역할을 하는 서점을 만들고 싶었다

땡스북스는 2011년 3월 25일에 문을 열었어요. 본격적으로 이야기하기 전에 우선 오픈할 때의 상황을 조금 설명해드릴까요? 그 당시 한국에서는 온라인 서점이 아주 빠르게 정착해서 온라인 서점의 영향력이 압도적인 상태였어요. 일본에 비하면 한국의 국토는 아담한 편이어서(한국의 국토 면적은 일본의 약 4분의 1이다) 온라인으로 책을 주문하면 그날 집까지 배송되기도 해요. 한국에서는 '총알 배송'이라고 하죠. 이런 이유도 더해서 2009년부터 2011년까지 꽤 많은 동네 서점이 폐업하고 말았어요. 동네에서 서점이 사라지고 있다는 뉴스도 매일같이 들려오고 있었는데 그러던 와중에 학생 때부터 다니던 홍익서점도 없어져버린 거죠. 홍익서점은 대학가인 홍대 지역의 긴 역사를 축적해오던 서점이었어요. 저는 자주 들락날락하던 서점이 없어져서 불편함을 느끼고 있었죠.

그 즈음 저에게 일을 맡겼던 클라이언트 중에 빌딩을 가지고 있는 분이 계셨는데, 자기 소유의 빌딩 1층에 있는 갤러리 카페 영업이 신통치 않아서 업종을 변경하려던 참이었어요. 그때 제가 책만 파는 서점이 아니라 카페도 있는, 책이 주인공인 문화 공간을 만드는 건 어떠냐고 제안드렸죠. 온라인 서점이 아무리 빨리 배송해준다 해도 오프라인 서점의 수요는 반드시 있으리라고 생각했거든요. 아이디어는 좋지만 직접 하지는 못하겠다는 클라이언트 대신 제가 주도적으로 진행하게 됐어요. 임차료도 무척 싸게 해주셨고요. 그렇게 해서 만들어진 공간이 이곳 땡스북스예요.

저는 원래, 아니 지금도 그래픽 디자이너로 일을 하고 있어요. 홍대에 다닐 때부터 계속 북 디자인을 해왔습니다. 학생 때는 미술계 학술 잡지를 만들었고 졸업한 다음에는 기업 홍보물을 주로 제작하면서 동시에 단행본 디자인 작업도 계속했어요. 책의 제작 예산이 적어서 페이가 많지 않았기 때문에 부업이라고 생각하면서 작업했죠. 처음에는 디자인 사무실에서 일을 했고 그다음 7년 동안은 친구와 둘이서 회사를 공동으로 경영했어요. 아모레퍼시픽이라고, 일본의 시세이도 같은 화장품 회사의 패키지를 디자인하는 일도 했고요. 하지만 클라이언트를 상대로 하는 일에 저 자신이 소모되는 기분이 들었고, 문화적인 일을 해보고 싶다는 생각이 들어 공동 경영하던 회사를 나왔어요. 마침 그즈음 아들이 태어나서 3년 정도 육아에 전념했죠. 아들이 유치원에 가면서 여유가 생기자 3년간 모아놨던 에너지를 도전하는 일에 쏟아붓고 싶어서 땡스북스를 시작한 거예요. 당시 서울에는 휴식 공간이나 문화 공간의 역할을 하는 서점이 없었거든요. 서점에서 커피를 파는 것도 저희가 처음 했어요. 같은 맥락에서 서점 오픈 초기부터 잡화뿐만 아니라 서점에 있는 가구도 팔고 있죠.

(Bookstore)

→ 서점을 시작하면서 참고한 해외 사례가 있었나요?

1996~1997년에 뉴욕에서 어학연수를 했는데 영어를 그다지 잘 하지는 못했지만 틈이 나면 반즈앤노블이라는 대형서점에 갔어요. 자유롭게 책을 음미할 수 있는 분위기에 무척 놀랐었죠. 시간을 보내면서 지혜를 얻는 느낌이라고 할까요. 반즈앤노블을 통해 서점은 상업적인 공간이기도 하면서 공공장소로서의 역할도 감당해야 한다는 점을 배웠어요. 그 당시만 해도 교보문고(302쪽)에는 책을 천천히 읽을 수 있는 책상이나 의자가 없었거든요. 일본 서점에서도 좋은 영향을 많이 받았어요. 일본에 가면 오사카에 있는 스탠다드북스토어와 교토의 게이분샤 이치조지점, 도쿄의 카우북스에 자주 들렀는데, 책과 함께 잡화나 오리지널 굿즈를 파는 것이 신선했어요. 한국에서도 책＋문구＋에코백 같은 구성으로 팔면 좋겠다고 생각했죠. 계산해보면 최근 10년 동안 일본에는 평균적으로 1년에 네 번 정도 가고 있네요.

→ 서점 경영은 처음이었던 거죠?

처음이었고 당연히 불안했죠. 그래도 늘 염두에 두었던 건, 일이 잘 안됐다고 해도 좋은 공부였다고 생각하자는 마음이었어요. 그래서 수업료 내는 셈 치고 창업자금을 쓸 수 있는 만큼 쓰자고 생각했어요. 물론 사업을 하기 위해서 아이디어는 필요합니다. 특히 심사숙고했던 포인트는 두 가지였어요. 첫 번째는 서점에 들여오는 책은 100퍼센트 직거래로 구매할 것. 당시에는 출판사에서 직접 책을 구매하는 작은 서점은 없었어요. 그래서 처음에는 거래하는 출판사가 5군데밖에 없었지만 지금은 대형 출판사를 포함해서 200군데까지 늘어났어요. 지금도 전부 직거래를 하고 있고요. 두 번째는 책과 잡화를 같이 팔 것. 땡스북스에서는 책과 잡화뿐만 아니라 매장에 있는 가구도 파는데, 가구도 가구회사에 직접 연락을 해서 우리가 쇼룸을 하겠다고 제안한 덕분에 책상이나 책장을 무료로 비치할 수 있었어요.

음료로 아메리카노, 카페라테, 시나몬밀크티, 레모네이드 등을
3,000~5,000원 선에서 제공한다.

책은 전부 출판사와 직거래하고 있다.

땡스북스가 생기기 전에는 작은 서점들은 보통 도매상을 통해서 책을 구매했어요. 도매상이 정가의 10퍼센트 정도 수수료를 떼어 가는데 정확히 어떻게 정산되는지는 몰라요. 도매상을 통하면 서점의 수익률이 낮아지기 때문에 장기적으로 운영하기 위해서는 조금이나마 더 이익이 나는 직거래를 해야겠다고 생각한 거죠. 지도 위에 거래하는 출판사를 하나씩 늘려가다 보니 오픈 후 1년쯤 지나자 운영이 점차 안정되어 갔어요.

→ **매입한 책은 출판사로 반품할 수 있나요?**
위탁 판매 형식으로 진행하기 때문에 물론 반품할 수 있어요. 후불제로 다음 달에 정산합니다. 출판사와의 거래가 늘어난 이유는 신문이나 잡지에서 취재하러 와서 '동네 서점이 살아나고 있다'는 기사를 많이 써준 덕분이겠지만, 사실 출판사에서는 저희 같은 작은 서점과 거래한다고 해서 수익이 많이 나지는 않아요. 그렇지만 '땡스북스에서 팔고 있다'는 점이 책 홍보에 도움이 되기 때문에 거래를 하시는 거라고 생각해요. 물론 모든 서점이 이런 혜택을 받고 있지는 않겠

죠. 생긴 지 얼마 안 된 작은 서점이 대형 출판사와 직거래하는 게 쉽지는 않을 거예요.

→ **처음에 거래를 했던 다섯 군데의 출판사와는 어떤 식으로 교섭하셨나요?**
땡스북스를 시작할 때는 벤치마킹할 서점도 시스템도 없었어요. 그래서 상식을 기반으로 직접 시스템을 만들겠다는 생각으로 대형 출판사 20여 군데에 메일을 보냈어요. 이런 취지로 이러한 서점을 시작하려고 하는데 직거래로 책을 보내달라고 말이죠. 단 한 곳도 허락해준 곳이 없었어요. 서점뿐만 아니라 도매상도 망하는 어려운 시기에 대형 출판사에서는 작은 서점과 거래할 이유가 없었던 거죠. 시간은 걸리겠지만 독자적으로 해나갈 수밖에 없다고 마음을 다잡으며, 개인적으로 알고 있던 출판사에 연락을 해서 책을 받았고 이후로 조금씩 거래처를 늘려갔어요. 그래서 초기에는 서점의 모든 책을 표지가 보이도록 진열할 수 있었죠(웃음). 그때는 진열한 책이 적어서 북 갤러리나 이벤트 홀 같다는 말도 들었어요.

출판사와 공동으로 기획하는 이벤트 판매대

서점 안에서 판매하는 잡화나 가구도 서점이 있는 지역의 작가들에게서 구입하고 있다.

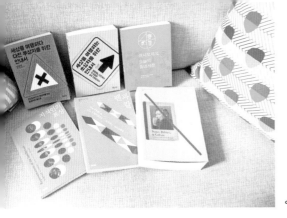

**책만 파는 서점이 아니라
카페도 있는, 책이 주인공인
문화 공간을 만든다.**

이기섭 대표가 직접 디자인한 책들

→ **책이 늘어나면서 큐레이션 기준도 조금씩 만들어졌던 건가요?**

처음에는 그저 보기에 예쁜 책을 나열했어요. 콘셉트가 동네 서점이니까 홍대라는 동네에 어울리는 책을 진열해야겠다는 정도였죠. 저는 여행을 좋아해서 세계 각국을 돌아다녔는데, 그 경험을 통해 도시가 문화적으로 풍성해지기 위해서는 동네가 개성적이 되어야 한다는 생각을 하게 됐어요. 지금이야 새로운 움직임이 일어나고 있지만 당시의 서울은 프랜차이즈 가게가 넘쳐나서 어디를 가나 비슷한 풍경이었거든요. 동네 빵집도 서점도 사라져갔죠. 여기 홍대는 그나마 서울 안에서 문화의 다양성이 확보된 지역으로 여행객도 많이 찾기 때문에 홍대에 어울리는 책, 예를 들어 여러 세계문학 전집 중에서도 저희 기준으로 디자인이 돋보이는 책을 가져다 놓고 있어요. 미대의 영향권 아래에 있는 지역답게 예술 관련 책도 많이 들여놓고 있고요.

주민들이 모이는 동네 사랑방이 되고 싶다

땡스북스 홈페이지에 '홍대를 좋아하는 사람들과 함께 성장한다'고 선언하고 있습니다. 취급하는 가구나 가죽 제품, 드라이플라워, 음반도 모두 홍대에 있는 공방, 스튜디오들과 거래하고 있어요. 한국에서는 마을 사람들이 모여서 정보를 교환하며 교류하는 장소를 '동네 사랑방'이라고 부르는데, 땡스북스가 동네 사랑방이 되었으면 좋겠어요. 그래서 서점에 책을 진열할 때도 서점 주인이나 직원이 놓고 싶은 책보다는 홍대라는 동네에 어울리는 책, 다시 말해 홍대 사람들이 좋아할 만한 책으로 고르는 거죠. 개인보다는 지역과 주민들에게 포커스를 맞추고 있어요.

→ **책 판매만으로 서점 운영이 가능한가요?**

매출을 구분해보면 서적 80퍼센트에 잡화와 음료 20퍼센트예요. 그렇게 유지되는 이유는 잡화나 음료가 책을 방해하지 않게 구성했기 때문이죠. 그래서 케이크 같은 상품은 팔지 않아요. 커피는 한 잔에 3,000원으로 주변 카페에 비해서 싼 편인데 이 역시 부담 없이 커피를 마시면서 책을 읽을 수 있도록 하기 위해서예요. 어디까지나 책이 주연이고 그 외에는 조연입니다. 매출을 올리기 위해 휴대전화 케이스 같은 것을 팔아볼까 생각도 했지만, 책에 어울리지 않는 물품을 통해 매출을 더 올리고 싶지는 않더라고요. 다행히 이러한 구성으로도 임차료나 인건비를 조달할 정도의 매출이 되었기 때문에 지금까지 서점을 계속 해올 수 있었어요. 처음에는 임차료가 상당히 저렴했는데, 매출이 늘어날 때마다 제가 먼저 임차료를 올리겠다고 말씀드려서 그렇게 내고 있어요. 지금까지 베풀어주셨던 임대인의 호의에 답하기 위해서죠. 땡스북스는 책을 주로 파는 이 정도 규모의 서점치고는 매출이 제법 되는 편이에요. 정확한 숫자는 말씀드리기 곤란하지만요. 처음부터 서점의 수익을 그대로 서점에 재투자하는 방식으로 운영해왔어요. 이런 방식이 가능했던 이유는 제 생활비는 디자인 일로 마련했기 때문이었죠. 그 덕분에 땡스북스를 문화 공간으로 만들어갈 수 있었다고 생각해요.

육아를 하던 때에도 프리랜서 디자이너로 일하고 있었고 그 후에도 일을 쉬지 않았는데, 지금도 서점을 경영하면서 디자인 일을 하고 있어요. 개업하고 6개월 뒤에는 땡스북스와 같은 이름의 디자인 스튜디오도 시작했고요. 자신이 잘하는 일을 비즈니스로 연결할 수 있으면 더할 나위 없겠죠? 그래서 여기 명함에도 '스토어+스튜디오'라고 적어놓은 거예요. 서점을 하고 있기 때문에 출판사의 북디자인 의뢰나 그래픽디자인 일도 더 많이 들어와요. 작은 도서관을 만드는 프로젝트도 맡아서 했었는데, 그와 동시에 책을 편집해서 넘기기도 했어요. 땡스북스를 운영하면서 처음으로 알게 되었지만 서점을 하면 책과 관련된 다양한 일이 들어오더라고요. 이를 통해 서점의 역할이 점점 확장되고 있는데 저는 이런 다양한 일들이 재미있어요. 최근에는 문화체육관광부의 의뢰를 받아서 연평도라는 섬에 군부대를 위한 도서관을 만드는 프로젝트에 참여했어요. 동해에 인접한 양양이라는 지역에는 청소년들이 책을 통해 놀 수 있는 '책 놀이 공간 따띠'도 만들었고요. 이러한 문화 소외 지역에 도서관을 만드는 프로젝트는 책을 선정하는 일부터 시작해서 공간 기획, 네이밍까지 했어요. 이런 큰 단위의 일을 1년에 한 번 정도는 하고 있어요. 이처럼 사업이 여러 방향으로 확장되는 것도 땡스북스가 '문화 공간'이 되었다는 증거겠죠.

땡스북스가 제작에 참여한 《어서오세요, 오늘의 동네서점》.
서울의 동네 서점이 많이 소개되어 있다.

서점의 로고도 물론 이기섭 대표가 디자인했다.

→ **책을 선정하는 사람은 누구예요? 디자인을 하는 직원은 따로 있나요?**

저는 디렉터 역할을 하고 있어요. 서점 일은 정사원 2명이랑 아르바이트 3명이서 하고 있고요. 디자인 스튜디오에는 그래픽디자이너 4명이 일하고 있어요. 지역 도서관 일 같은 외부 의뢰는 제가 대략적인 콘셉트를 잡고 그에 따라서 직원들이 한 권 한 권 책을 고르죠. 땡스북스에서 쌓은 6년간의 경험을 쏟아부었다고 할 수 있어요. 우치누마 씨의 《책의 역습》을 읽고는 무척 비슷한 일을 하고 있다고 생각했어요. 서점을 매개로 책을 둘러싸고 있는 환경을 바꾸어가고 싶어요.

→ **2층과 지하에 있는 갤러리는 땡스북스와 관계없는 건가요?**

서점으로 쓰고 있는 이 1층도 요식업 같은 다른 업종에 빌려주는 편이 이득일지도 모르지만, 임대인은 이 공간들을 문화적인 일에 사용하고 싶어 하세요. 그래서 갤러리를 운영하고 있는데, 그 갤러리는 땡스북스가 위탁 운용하는 형태로 수수료를 받고 있어요. 전시가 없을 때는 책과 관련된 이벤트를 하거나 주민들과 공유하기도 해요. 한국에는 인복이라는 말이 있는데 저는 인복이 참 많은 것 같아요. 좋은 사람들과 인연이 맺어지는 경우가 많아서 운이 좋다고 생각해요. 서점 이름에 '땡스'가 들어간 것도 저에게 주어진 인복과 책에 언제나 감사하고 있기 때문이죠. 서점을 개업하기 전에 '나는 왜 서점을 하려고 하는가'를 생각해보고 나서 이 이름으로 정했습니다. 구글에 검색해봤더니 아무도 안 쓰고 있어서 바로 등록했어요.

경제제일주의라는 관점에서 벗어나자 다양성이 생겨났다

→ **최근 2~3년 사이에 많은 젊은이들이 새롭게 서점을 시작하고 있는데 이런 현상을 보며 6년차를 맞고 있는 '오래된 가게'의 대표로서 어떤 생각이 드시나요?**

저희는 동네 서점의 롤모델을 지향하며 서점을 시작하려는 청년들을 응원하고 있어요. 얼마 전에도《어서오세요, 오늘의 동네서점(땡스북스 · 퍼니플랜 지음, 알마출판사)》이라는 책을 만들어서 서울의 개성적인 서점을 소개한 적이 있어요. 이 책은 서울에서 서점 붐이 일어나기 시작한 2015년에 제가 만든 '서울 동네서점 지도'에서 출발했는데요. 이 프로젝트를 통해 미디어가 새로운 서점에 주목하는 효과가 있었던 반면에 어려운 상황 속에서도 묵묵히 자리를 지켜온 기존의 서점이 소외되는 결과도 낳았어요. 그래서 새롭게 생긴 서점과 기존에 있었던 서점을 섞어서 16개의 카테고리로 나누어 싣고, 동네 서점의 매력은 새로움이 아니라 다양함에 있음을 강조했죠. 크라우드펀딩을 통해 동네 서점 지도를 스마트폰 앱으로 개발하기도 했고요. 서점이 많이 생기면 시민 한 사람 한 사람은 문화를 접할 기회가 늘어나게 됩니다. 결과적으로 일상에 대한 만족도도 올라가겠죠. 저는 제가 뉴욕이나 일본의 서점에서 긍정적인 에너지를 받은 것만큼 그 에너지를 사회에 환원해야 한다고 생각해서 땡스북스 운영을 비롯해 다양한 일들을 하고 있어요. 올해 초에는 베를린에 가서 작은 서점들을 둘러봤는데, 서점 주인들은 돈을 많이 벌겠다는 마인드로 운영하는 게 아니라 적절한 경제 범위 안에서 자신이 하고 싶은 일을 하면서 문화적 역할도 다하고 있었어요. 한편 한국은 최근까지 경제 발전이 급격하게 진행된 탓에 어떻게든 돈을 더 많이 벌어야 한다는 마인드를 가진 사람들이 많이 있었어요. 가령 한 달에 400만 원을 벌 수 있는 사람이 200만 원으로 수입이 줄더라도 자신이 좋아하는 일을 시도해보는 경우는 거의 없는 거죠.

그랬던 것이 지금은 성장이 둔화되고 서울에서도 자신의 노력으로 돈을 많이 벌 수 있는 기회가 줄어들면서 기왕이면 내가 좋아하는 일을 하자는 생각이 조금씩 싹트게 되었어요. 제자리걸음인 경제성장이 좋은 일은 아니지만, 문화의 다양성이라는 측면에서는 작은 서점이 늘어나는 배경이 되었던 거죠. 1년 후에는 문을 닫는 곳이 나올 수도 있고 어려운 시기가 올지도 모르지만 문화 성장에 있어서는 좋은 흐름이라고 생각해요.

→ **다양한 서점이 생겨나기에는 도쿄의 임차료가 너무 비싼데, 서울에서는 개인이 쉽게 시작할 수 있는 저렴한 장소가 있는 건가요?**

(Bookstore)

한국과 일본은 비슷한 점도 많지만 다른 점도 많은데, 일본인은 한국인보다 신중하고 일본에는 검증되지 않은 일에 도전하는 것을 망설이는 사회 분위기가 있는 듯해요. 전통을 중시하는 문화도 있고요. 한국은 전쟁을 거치며 전통을 많이 잃어버려서 원점에서 다시 시작해야 했어요. 일본 쪽에서 보면 이런 점이 용기나 무모함으로 보일지도 모르겠네요.

예를 하나 들어보면 일본인 중에 도쿄 교외에 있는 한 주택가에서 차고를 활용해 가게를 시작하는 사람은 없겠지만 한국인이라면 있을 법한 이야기예요. 한국인의 스마트폰 이용률이나 SNS의 영향력이 일본보다 크기 때문일지도 모르죠. 한국인은 가게가 외진 곳에 있어도 스마트폰을 사용해서 찾아가요. 이런 에너지를 꿰뚫어본 사람들은 곳곳에서 용감하게 가게를 시작하죠. 금방 생기기도 하고 금방 없어지기도 해요. 이는 단점이기도 하지만 역동적인 변화가 일어나기 쉽다는 점에서는 장점이기도 하죠. 특별히 덧붙여 말씀드리고 싶은 점이 있는데, 저는 일본인의 배려하는 마음과 일본의 깨끗한 환경을 무척 좋아해서 본받고 싶다고 생각해왔어요. 일본인이 보면 한국인이 표출하는 에너지는 좀 거칠게 느껴져서 이해하기 어려울지도 몰라요. 일본에서는 다른 사람에게 폐를 끼치지 않도록 신경을 쓰지만 한국에서는 신경을 많이 쓰지 않는 편이거든요. 다른 사람의 발을 밟아놓고 사과하지 않기도 하고요(웃음). 그 대신 다른 사람이 자신의 발을 밟아도 크게 신경 쓰지 않아요. 이런 면이 단점이자 장점이 될 수도 있다는 거죠.

→ 왜 요즘 젊은이들은 지금 같은 저성장시대에 자신이 할 수 있는 범위 안에서 일을 선택할 때 서점이라는 선택지를 고르는 걸까요? 전에는 홍대에서 가구점이 붐이었다는 이야기도 들었거든요.

서점을 선택하는 이유로는 우선 사람들이 활자에서 멀어졌다고들 하지만 책 자체를 싫어하는 사람은 그다지 많지 않다는 점을 꼽을 수 있어요. 다음으로는 그렇게까지 돈이 많지

않아도 시작할 수 있다는 점을 들 수 있죠. 특히 최근 늘어나는 독립 서점이 다루는 독립출판물(기존의 출판사에서 나오지 않고 개인이 직접 출판한 인쇄물)은 지명도나 판매량을 중시하는 경제 논리로 움직이지 않아요. 그래서 서점이라는 공간을 마련하면 상품은 어렵지 않게 공급받을 수 있는 거죠. 마지막으로 책이 가지고 있는 에너지에 그 이유가 있어요. 인테리어에 신경을 많이 쓰지 않아도 진열되어 있는 책들이 자연스럽게 긍정적인 에너지를 내뿜어요. 책 자체가 하나의 오브제가 되는 거죠. 이건 개인적인 생각인데, 이러한 변화는 한국 사회가 최근에야 겨우 경제제일주의에서 멀어지면서 다양성이 늘어나는 현상과 관련이 있다고 생각해요. 어차피 돈이 되지 않는다면 조금이라도 더 좋은 일을 하고 싶다는 거죠.

→ 일본에서 서점을 시작하려면 처음에 5천 권 내지는 1만 권 단위로 책을 갖춰야만 한 사람이 겨우 먹고살 만하기 때문에 창업이 어려운 것 같아요. 한국에서는 서점을 시작하면서 도서를

매입할 때 힘든 점은 없나요?

요즘 늘어나고 있는 동네 서점은 서점 주인이 각자 좋아하는 분야의 책과 개인적으로 모았던 수집품을 서점에 진열해두고 거기에 팔릴 만한 책을 더해서 위탁 구매 방식으로 운영하고 있어요. 최근에 생긴 미스터리 전문 서점 '미스터리 유니온'도 그런 느낌이에요. 자신의 전문 분야인 추리소설에 강점인 자신의 컬렉션을 기반으로 해서 신규 책을 늘려가는 거죠. 그렇게 개성 있는 공간을 만들어가면서 초기 비용을 줄여서 생존을 도모하고 있어요. 저도 처음에는 취미로 모았던 헌책을 판매했어요. 지금은 그런 부분에서 자유로워졌지만요.

한국의 서점들을 다녀보셨으니 이제 아시겠지만 다루는 책의 권수가 일본보다는 꽤 적다고 느끼셨을 거예요. 하지만 책의 물량보다도 명확한 콘셉트나 전문성을 가지고 새로운 시험을 하는 서점이 많다는 의미도 됩니다. 그렇기 때문에 성장할 수 있는 여지가 있는 거죠. 거기에는 조금 전에 말씀드렸던 국민성의 영향도 있는데 한국인은 일단

쎄 프로젝트(SSE Project)에서
출간한 한국의 인기 일러스트레이터
신모래의 작품집

(Bookstore)

서점에는 한국어판 나쓰메 소세키 전집도 진열되어 있다.
표지가 보이는 책은 《마음》.
표지에는 본문에서 발췌한 문장이 인쇄되어 있다.

용감하게 시작해보고 그다음 필요한 점을 채워가는 편이에요. 실행을 두려워하지 않죠. 일본에서는 서점을 시작할 때의 진입장벽이 높다는 생각도 드네요.

서점의 일을 따라 목표가 쫓아온다

→ **앞으로 어떤 실험적인 일들을 시도해볼 생각이신가요?**

제가 서점을 시작한 첫 번째 목적은 개인의 성장이에요. 직원들에게도 언제나 말하지만 개인의 성장이야말로 회사가 성장할 수 있는 길입니다. 모두가 이 공간에서 일할 동기를 얻는 것이 중요해요. 그러니까 큰 목표라고 할 만한 것은 없지만 시대의 흐름에 따라가면서 즐겁게 일하려고 해요. 그게 제일이죠. 아까 말씀드렸던 도서관 만드는 일도 우리가 지금 할 수 있는 일을 최대한 보여준 것뿐이에요. 그러면 그것을 보고 우리를 필요로 하는 사람들이 연락을 주고 제안을 하러 찾아오죠. 그렇게 해서 함께 미래를 만들어갑니다. 즉 자신이 즐겁게 할 수 있는 일을 정직하게 보여주고, 업무 시기나 범위를 제한하지 않은 채로 가능성을 열어두는 거죠. 그러면 다음 목표가 우리를 쫓아온다고 생각해요.

예를 들어서 등산을 할 때는 정상을 목표로 올라가지만 서핑은 중심만 잡고 있으면 어느 방향으로 가든지 즐길 수 있어요. 저는 등산보다는 서핑파예요. 균형만 잡을 수 있으면 어디로 가든지 즐겁죠. 그렇게 주변 풍경도 즐기면서 오래도록 경영을 해나가고 싶어요. 땡스북스는 언제 방문해도 한결같다고 말씀하시는 손님이 많은데, 그렇게 느끼시는 이유는 변하지 않아서가 아니라 조금씩 성장하고 있기 때문이에요. 조금도 변하지 않았다면 손님은 무언가 달라졌다고 느끼실 겁니다. 성장에 있어서 가장 중요한 점은 무엇보다도 책의 큐레이

THANKS BOOKS

자신이 즐겁게 할 수 있는 일을 정직하게 보여주고, 업무 시기나 범위를 제한하지 않은 채로 가능성을 열어둔다.

구입한 책에 땡스북스 오리지널 스탬프를 찍을 수 있다.

션이 좋아지고 보다 확고해지는 거예요. 일본에는 이런 식으로 길게 계속해가는 서점이 있어서 무척 부러워요. 땡스북스도 그런 서점이 되었으면 좋겠어요.

→ 땡스북스는 이제 서울뿐만이 아니라 한국을 대표하는 서점으로 세계 곳곳에서 사람들이 찾아오고 있어요. 땡스북스를 통해 한국의 독자적인 문화를 알리고 싶다고 생각한 적이 있나요?

한국 대표라고 해주시는 건 무척 감사하지만, 출판이라는 형태를 통해 문화를 알리는 일은 고려하고 있지 않아요. 문화 공간으로서 일관성을 가지고 땡스북스의 취지를 지키면서 시대와 함께 호흡하고 변해가고 싶어요. 그러니까 지금의 공간을 활용하면서 좋은 책을 더 많이 갖추는 것이 저희의 책무이자 일인 거죠.

지금의 땡스북스는 빌린 공간이기 때문에 언젠가 이 공간에서의 마지막 날이 올지도 몰라요. 서점을 지탱하고 있는 요소 중 중요

한 부분이 공간이 가지고 있는 매력이라고 생각합니다. 그래서 과거에 땡스북스의 수익이 점점 늘어났을 때 저희 쪽에서 먼저 임차료를 올려드렸어요. 땡스북스의 경영 원칙은 관련된 사람들이 항상 '윈윈win-win'하도록 하는 것이에요. 근무하는 직원, 책을 만드는 저자와 출판사, 공간을 제공하는 임대인, 책을 사주시는 손님, 그리고 서점의 대표인 저. 이 관계들 사이에 이익을 만드는 것이 제 역할입니다.

땡스북스는 오픈 초기부터 손님이 밖에서 사온 음료를 가지고 서점에 들어와도 제지하지 않았어요. 서점에 들어와서 책을 사지 않고 나가도 상관하지 않았고요. 이 공간을 좋아해주기만 해도 책을 많이 팔 수 있다고 생각했기 때문이에요. 땡스북스에 들어온 손님의 40퍼센트가 책을 사요. 꽤 높은 비율이라고 생각합니다. 그래서 이 공간을 마음껏 즐기는 사람을 늘리는 일이 수익 상승과 연결되는 거죠. 이렇게 쌓아온 노하우와 경쟁력은 만에 하나 이사를 간다 해도 새

로운 곳에서 다시 살려낼 수 있어요. 땡스북스는 개인의 공간이라기보다 모두가 즐기고 이용할 수 있는 공간입니다. 만약 이 공간을 더욱 잘 관리할 수 있는 사람이 나타난다면 저는 깨끗하게 물러나도 괜찮아요. 변화가 생겨도 땡스북스라는 이름은 남을 거라고 생각하니까요.

→ **이 서점에서 독립한 정지혜 씨(220쪽)를 만나보니, 땡스북스를 그만둔 이후에도 서로 좋은 관계가 이어지고 있는 것 같던데요.**

자신의 일을 찾으면 그 일을 하는 것이 좋다고 생각해요. 다시 말하면 내가 스스로의 주인이 되는 거죠. 저는 마루야마 겐지 작가님을 좋아하는데요. 그분도 우선 자신이 바로 서는 것. 독립하는 것을 중시하셨죠. 사회생활을 하는 사회인으로서 먼저 자신의 중심을 제대로 잡는 일이 중요해요. 그다음에 자신이 다른 사람에게 줄 수 있는 것이 많아지면 자신이 다른 사람에게 받을 수 있는 것도 많아져요. 그러니까 각자가 줄 수 있는 것이 많아지면 서로서로 기브 앤 테이크를 하면서 관계의 지속성이 생겨나는 거죠.

→ **국민성에 차이는 있지만 한국과 일본 모두 저성장시대를 지나고 있는데, 어쩌면 한국이 일본의 미래를 미리 겪고 있는 것은 아닌가 하는 생각이 들어요. 일본에서 책과 관련된 일을 하는 사람들에게 대표님은 어떤 조언을 해주고 싶으세요?**

우선은 이런 책을 기획해주셔서 감사드리고 싶어요. 저는 두 달에 한 번 정도 일본에 가고 있는데 언제나 많은 것을 배우고 돌아와요. 한국이 일본의 미래를 미리 겪고 있다니, 질문을 받기 전까지 생각해본 적도 없어요. 일본은 메이지유신 때부터 서양화가 진행되어 한국보다 먼저 이룬 것이 많았잖아요. 이쪽이 쫓아가는 상황이었죠. 서점에 한정해서 생각해본다 해도 일본에는 배워야 할 선진적이고 긍정적인 면이 많이 있어요. 그런데 양국 사이에는 역사적인 문제도 있어서 아직 교류가 부족한 편이죠. 출판 쪽은 더더욱 적고요. 하지만 길어진 경제 불황이나 저출산, 비정규직 고용 등 끌어안고 있는 문제에는 공통점이 많아요. 문제점을 같이 고민하며 서로 원원할 수 있는 부분이 많은데, 아직 그 방법을 찾지 못한 것 같아요.

서점 안쪽에는 독립출판사 쎄 프로젝트의 아트북을 진열해둔 코너가 있다. 작품을 온라인에서 전시한 다음 책으로 만드는 프로젝트를 하고 있다. 일본의 일러스트레이터 소우다 사키의 작품집도 있다.

서점이라는 창구를 통해 문화 교류의 부족한 면을 채워가다

아까 말씀드렸듯이 일본인에게 없는 한국인의 특징 중 하나는 다른 사람에게 신경을 많이 쓰지 않는 점이에요. '아니면 말고'라는 식인데, 일본에도 비슷한 말이 있나요? 한국에서는 고민을 하면서도 해보고 안 되면 말지 뭐, 라고 남을 의식하지 않고 행동하는 면이 있어요. 일본에서는 고민하고 심사숙고한 끝에 포기하는 경우가 많은 것 같은데, 그렇지 않나요?

→ 일본에서는 서점을 시작하거나 출판사에서 독립하려고 하면 대부분 반대해요.

그런 면을 걱정병으로 보느냐 신중함으로 보느냐의 차이인 것 같네요. 이 책의 기획서를 보여주셨을 때 깜짝 놀랐어요. 올해 7월에 취재를 하는데 내년 봄에 출간된다고 해서요. 한국에서라면 올해 10월에 책이 나왔을 거예요. 역시 일본은 다르다며 주변의 출판 관계자들과 이야기하던 참이었어요. 무모할지도 모르지만 행동은 빠르다, 한국인의 이런 성향이 한국에서 작은 서점을 시작할 수 있는 바탕이 되지 않았을까요. 남에게 조금 신세를 져도 어느 정도 봐주기도 하고요. 그러한 역동성 위에 새로운 것이 생기고 사라지는 현상에는 분명 장점도 있는 반면 단점도 있죠. 서점이 지나치게 많아지면서 나타나는 안 좋은 면이나 무책임한 운영에 대한 문제도 있을 거고요. 반년만 지나도 서울에서 없어지는 서점이 있어요. 그래서 이 기획이 좀 걱정되네요(웃음).

일본에 가면 도토루커피에 자주 들르는데, 주문할 때 느껴지는 점원의 태도와 자세만으로 일본인의 섬세한 서비스와 배려하는 사회 분위기를 알 수 있어요. 거스름돈을 줄 때도 바로 확인할 수 있도록 보기 쉽게 건네주고 비 오는 날에는 쇼핑백에 비닐을 덧씌워주죠. 이처럼 자신의 장점은 스스로 찾아내기 어렵고 다른 사람이 가진 점은 잘 보이게 마련이에요. 그러니 이렇게 가까운 거리에 있으면서 서로에게 배울 점이 있다고 생각한다면 함께 보완해나가면 된다고 생각해요. 저는 일본의 미래를 예측할 수 있는 사람이 아니어서 여쭤보는데요. 두 분이 한국에서 느꼈던 생생함이나 에너지는 일본 사회에도 도움이 될 것 같나요?

→ 음……. 한국의 생생함과 에너지가 일본에도 필요하다고 생각해요.

교류라는 것은 같은 위치에서가 아니면 활발하게 이루어지지 않기도 하죠. 그러니까 어느 분야든 전면적으로 교류하려고 하기보다는, 이번처럼 서점이나 출판이라는 부분에 포커스를 맞춰서 교류하면 생각지도 못했던 시너지 효과가 날지도 몰라요. 그렇기 때문에 이번 기획에 무척 감사함을 느끼고 있어요. 저도 더 적극적으로 한일 양국의 책을 소개하고 국경을 넘나드는 책 관련 이벤트를 해야겠다고 생각했어요. 좋은 영향을 많이 받았습니다. 감사해요. 이것도 저의 인복 덕분이라고 믿고 있어요.

인터뷰 후 이기섭 대표에게 새로운 서점을 만들었다는 연락이 와서 근황을 물어보았다.

강남의 도산공원 근처에 있는 복합 문화 공간 퀸마마 마켓QUEENMAMA MARKET 3층에 해외 예술 서적 전문점인 포스트 포에틱스 POST POETICS와 공동으로 파크PARRK라는 서점을 만들었어요. 처음에는 땡스북스와 포스트 포에틱스에 각각 입점 의뢰가 왔지만 공간을 나누어 운영하기보다는 새로운 콘

셉트로 함께 만들어보자고 제안을 했죠. 음식, 주거 등 한 가지 테마의 책장에 국내서와 외서를 함께 진열하는 거예요. 서점의 슬로건은 '어른들을 위한 서점'이에요. 자신이 읽을 책은 직접 고르자는 의미죠. 메인 진열대는 책 읽기 좋은 높이를 계산해서 만들었어요. 서점 안쪽에 있는 커다란 창문을 통해 보이는 공원의 풍경도 콘셉트의 중요한 부분 중 하나였죠. 창문 너머로 보이는 공원을 배경으로 사람들이 책을 읽는 모습이 아름답게 담기도록 공간을 설계했어요. 서점 이름은 주요 콘셉트가 공원이어서 '파크'라고 지었는데 해시태그로 검색할 때 구분할 수 있도록 스펠링에 'R'을 하나 추가했어요. 그래서 검색하면 공원 사진이 아니라 저희 서점이 나오게 되었죠(웃음).

포스트 포에틱스와 공동으로 기획하여 강남에 새롭게 문을 연 '파크'의 내부

최근에는 지하철 2호선 건대입구역 근처에 있는 컨테이너 쇼핑몰 커먼그라운드에 인덱스 INDEX라는 서점을 디자인 잡지 〈그래픽GRAPHIC〉, 글자연구소와 함께 만들었습니다. 인덱스는 도서 외에 현대 시각 문화의 중요한 매체인 포스터를 본격적으로 창작 · 유통 · 실험 · 전파하는 공간이에요. 이곳을 상품 판매처를 넘어 출판 및 시각 문화 영역의 중요한 목록을 장기적으로 수집 · 소개 · 아카이브하는 기관으로 만들기 위해 노력할 계획입니다.

'책방산책 서울'은 서울시 주관으로 프로파간다 출판사와 함께했던 프로젝트에요. 서울의 오래된 동네 서점과 새로 생긴 동네 서점을 돌아볼 수 있는 '책방길'을 11군데 발굴해서 시민들에게 제안했죠. 실제로 지난 가을에는 산책 투어도 개최했고 이번 봄에는 책으로도 만들었어요. 홈페이지와도 연동해서 서점 붐의 아카이브화, 동네 서점의 활성화, 시민과의 정보 공유를 같이 하고 있고요. 서울시가 만든 출판물은 보통 무상으로 배포하지만 이 책은 필요한 사람에게 전달되도록 정가를 8,000원으로 책정해서 판매하도록 했어요.

최근 서울의 동네 서점 붐은 한국을 문화적 다양성을 겸비한 사회로 바꾸어가는 좋은 기회라고 생각해요. 한국 사회의 강점은 어떤 일에 돌진하는 실행력과 에너지에요. 물론 시행착오도 많지만 성장도 빠르죠. 우리는 지금까지 급격한 고도의 경제성장을 통해서 만들어진 획일화된 문화에 익숙해져왔지만, 지금부터는 경험의 질을 중시하는 사회로 바꾸어가야 해요. 동네 서점 각각의 힘은 약하지만 그 다양성이 합쳐지면 커다란 힘을 만들어낼 수 있죠. 그렇게 되면 지금 움트고 있는 '문화 공간으로서의 동네 서점'이라는 풀뿌리 문화가 분명 사회의 바탕이 되어 동네에도 정착해갈 겁니다. 퇴근길에 가볍게 서점에 들러서 책을 읽고 독서 이벤트에도 참여하는, 저는 그런 풍요로운 일상을 꿈꾸는 한 사람입니다.

'책방길'에서 시작된
《책방산책 서울(서울도서관 지음,
서울특별시)》

→ THANKS BOOKS 땡스북스
서울시 마포구 잔다리로 28 더갤러리 1층
02-325-0321
12:00~21:30 매월 마지막 월요일 휴무
www.thanksbooks.com

→ PARRK 파크
서울시 강남구 압구정로 46길 50번지 퀸마마마켓 3층
070-4281-3371
평일 10:30~20:00 일요일 12:00~20:00 월요일 휴무
www.instagram.com/parrk.kr

→ index 인덱스
서울시 광진구 아차산로 200 커먼그라운드 3층
02-2122-1259
매일 11:00~22:00
www.instagram.com/indexshop.kr

지하철 2호선 건대입구역 근처에 있는 '인덱스' 내부

BOOK → REVOLUTION → SEOUL
IN

→ (Bookstore)

BOOK BY BOOK

KIM JINYANG

BOOK ⟶ → (Bookstore)
⟷ REVOLUTION
→ IN ⟶ SEOUL

2. 자매 둘이서 SNS를 활용해 만들어낸 맥주 파는 서점

→ (Interview)

김진양

BOOK BY BOOK 북바이북 공동대표

1980년 서울 출생

───────→ "맥주를 마실 수 있는 서점이 한국에도 생겼어요." 카운터로 눈을 돌리자 얼핏 봐서는 서점 주인처럼 보이지 않는 여성이 활기차게 맥주를 따르고 있었다. IT 기업에서 일했던 김진양 대표가 언니와 공동으로 운영하는 서점 안에서는 다양한 장소가 말을 걸어온다. 내가 쓴 책을 펼쳐보니 맥주 파는 서점 B&B의 사진이 실려 있었는데, 이곳을 둘러보니 맥주뿐만 아니라 도넛도 있고 이벤트 공간에는 드럼도 갖추어져 있다. 북바이북은 다채로운 아이디어를 조합하여 독자적인 진화를 만들어가고 있다.

서점은 콘텐츠 큐레이션과 닮았다

지난달에 북바이북을 방문했을 때에도 서점 곳곳에 담겨 있는 아이디어가 무척 재미있었던 기억이 나요. 서점은 언제 문을 열었나요?

재미있다고 느끼셨다면 그건 B&B저자 우치누마 신타로가 일본에서 운영하는 맥주 파는 서점으로, B&B는 Book&Beer의 약자이다-역주 덕분이에요. '맥주 파는 서점'이라는 아이디어도 B&B에서 영감을 받아 도입한 거니까요. 1호점을 오픈한 때가 2013년 8월, 2호점은 2014년 6월이에요. 2016년 4월에 1호점과 2호점을 합쳐서 세 번째 북바이북인 통합점을 열게 되었죠. 2호점이 생기면서 1호점은 소설 전문점이 되었지만, 처음에 1호점은 7평밖에 안 되는 좁은 공간에서 모든 장르의 책을 조금씩 다루는 일종의 큐레이션 서점으로 시작했어요. 공간은 아주 작지만 많은 분들이 좋아해주셨죠. 그래서 서점을 더 넓은 장소로 옮길 수 있는 기회가 왔을 때, 사랑을 많이 받았던 1호점을 없애는 것이 아쉬워서 1호점은 그대로 두고 2호점을 만들었던 거예요.

2호점은 지금의 통합점 바로 앞쪽에 있었는데, 1호점과 2호점도 무척 가까이 있어서 걸어서 1분도 안 걸릴 정도였어요. 그렇게 1호점과 2호점이 아주 가까웠기 때문에 차별화가 필요했어요. 그래서 1호점은 많은 독자들이 원하는 소설을 다루고 2호점에는 논픽션과 실용서를 갖춰놓았죠. 2호점을 오픈할 때부터 언니(김진아, 1976년생)가 본격적으로 합류했어요. 2호점은 17평 정도로 1호점보다 넓어서 그때부터 저자 초청 강연이나 이벤트를 하기 시작했어요. 두 서점의 구조를 그대로 통합점에 옮겨와서 1층에서는 논픽션을, 지하에서는 소설을 팔고 이벤트 개최도 해요. 지하에 드럼이랑 피아노도 있어서 공연도 할 수 있고요. 서점을 시작한 뒤로 휴일다운 휴일을 보냈던 적이 없어요. 일본에 가서 서점을 둘러보는 것도 명절 연휴나 주말을 이용해 짧게 갔다 오고는 하죠. B&B에 처음 갔을 때가 아마 1호점을 열기 전이었던 것 같아요. 마침 한국에서 《도쿄의 서점(현광사 MOOK 지음, 나무수출판사)》과 《도쿄의 북카페(현광사 MOOK 지음, 나무수출판사)》라는 책이 나온 참이었는데, 언니와 둘이서 책에 실려 있는 작은 서점을 중심으로 20군데 정도 둘러보고 추가로 시부야 퍼블리싱 앤 북셀러즈SPBS, SHIBUYA PUBLISHING & BOOKSELLERS와 도쿄도쇼텐이라는 서점도 가봤어요. 그 후로도 도쿄 서점 순례는 계속하고 있는데 그중에서 가장 많이 가는 곳은 역시 B&B예요.

《도쿄의 서점》에는 B&B, 여행서점 노마도 등
일본 서점 22곳이 소개되어 있다.

북바이북의 대명사인 생맥주는 현재 한 잔에 3,300원

→ **서점을 하기 전에는 어떤 일을 하셨어요?**

네이버 같은 대형 인터넷 포털사이트를 운영하는 다음이라는 IT기업에서 일을 했어요. 얼마 전에는 카카오톡을 개발한 카카오와 합병되어서 화제가 되었죠. 다음의 미디어 본부에서 콘텐츠 기획과 운영 업무를 했어요. 언니도 같은 부서에서 사업 개발을 했고요. 다음에서 로컬 비즈니스 경험도 쌓고 콘텐츠 비즈니스에 대해 폭넓게 배웠는데, 지금 생각해보면 그때의 경험이 서점 운영에 무척 많은 도움이 되고 있어요.

로컬 비즈니스를 시작할 즈음 한국에서도 그루폰 같은 온라인 공동구매 비즈니스가 성장하고 있어서, 다음도 그러한 소셜커머스에 발을 들이려던 차였어요. 그때 저는 MD(머천다이저)로서 상품 개발을 담당했는데, 동네 떡볶이 맛집의 100그릇 한정 쿠폰을 만들거나 여러 미술전의 티켓을 구매한 뒤 싸게 파는 일을 기획하기도 했죠. 온라인과 오프라인을 오가며 기획을 하다 보니 점점 더 온라인의 영향력을 실감하게 되었어요. 그래서 지금도 인스타그램이나 페이스북, 블로그 등 인터넷과 SNS를 최대한 활용해서 서점을 하며 일어나는 다양한 이야기를 발신하고 있죠.

→ **어쩌다가 다음에서 일하면서 서점을 할 생각이 들었던 거예요?**

다음에 있을 때는 주로 모니터 앞에서 일을 했는데, 저는 좀 더 사람과 얼굴을 마주하는 일을 하고 싶었어요. 나이도 30대 중반이어서 이대로 조직 안에서 커리어를 쌓아 안정적인 길을 갈 것인지 아니면 다른 일에 도전할 것인지라는 갈림길에 서 있었던 거죠. 다음은 한국에서는 누구나 알고 있는 회사로 여성도 일하기 좋은 직장이긴 해요. 하지만 온라인으로 진행하는 콘텐츠 업무를 계속하다 보니 오프라인 현장에 대한 마음이 더 커지고, 직접 사람을 만나서 하는 일을 해보고 싶다는 마음을 억누를 수 없게 되었어요. 그

'콘텐츠의 소비'라는 관점에서 보면 서점도 그 흐름은 결코 느리지 않다.

와 동시에 콘텐츠와 관련된 다양한 경험을 이후에 어떻게 살려낼 수 있을까 하는 고민도 있었고요. 마침 그런 시기에 땡스북스 같은 서점이 있다는 것을 알게 되었고, 책을 가지고 일을 해보자! 하고 결심하게 되었죠. 제가 활동하고 싶은 오프라인 현장은 서점 이외에도 카페나 잡화점처럼 다양한 곳이에요. 카페는 확실히 창업의 진입장벽은 낮지만 저는 카페 아르바이트 경험조차 없었어요. 패션을 좋아하지만 옷가게가 많은 동대문에서 일을 해본 적도 없었고요. 역시 내가 잘하는 분야에서 일을 찾는 편이 좋겠다고 생각했어요. 저는 책벌레는 아니지만 콘텐츠에 관해서라면 뭔가 할 수 있겠다는 생각이 들더라고요.

저도 처음에는 서점에서 하는 일을 떠올리면 아날로그적이고 한가하고 아저씨들이 하는 것 같은 이미지가 있었는데, 책이라는 게 생각보다 트렌드의 변화가 빠르고 교체가 격렬한 상품이더라고요. 책의 트렌드를 쫓아가기 위해서는 1~2년 전부터 계속 준비해야 하죠. 포털사이트에서 발신하는 콘텐츠도 일 단위, 시간 단위로 소비되는데 '콘텐츠의 소비'라는 관점에서 보면 서점도 그 흐름은 결코 느리지 않다고 생각했어요.

다음에 다닐 때는 포털사이트의 메인 페이지 편집도 담당해서 사회 이슈의 변화에 맞춰 콘텐츠를 어떻게 정렬하고 게시할지 고민했어요. 이런 점도 시시각각 변하는 화제에 따라 책의 진열을 조금씩 바꾸는 서점과 닮았죠. 대통령에 대한 이슈가 터져 나오면 '국가의 정의'나 '대통령의 글쓰기와 연설'과 관련 있는 책을 통해 독자와 소통하는 거예요. 그동안 제가 포털사이트를 편집하며 해온 일과 서점 일이 너무 비슷해서 깜짝 놀랄 정도였어요.

→ **손님이 손으로 직접 쓴 짧은 서평을 책 옆에 진열해놓으셨는데, 온라인에서 좋아하는 책에 다는 댓글과 비슷한 느낌인 것 같아요. 처음부터 이런 서점을 하려는 생각이 있으셨나요?**
손님이 손글씨로 직접 써주시는 서평은 '책꼬리'라고 부르고 있는데요. 저희가 종이와 펜을 준비해두고 손님이 그 자리에서 써주시면 종이를 코팅해서 추천하는 책에 끼워놓거나 진열해두는 방식이에요. 책꼬리를 쓰면 1층에서 파는 커피 한 잔이 무료예요. 책을 2권 사거나 비 오는 날에 사도 무료로 한 잔 드리고요. 이 시스템은 북바이북을 시작했을 때 언니와 논의해서 정했어요. 책꼬리는 온라인의 댓글 문화를 현실 공간으로 가져올 수 있는 방법이 없을지를 고민하

다가 만들게 되었어요(각 서가에는 북바이북에서 작성한 '책장 꼬리'도 붙어 있었는데 '그래도 사랑', '혼술족', '손으로 집중하는 시간' 등의 흥미로운 주제로 책이 진열되어 있었다).

덧붙여서 아까도 말씀드렸지만 저희 자매는 특별히 책을 엄청나게 좋아하는 건 아니어서 모든 책을 추천해드릴 수는 없어요. 그래서 책을 많이 읽는 사람들의 힘을 빌려서 추천을 하고 있어요. 다른 사람의 힘을 빌리는 서점이라고 할까요. 지금 생각해보면 책을 너무 좋아해서 특정 방향으로 편중되는 것이 아니라 대중적인 시각으로 운영할 수 있어 다행이지 않나 싶어요.

《책의 역습》한국어판에 끼워져 있던 '책꼬리'

'……서점을 산책하는 데에서 얻는 매력은 아주 많다. 첫째, 책을 발견하는 기쁨. 둘째, 대형 서점에서 느끼는 스트레스가 없다는 점. 셋째, 나와 잘 맞는 개성적인 서점이 주는 편안함. 그중에서도 북바이북이 전해주는 편안함은 특별하다. 작은 서점이 많아지면 많아질수록 작지만 다양한 가치가 존중받는 세상이 오지 않을까 생각해본다. 2016년 7월 2일'

→ **책꼬리 외에 손님의 힘을 빌렸던 일은 없었나요?**

전에는 자신이 읽은 책을 기록하는 '독서카드'를 만드는 일도 했었어요. 지금은 한국에서도 없어졌지만, 예전에는 도서관에서 책을 빌릴 때 독서카드에 대출일하고 이름을 적었잖아요? 북바이북의 독서카드는 손님이 개별적으로 만들 수 있는데 한 장에 10권까지 쓸 수 있어요. 다른 서점에서 사거나 읽었던 책을 적어도 괜찮지만 독서카드는 서점에서 관리하고 있어서 외부로 가지고 갈 수는 없고요. 독서카드에 읽은 책을 기록하다 보면 추억도 되고, 100권 읽기 목표를 세운 손님도 혼자라면 포기할지도 모

서점에서 짧은 서평을 쓰면 무료로 커피 한 잔을 주는 '책꼬리'

《책의 역습》한국어판에도 '책꼬리'가 달려 있다.

BOOK BY BOOK

르지만 저희와 함께 하면 독서카드를 쓰면서 '우선은 10권 읽어보자!'는 마음으로 힘을 낼 수 있을 것 같았어요. 독서카드를 통해 손님이 읽은 책의 데이터가 쌓이기 때문에 저희에게도 무척 의미가 있었죠. 서점에 자신의 독서카드가 있으니까 재방문하게 되는 효과도 생겼고요. 오로지 읽은 책을 독서카드에 기록하려고 일부러 오시는 분이 있을 정도였어요. 독서카드는 점점 양이 늘어나 관리가 힘들어지면서 지금은 하지 않고 있어요.

SNS의 힘을 최대한 활용하다

→ **서점을 하기로 마음먹고 나서 처음으로 한 일은 뭐였어요?**

서점을 하기 전에 한 선배에게 조언을 구했어요. 그랬더니 "해외에는 맥주를 파는 서점이 있다던데"라는 말을 해주었죠.《도쿄의 북카페》라는 책을 통해 B&B에 대해 알게 되었고 어떤 식으로 책과 맥주를 연결한 것인지 궁금해서 B&B가 있는 시모키타자와로 떠났어요. B&B에 가보기 전까지는 매일 이벤트를 개최하는지 몰랐어요. B&B를 방문한 그날 마침 이트미 출판사의 카레 책 시식회를 하고 있어서 참여도 했는데, 매일 이벤트를 이어가는 서점의 노력을 보며 많은 에너지를 받고 돌아왔어요. 저희도 서점을 오픈하면 저자와 함께하는 이벤트를 하고 싶다고 생각하던 시기였거든요. B&B에 자극을 받아서 북바이북도 지금은 거의 매일 이벤트를 하고 있죠. 오늘 저녁에도 8시부터 이벤트가 있어요. 만약 시간 되시면 함께 해주세요. 아이슬란드를 여행하고 온 저자의 토크 이벤트가 열릴 거예요.

북바이북이 하는 이벤트의 핵심은 크게 3가지예요. '작가번개'라고 부르는 작가를 초대한 토크 이벤트, 뮤지션의 라이브 공연, 캘리그라피나 그림 그리기, 꽃꽂이 등의 워크숍이죠. 이벤트는 사전 예약제인데 토크 이벤트의 참가비는 만 원이고 대체로 50~60명 정도가 참가해요. 참가자에게는 맥주나 커피 같은 음료를 한 잔 제공하고 있어요(별도로 요금을 내야 하는 경우도 있다고 한다). 워크숍 참가비는 책과 재료비와 맥주 한 잔 해서 3만 원 정도 하고요. 작가번개의 '번개'라는 말은 사전에 약속하지는 않았지만 갑자기 한잔하러 만나는 걸 의미해요. 저희 이벤트도 작가와 독자가 가볍게 맥주 한잔하며 즐겁고 편안한 느낌으로 만났으면 해서 '작가번개'라는 이름으로 SNS에 공지하고 있어요(웃음).

7평이었던 1호점은 부동산 계약상 맥주를 팔거나 이벤트를 개최하는 것이 불가능해서 두 가지 모두 2호점을 열면서부터 시작했어요. 1호점을 오픈할 당시에는 책의 큐레이션에 집중하고 싶었던 점도 있고, 2호점을 열 즈음에는 운영에도 조금 익숙해져서 마침 시기가 잘 맞았죠. 최근에 한국에서는 '책맥'이 트렌드가 되고 있어요. 책맥은 책＋맥주라는 의미의 신조어예요. 한국 사람들이 자주 먹는 '치맥(치킨＋맥주)'에서 따온 말인데, 책맥도 매스컴에 많이 소개되어서 일반적으로 쓰이고 있어요. 북바이북은 책맥의 원조로 불리고 있죠(웃음).

→ 7평 남짓한 1호점을 하던 때에는 서점 경영만으로 생활이 가능했나요?

카페에서는 회전율이 무척 중요한데 책도 커피처럼 테이크아웃할 수 있어서 회전율이 좋은 상품이에요. 카페의 테이크아웃과 비슷하다고 느껴질지는 모르겠지만요. 서점은 공간 크기에 비해 의외로 매출이 잘 나와요. 책만 가지고 서점을 운영할 수 있었던 건 운도 좋았고 무엇보다 책을 사주시는 손님들이 많이 계셔서 가능한 일이었죠. 오프라인만으로 서점을 운영하려고 했다면 인지도를 얻기까지 시간이 많이 걸렸을 텐데, 오픈을 준비하는 중에도 SNS를 활용해서 집중적으로 했던 프로모션이 통했다고 생각해요. 상암홀릭이라는 닉네임으로 트위터와 페이스북, 블로그를 시작해서 책 소개뿐만 아니라 상암동 관련 뉴스나 맛집, 촬영지 정보 등을 올렸거든요.

상암동에 서점을 열었던 이유 중 하나는 서점을 하기 전부터 상암동 근처에 살아서 동네 분위기를 잘 알고 있었기 때문이에요. 상암동은 디지털미디어시티역과 가깝고, 여의도에서 방송국이 대거 이동해서 생긴 개발도시 같은 곳이죠. 5년 전에 제가 이사 왔을 때에는 아직 빌딩을 짓고 있었는데 그 규모가 엄청났어요. 지금까지 미디어에 관련된 일을 했던 우리와 이 동네에서 일하는 사람들과는 접점이 있다고 생각했고, 콘텐츠 관련 기업이 모이고 있다는 점도 서점과 어울린다고 생각했어요.

장소의 특성 때문인지 MBC나 SBS 같은 방송국의 프로듀서나 디렉터도 자주 오세요. 요즘 한국에서는 드라마에서 주인공이 책을 가지고 있거나 레스토랑에서 식사를 하는 장면을 보여주는 형태로 상품이나 기업을 노출시키는 간접광고PPL가 무척 유행하고 있는데, 북바이북이 매개가 되어서 서점에 진열했던 책이 방송에 소개되는 경우도 제법 있었어요. 출판업

서점에서는 도넛도 팔고 있다.   지하 1층에 있는 이벤트 공간

계 사람과 영화나 방송 관계자가 저희 서점에서 자연스럽게 만나기도 하고요. 직접 비즈니스로 연결되지는 않아도 시너지 효과는 나고 있다고 생각해요.

→ **땡스북스는 디자인 스튜디오도 같이 운영하고 있는데, 북바이북은 다른 수입원이 없나요?**
다른 부업은 전혀 하지 않아요. 100퍼센트 서점만 운영하고 있어요. 그렇다고는 해도 이익이 나서라기보다는 아슬아슬하게 자금을 운용하는 상태긴 하지만요……. 매출을 나눠보면 책과 이벤트와 음료 및 음식 각각의 비율은 비슷해요. 이벤트에 사람이 많이 오면 책도 많이 팔리고 음료도 나가게 되죠. 그래서 우선은 사람들이 많이 방문하도록 설계하고 있어요. 그러기 위해서 가장 좋은 수단은 역시 SNS죠. 저희는 블로그, 인스타그램, 페이스북, 트위터를 활용하고 있어요. 구체적으로 말씀드리면 블로그를 통해 작가를 좀 더 상세히 소개하고, SNS를 통해 눈에 띄는 이미지와 함께 정보를 여러 번 발신해요. 사람들이 글과 사진에 주목하도록 무척 공을 들이고 있죠. 작가 토크 이벤트를 개최할 때 그 작가의 책을 낸 출판

사에서 페이스북에 홍보해줄 때도 있어요. 아니면 인기 있는 작가의 영향력 그 자체가 곧 좋은 홍보 수단이 되기도 하죠. 팬이 많은 작가가 개인 SNS에 쓴 글은 파급력이 대단하거든요.

이런 홍보와는 별개로 북바이북에는 5천 명 정도가 가입한 회원제도가 있어요. 서점에서 책을 구매하면 정가의 5퍼센트를 포인트로 적립해주고, 적립한 포인트는 커피와 교환할 수 있는 제도예요. 저희는 책을 할인해서 판매하지는 않기 때문에 북바이북다운 서비스가 필요하다고 판단해서 만들었죠. 손님들이 포인트 제도를 포함해 커피를 무료로 마실 수 있는 다양한 방법을 즐겨주시면 좋겠다 싶었어요. 회원분들께는 한 달에 한 번 문자로 이벤트 정보를 발송하고 있어요. 회원제를 통해 손님에게는 포인트가 쌓인다는 이점이 있고, 저희에게는 손님들이 포인트를 쓰기 위해 서점에 재방문해주신다는 이점이 있죠. 포인트는 자주 들러주시는 단골손님과 소통하는 수단도 되고, 자주 오시지 않는 손님에게는 문자를 보냄으로써 북바이북의 존재를 상기시켜드리는 것도 가능해요(웃음).

POS 시스템으로 손님들 각각의 구입 이력을 알 수는 있지만 저희 회원 시스템으로는 그렇게 자세한 내역까지는 몰라요. 저희 서점에서 구입한 책이면 저희가 다시 매입도 하고 있는데, 중고 거래를 위해 중고책 판매가

방문했던 날 밤에 열린 《아이슬란드 컬처 클럽(김윤정 지음, 이야기나무)》 출간 기념 토크 콘서트

이벤트에 초청된 작가와 방송 관계자의 서점 방문 기념 사인

커피를 무료로 마실 수 있는 방법을 소개하는 간판

가능한 사업자 등록도 했어요. 책을 다시 저희에게 팔면 가격의 80퍼센트를 포인트로 적립해 드려요. 단번에 포인트가 쌓이기 때문에 포인트를 사용해 커피를 마시러 오는 구실도 되죠. 이 런 서비스는 커피 원가가 싸기 때문에 가능해요. 재구매한 책은 30퍼센트 할인한 가격으로 다시 서점에 내놓죠. 한 달에 10권 정도는 재판매가 이루어지고 있어요. 최근에는 한국에서 도 중고책 시장이 활성화되어서 책이 순환되는 것 같아요.

→ 서점 운영에 대한 기본적인 질문인데, 어떤 방식으로 책을 매입하시나요?

도서는 직거래로 반, 도매를 통해서 나머지 반을 매입하고 있어요. 직거래는 위탁 방식으로 하고 공급률**출판사가 서점에 공급하는 책값을 정가 대비로 표시한 비율로, 출판사에서 1만 원 정가인 책을 70퍼센트로 공급하면 서점은 7천 원에 구입하게 된다**—역주은 65~70퍼센트, 도매는 다섯 업체 정도와 거래하고 공급률은 대체로 70퍼센트예요. 일본에도 있는 도매 보증금은 서점에 따라 다른 것 같더라고요. 한국에서는 서점을 시작할 때 가장 부담되는 부분이 목돈이 필요한 부동산 임차료예요. 책 은 직거래로 해서 위탁으로 매입하면 초기 투자금은 어느 정도 아낄 수 있고 인테리어에 너 무 공을 들이지 않으면 그다음에는 그다지 많은 비용이 들지 않는데⋯⋯. 이 부분은 일본 도 똑같지 않나요? 지금의 북바이북은 꽤 넓은 편이어서 이전할 때 대출을 조금 받았어요.

'술 마시는 서점'은 누군가를 위한 안식처

→ 지금 한국에서 북바이북처럼 작은 동네 서점이 늘어나고 있는 이유는 뭐라고 생각하세요?

가장 큰 이유는 도서정가제(자세한 내용은 142쪽 참조)의 부활이라고 생각해요. 이미 출간된 책의 판매가도 자유롭게 할인하지 못해서 작은 서점도 큰 서점과 경쟁할 수 있게 되었거든요. 어느 정도 사회생활을 거친 사람이 창업을 고려할 때, 서점의 진입장벽이 낮다는 점도 이유 중 하나겠죠. 한국에서는 최근 10년 사이에 카페가 놀랄 만큼 많이 늘어났어요. 그래서 책을 좋아하는 사람이라면 포화 상태인 카페 대신 자연스럽게 서점 창업을 생각하게 된 것 같아요. 서울에도 미스터리 전문 서점, 음악 전문 서점이 생겼는데 이처럼 서점은 본인의 전문성을 발휘할 수 있는 업종이에요. 아직 전문 서점이 충분히 많다고 보기는 어려워서 기회는 있다고 생각해요. 이런 추세라면 당분간은 서점이 더 늘어날 것 같은데, 물론 살아남는 서점이 있으면 없어지는 서점도 나오겠죠.

→ 그런 의미에서는 북바이북은 전문성에 치우치지 않은 책 큐레이션을 하고 있는 듯한데 독자적인 기준이 있나요?

여기 상암동 근처에서 일하고 있는 방송 업계 사람들은 30~50대인 분들이 많고, 연배

김진양 대표가 쓴 《술 먹는 책방》. 서점 개업에 관한 이야기가 담겨 있다.

가 있으신 분들도 저희 서점에 많이 오세요. 그런 분들은 인문 분야의 책을 원하는 경향이 있죠. 그래서 인문 분야의 책을 반 정도 진열해두고 손님들께 책꼬리도 써달라고 부탁드리곤 해요. 나머지 반 정도는 저희 직원들이 읽고 재미있다고 생각한 책을 둡니다. 지난달 잘 팔린 책은 박웅현의 《다시, 책은 도끼다(북하우스)》, 무라카미 하루키의 《라오스에 대체 뭐가 있는데요?(문학동네)》, 이서희의 《유혹의 학교(한겨레출판사)》예요(2016년 6월 셋째 주. 북바이북 종합 판매 순위의 상위 3권). 이에 비해 B&B에 있는 책은 서울로 말하자면 홍대에 있는 듯한 느낌으로 약간 젊은 세대를 대상으로 한 것 같았어요.

→ 앞으로 어떤 서점이 살아남으리라 생각하시나요?

'책이 좋아서 시작했다'라는 동기나 취향과 상관없이, 다른 일에 신경을 쓰지 않고 오직 서점만 쭉 해나가고 싶다고 생각하는 사람은 서점을 계속할 수 있다고 생각해요. 반면에 '요새 서점이 트렌드니까 한번 해볼까'라거나 '부업으로 시작해볼까'라거나 '책은 그다지 안 팔리지만 일단 해보자'라는 식으로 서점 자체에 집중하지 못하는 사람은 계속하기 어렵겠죠. 서점은 그렇게 가벼운 마음으로 운영할 수 있을 정도로 쉬운 일은 아니니까요.

지금 한국에서 일반적인 현상이 되고 있는 '혼술'과 관련된 책도 서점 앞쪽에 진열되어 있다.

→ 그럼 서점을 하면서 대표님이 얻으신 즐거움이 있다면, 그건 뭘까요?

전에는 혼자였지만 지금은 언니와 직원들과 함께하면서 경영을 즐기고 있어요. 저는 2015년에《술 먹는 책방(나무, 나무)》이라는 책을 썼는데요, 서점을 시작하기로 하고 오픈하기까지의 이야기를 담은 책이에요. 그 책의 시작에 이렇게 썼어요.

'술 먹는 책방. 그렇게 난 내 인생에서 또 한번 터닝포인트를 맞이했다. 잘 풀리지 않고 있는 것 같았던, 그래서 답답했던, 그래서 외로웠던 그 시절을 지나고 나니 어느덧 난 책방 주인장이 되어 있다. 이제 나는 이 책방이 그때의 나처럼 비슷한 감정을 느끼고 있을 누군가의 안식처가 되었으면 좋겠다고 생각한다.'

원래 일본 드라마인 '심야식당' 같은 서점을 하고 싶다고 생각했어요. 1호점을 할 때는 혼자 운영해서 서점에 홀로 서 있을 때도 많았는데, 그러다 보니 정말 '심야식당'처럼 일상에서 많은 스트레스를 받는 사람들이 쉬고 싶어서 서점을 찾아왔어요. 그런 사람들과 말을 주고받으며 제 마음도 환기되는 것 같았죠. 지금은 서점의 규모가 커진만큼 손님 한 분 한 분과의 친밀도는 전보다 약간 줄어들었지만, 서점이라는 공간에서 활발하게 소통하면서 서로 무언가를 나

누는 즐거움을 앞으로도 추구하고 싶어요. 옛날 세대 사람들이 해온 오래된 서점에 요즘 사람들이 가지 않는 이유는 솔직하게 말하면 오래된 공간보다 새롭고 깨끗한 공간이 더 좋기 때문이라고 생각해요. 정답이라고는 단정지을 수 없지만 서점도 그 시대에 태어난 사람이 추구하는 공간으로 바뀌어가야 하죠. 북바이북도 그렇게 변해갈 수 있다면 좋을 것 같아요.

→ BOOK BY BOOK 북바이북
상암점
서울시 마포구 월드컵북로44길 26-2
02-308-0831
평일 11:00~22:30 토요일 · 공휴일 12:00~19:00 일요일 휴무
bookbybook.co.kr

판교점
경기도 성남시 분당구 판교로227번길 6
031-704-0508
평일 11:00~22:00 토요일 · 공휴일 12:00~19:00 일요일 휴무

3. 고양이 플랫폼을 지향하는 고양이 책 전문점

Schrödinger

고양이책방 슈뢰딩거

서점 안으로 들어가자 한복을 입은 작은 체구의 여성이 사랑스러운 미소로 맞아준다. 1985년생인 김미정 대표가 이 작은 서점을 오픈한 때는 2016년 6월 9일(사전오픈은 5월 9일). 그 전에는 대학원생이었고 2년 정도 쉰 다음 갑자기 서점을 시작했다고 한다. 책장을 보니 고양이 그림책에 고양이 사진집에 고양이 소설에……. 온통 고양이 천지. 이곳은 서울의 첫 '고양이 책 전문점'이다.

"2년 반 전부터 집에서 고양이를 키우기 시작했는데, 순식간에 완전히 빠져버렸죠. 조르바랑 미오라는 이름의 고양이 두 마리예요. 책은 시인이신 어머니의 영향도 있어서 원래부터 무척 좋아했는데, 고양이를 키우고 나서는 서점에 가면 고양이 책을 찾게 되더라고요. 그러다가 고양이에 관련된 책만 파는 서점이 없다는 점을 깨달은 거죠. 도서관에 취직하려던 것도 잘 안 되던 차에 최근에 작은 서점이 많이 생기는 것을 보고 이참에 내가 나를 고용해보자고 생각했어요."

이렇게 생긴 고양이책방 슈뢰딩거는 고양이를 좋아하는 사람을 위한 플랫폼 같은 공간을 지향한다. 이전하기 전 서점의 위치는 역에서 조금 멀어서 접근성이 좋다고는 할 수 없는 곳이었지만, 월 50만 원 정도로 임차료가 싸고 집에서도 가까웠다. 보증금 1천만 원은 나중에 돌려주기도 하고 말이다. 이와고 미쓰아키**일본의 동물 전문 사진가-역주**씨의 책을 비롯해 외서도 다수 있기에 매입 방법을 물으니, 일본 책은 직접 가서 사오거나 아마존 해외 배송으로 구매한다고 한다. 외서는 구매한 가격에 1,000원이나 2,000원 정도 얹어서 팔고 있는데 "주변에서는 비즈니스 마인드가 없다고 해요."라며 김미정 대표는 웃는다. 국내서는 먼저 '고양이'로 검색해서 내용이나 목차에 고양이 키워드가 있는 책을 찾아내고 수천 권을 하나씩 살펴서 책을 고른 다음 도매상을 통해 매입한다. 독립출판물은 예전에는 아니었지만 지금은 작가 쪽에서 먼저 연락이 온다고 한다.

물론 사람들이 고양이에게 위안을 얻는다는 점만으로 서점이 유지되는 것은 아니다. 다른 수입원으로 서점 안에서 전시나 이벤트를 개최한다. 영업 시작 시간은 오후 1시 30분으로 늦은 편인데, 오픈 전까지 워크숍 장소나 교실로 활용하거나 지역 사람들에게 유료로 빌려주기 때문이라고 한다. 서점 가운데에 있는 판매대의 책을 치우면 순식간에 작업대로 바뀐다. 출판도 시작할 예정이라는데 아직 번역되지 않은 해외의 재미있는 고양이 책부터 만들어보고 싶다고 말하는 얼굴에 설렘이 가득하다.

"드디어 한국에도 고양이 책방이 생겼다며 많은 분들이 응원을 해주셨어요. '지금 이런 기분인데 어떤 고양이 책을 읽으면 좋을까요?'라고 물어보시는 분들에게 답을 드리는 일은 무척 보람이 있지요. 슈뢰딩거라는 이름만 듣고 물리학 전문 서점이라고 오해해서 찾아온 학생도 있었지만요.(웃음)**슈뢰딩거는 오스트리아 출신 물리학자로, 양자역학의 불완전함을 증명하기 위해 슈뢰딩거의 고양이라고 불리는 실험을 고안했다 역주.**"

고양이를 좋아하는 손님과 두 시간이고 세 시간이고 수다를 떠는 일이 즐겁다고 하는데, 고양이책방 슈뢰딩거는 실제로 단순히 책을 파는 장소를 넘어 고양이 콘텐츠의 플랫폼이 되어가고 있다. 김미정 대표의 꿈은 더 넓은 장소로 이전해서 길고양이 카페를 운영하는 것이라고 하는데 그 꿈도 머지않아 이루어질 듯하다. 2017년 4월 연극의 거리 대학로 근처로 이전해서 서점의 크기가 2배가 되었다. 매니저로 함께하는 친구의 힘도 더해서, 수의사가 알려주는 고양이 기르는 법 세미나를 개최하거나 개봉 예정인 고양이 영화의 시사회를 열거나 테이크아웃 카페를 운영하는 등 이전까지 할 수 없었던 기획에 박차를 가할 것이라고 한다. 고양이를 좋아하게 되어 엄청난 추진력으로 서점을 시작한 김미정 대표는 계속 멈추지 않을 것이다.

개최 중인 '상자 속의 고양이'전. 한 그림 교실의 학생이 그린 작품이 전시되어 있다.
작품은 판매도 하며 전시는 3주에 한 번씩 바뀐다고 한다.

→ Schrödinger 고양이책방 슈뢰딩거
서울시 종로구 낙산길19
070-5123-2801
화요일~일요일 13:30~21:00 월요일 휴무
www.catbook.co.kr

이전한 서점의 내부. 슈뢰딩거가 이전하기 전에 입주해 있던 북카페에서 넘겨받은
주황색 고양이와 파란색 고양이는 이 거리의 최고 고참이다.

BOOK → REVOLUTION → SEOUL
→ IN →

→ (Publisher)

UU Press

CHO SUNGWOONG

4.

서울 청년들의 롤모델인
1인 출판사의 책 만들기

→ (Interview)

조성웅

UU Press 유유출판사 대표

1974년 강원도 출생

—————→ **땡스북스에서 아이디어 잉크** 단순한 디자인에 파스텔 색감의 표지가 특징인 아

사히출판사의 시리즈 도서. 이 책의 저자가 쓴《책의 역습》도 아이디어 잉크 시리즈 중 하나이다-역주 **시리즈 도서**

와 이어지는 것 같은 북디자인의 책과 만났다. 출간된 지 조금 지난 파

스텔 색 표지의 책으로, 한국 편집자의 말에 의하면 "모두가 일하고 싶

어 하는 출판사"의 책이다. 이야기를 들어보니 한국에서도 출판사에

다니던 편집자가 하나둘 독립해서 자신의 출판사를 시작하고 있다고

한다. 조성웅 대표를 만나러 가니 마치 조깅을 하고 온 듯한 가벼운 차

림새로 맞아주었다. 바로 얼마 전에 조성웅 대표의 부인이 시작했다는

서점에서 그의 이야기를 들었다.

자신이 정말로 만들고 싶은 책을 출간하고 싶다

유유출판사는 2012년에 시작했어요. 첫 책은 그해 1월에 냈고요. 처음부터 계속 혼자서 해 왔는데 벌써 4년 반이 지났네요. 유유출판사의 '유유'는 '유유자적'에서 따왔어요. 대학을 졸업하고 3년 정도 방송 제작 회사에서 다큐멘터리를 만들었는데, 프로듀서 선배들의 모습을 보고 미래가 없다고 생각했어요. 장래에 대해 고민할 즈음 지금의 아내(조형희 씨)와 일로 만나게 됐는데, 출판사에서 일하고 있던 아내가 저에게 "책을 좋아하니까 출판 쪽 일과 맞는지 아닌지 시험 삼아 출판사에서 한번 일해 보면 어때요?"라고 권해주었어요.

→ 다른 출판사에서 먼저 경험을 쌓았던 거네요.

저는 운이 좋았어요. 기자였다가 소설가로 등단한 김훈 씨가 간판 작가로 있던 생각의나무 라는 비교적 큰 출판사에 들어갔으니까요. 마침 출판사가 여러 가지로 사업을 확장하던 시기이기도 했고, 한국의 편집자는 주로 여성이 많다는 점이 저에게 좋게 작용한 것 같아요. 저는 체격이 좋은 편이어서 무거운 물건을 잘 옮기겠다고 생각하지 않으셨을까요(웃음). 당시 서른에 가까운 나이였는데 그로부터 10년 정도 출판사에서 편집을 했어요.

그 전까지 제가 감히 책을 만들 수 있으리라고는 상상도 못 했어요. 다만 적지 않은 나이에 출판사에 들어갔기 때문에 앞으로 내가 이곳에서 할 수 있는 일을 확실히 익혀야 한다고 생

유유출판사에서 나온 책들

각했죠. 처음에는 하나부터 열까지 다 배워야 해서 이런저런 생각을 할 여유가 없었지만, 일을 하면서 책을 만드는 작업이 점점 즐거워졌어요. 무에서 유를 창조한다고 할까요. 하나의 아이디어를 책이라는 형태로 만들어내는 일이 가장 재미있었어요.

→ **그런데 왜 독립을 생각하셨어요?**

경력이 쌓여 책임자 급이 되면 관리 일을 해야 한다는 사실을 알고 있었고, 그렇게 되면 편집 일을 오래 할 수 없다고 판단했습니다. 책을 계속 만드는 방법으로 출판사 창업 외에는 다른 길이 생각나지 않았어요. 내가 만들고 싶은 책을 내는 일에 집중할 수 있는 환경이 출판사 안에 조성되어 있었다면 독립해서 출판사를 만들려고 하지는 않았겠죠.

저는 출판사를 세 군데 다녔는데요, 마지막 출판사에 다닐 때 아직 머리가 굳지 않았을 때 독립을 해야겠다는 생각을 했습니다. 떠밀려서 창업하기보다는 자발적으로 시작하는 편이 좋다고 판단했어요. 37살 때였죠. 그때부터 유유출판사를 시작하기까지 1년 동안 어떤 출판사를 할지 고민을 많이 했어요. 하고 싶은 일은 많지만 가장 중요한 점은 '먹고살 수 있는가'였어요. 그다음으로는 내가 만들고 싶은 책과 팔리는 책 사이에서 균형을 잡는 일이었고요.

감사하게도 아내에게 출판사를 시작하고

싶다고 말했을 때 그런 선택을 할 수밖에 없는 상황에 공감해주었어요. 아내도 편집자였기 때문이었죠. 하지만 창업을 하게 되면 당연히 수입이 줄어들어요. 줄어든다고 해야 할까, 처음 2, 3년 동안은 거의 수입이 없었어요. 출판사를 창업할 때 들었던 투자금과는 별개로 다시 사업에 투자해야 했기 때문에 생활비를 마련할 여유가 전혀 없었거든요. 얼마 전부터 겨우 아내에게 생활비를 줄 수 있게 되었어요(웃음).

→ **창업할 당시 한국에 1인 출판사 사례가 있었나요?《책의 역습》의 한국어판을 펴낸 터닝포인트출판사**《책의 역습》은 터닝포인트출판사의 임프린트 하루에서 출간되었다 역주**의 사장님(40대)도 전직 편집자라고 들었어요.**

꽤 있었어요. 그래서 혼자서 출판사를 시작한 선배들에게 조언을 듣기도 했죠. 이건 제 생각인데, 한국에서는 편집 경험을 쌓으며 일을 하다가 40대 후반쯤이 되면 출판사에서 쫓겨나는 것 같아요. 월급이 점점 오르니까요. 대신 대학을 갓 졸업한 사람들을 채용해서 다시 책을 만드는 거죠. 출판사에서는 경력 있는 편집자를 아끼고 중용하기보다 월급을 조금 주는 짧은 경력의 편집자를 고용하는 경향이 있어요. 한국 출판사에서 연봉을 올리려면 다른 출판사로 옮기거나 하는 방법을 쓰지 않으면 어렵고요.

책을 계속 만드는 방법으로 출판사 창업 외에는 다른 길이 생각나지 않았다.

→ **작은 출판사를 시작하면서 큰 출판사와의 차별화는 어떻게 준비하셨어요?**

큰 출판사가 만든 책과 작은 출판사가 만든 책 사이에는 그렇게 큰 차이가 없다고 생각해요. 책의 퀄리티는 동일하다고 보고요. 다른 점이 있다면 마케팅과 홍보죠. 유유출판사를 시작했을 때에는 자금 사정이 뻔했기 때문에, 마케팅이나 홍보에 신경 쓰지 않고 책 자체가 살아남을 수 있는 출판을 지향했어요. 책의 생명력이 강하면 어떻게든 될 거라고 생각한 거죠. 그래서 제가 가장 잘 만들 수 있는 책은 뭘까 생각에 생각을 거듭했어요. 고민 끝에 선택한 장르는 인문이었고, 그중에서도 제가 잘 아는 '공부', '고전', '중국'이라는 세 가지 키워드가 나왔어요. 매일 많은 책이 쏟아지는 시장에서 살아남기 위해서 작은 출판사는 다루는 키워드의 범위를 되도록 한정하는 편이 좋다고 생각했어요. 결과적으로 지금은 저희를 '공부 전문 출판사'라고 부르는 독자들까지 있어서 소수의 키워드가 큰 강점이 되었다고 할 수 있죠.

유유출판사에서 처음으로 만든 책도 공부에 관한 책이에요. 인문교양서라고도 할 수 있죠. 미국의 유명한 사립 고등학교 교감이었던 윌리엄 암스트롱이 쓴 《단단한 공부》라는 책이에요. 번역서는 이제 막 시작하는 1인 출판사에 안성맞춤이죠. 실적이 없으니까 유명한 저자에게 원고를 달라고 요청하기가 어렵고 애초에 원고를 받지도 못해요. 친분이 있는 저자가 원고를 써줬다고 해도 처음인데 잘 안 되면 어쩌나 하는 부담이 있죠. 그래서 이미 원고가 있고 판매도 어느 정도 보장된 번역서를 우선 몇 권 내고 출판사의 브랜드 이미지를 만드는 거예요. 그러고 나면 좀 더 편하게 국내 저자에게 원고를 부탁할 수 있죠.

실제로 유유출판사가 알려진 계기도 번역서였어요. 19~20세기의 프랑스 신학자 앙토냉 질베르 세르티양주가 쓴 《공부하는 삶》이라는 책인데요. 2013년에 출판해서 12,000부 팔렸어요. 한국에서 인문학이나 논픽션 도서의 초판은 대체로 1,500~2,000부 정도 찍는데, 인문교양서치고는 제법 팔린 편이죠.

→ **서울에서는 어느 카페를 가도 혼자서 묵묵히 공부하는 사람들이 많더라고요. 공부를 다루는 책에 대한 수요가 있었던 걸까요?**

《공부하는 삶》은 입시 준비를 위한 책은 아니고 어디까지나 자신의 성장을 위한 책이

지만, 최근 3~4년 한국에서는 약간의 인문학 붐이 일었어요. 이런 점도 조금은 영향이 있지 않았을까요? 감사하게도 출판사 이름이 좀 알려지게 된 덕분에 국내 저자에게 의뢰해서 원고를 받을 수 있게 되었죠. 다만 저희는 새로운 저자를 발굴해서 집필을 의뢰하는 것을 중요하게 생각해요. 유명한 저자에게는 꼭 제가 아니어도 원고를 청하는 편집자들이 많습니다. 반대로 인지도는 없지만 책을 쓸 준비가 되어 있는 저자도 분명히 있죠. 서로 조건이 맞는 신인을 발굴할 때 더욱 일하는 보람이 느껴져요.

→ 하지만 인지도가 없는 저자의 원고로 책을 만들 때에는 어떤 책이 될지 모른다는 불확실성이 너무 크지 않나요?

저는 출판사의 규모를 확장하는 일에는 그다지 관심이 없어요. 기본적으로 좋은 책을 오랫동안 만들 수 있으면 그걸로 만족해요. 몇만 부가 팔리는 베스트셀러가 아니어도 천천히 조금씩 책이 팔리면 되는 거죠. 제가 생각하는 좋은 책의 정의는 세상에 나온 즉시 엄청나게 많이 팔리고 금방 절판되는 책이 아니거든요. 저에게 좋은 책은 초판 부수가 바로 소진되지 않는다 해도 오랫동안 계속 팔리는 책이에요.

피너츠(PEANUTS) 관련 도서를
출간한 일은 지금도 감개무량하다고 한다.

출판사로서의 정체성을 만들다

→ **유유출판사에서는 책을 어떻게 만드시는지 궁금합니다.**

편집자는 저 한 사람이고요. 교정을 보는 사람은 출판사 안에 두 명, 외주자가 여럿 있습니다. 지금은 사람이 이렇게 늘었지만 사무실은 처음부터 없었어요. 없다기보다는 집이 사무실이었죠. 저는 기획, 저자 발굴, 원고 의뢰 등을 맡고 교정 교열, 디자인, 인쇄 등은 전문가들에게 맡기고 있습니다. 최근에는 프리랜서에게 영업과 마케팅도 맡기고 있고요. 저는 제가 잘하는 일을 책임지고, 제가 잘 못하는 일은 저보다 잘할 수 있는 사람에게 맡기는 게 현명하다고 생각합니다.

영업은 온라인에 중점을 두고 있어요. 한국인은 SNS를 많이 사용하기 때문에 상대적으로 비용이 적게 드는 페이스북, 트위터, 인스타그램을 자주 활용해서 제대로 홍보하는 것이 중요해요. 최근에는 서울 시내에 작은 서점이 많이 생겨나고 있는데, 저희 책을 많이 팔아주시기 때문에 작은 서점과 좋은 관계를 유지하려고 애쓰고 있습니다.

→ **좀 전에 말씀하셨던 '먹고사는 것'의 목표 지점은 어디쯤에 있나요?**

유유출판사가 최근 4년 동안 출판한 책은 64권이고 작년(2015년)부터는 한 달에 1권 내는 것을 목표로 하고 있는데, 사실 목표는 이미 달성했지만 그래도 먹고사는 건 여전히 쉽지 않네요. 책에 따라 다르지만 저희의 초판 부수는 대체로 1,500~2,000부예요. 한 달에 1권 낸다고 했을 때 기본적으로 모든 책의 초판을 전부 소진하고 증쇄하는 것이 목표입니다. 물론 초판을 전부 팔지 못한 책도 있지만 증쇄한 책도 있기 때문에 전체적으로 균형은 잡혀 있어요. 작년 매출이 약 2억 3천만 원인데요. 이 정도면 함께 일하는 분들에게 제대로 보수를 지불할 수 있고 저도 빠듯하게나마 생계를 유지할 수 있어요.

→ **함께 일하는 북디자이너가 세계를 누비고 있다던데요.**

좀 보여드리고 싶은 게 있는데요. 이 카탈로그는 저희 북디자이너 이기준 씨가 개인전을 했을 때 나누어줬던 거예요. 이기준 디자이너는 제가 출판사를 시작하기 전부터 알던 사람이에요. 이기준 씨가 아직 무명이던 시절에 군 복무를 하면서 만났죠. 유유출판사를 시작하기 전부터 어떤 북디자인이 재미있을지 이야기하기도 했어요. 유유출판사의 책은 색을 많이 쓰지 않는 것을 원칙으로 하고 있어요. 복잡한 이미지도 쓰지 않고요. 한 손에 들어오고 주머니에도 넣을 수 있는 작은 사이즈로 재생지를 써서 만들어요. 이런 책이 지금까지 한국에 전혀 없었던 건 아니지만, 꾸준히 이런 디자인의 책을 선보이니까 독자들이 인상적으로 받아들이는 것 같습니다.

지금 보여드린 카탈로그에는 제가 이기준 디자이너와 지금까지 만들었던 책과 아직 만들지 않은 책이 실려 있어요. 즉 지금부터 유유출판사에서 나올 가상의 책 카탈로그라고 할 수 있죠. '책 예고'가 이기준 디자이너 개인전의 콘셉트였거든요. 전시회에 오신 어떤 분은 "이 책은 언제 나와요?"하고 물어보시기도 했어요(웃음). 2년 전에 땡스북스 2층에 있는 갤러리에서 개인전을 열었어요. 그런데 이기준 디자이너가 다른 나라를 여행하고 있다는 건 어떻게 아셨어요?

→ **페이스북을 보고 알았어요.**

아, 그렇군요. 공간에 변화를 주면서 작업을 해보고 싶다고 반년 정도 나갔다 오겠다고 하더라고요. 베트남부터 해서 여러 나라를 거쳐 지금은 포르투갈에 있는데, 곧 돌아올 거예요. 디자이너는 어디에 있든지 컴퓨터 하나만 있으면 되죠. 유유출판사의 북디자인도 열심히 해주고 있어요. 실은 유유출판사의 책 대부분은 기준 씨가 디자인했어요. 유유출판사와 이기준 디자이너의 이인삼각 작업 방식이 출판업계에도 알려지게 되었는데, 저희에게는 기준 씨의 디자인이 딱 맞아서 좋았고 기준 씨도 유유출판사와의 작업이 계기가 되어서 더 많이 알려지게 된 것 같습니다. 저희 같은 작은 출판사에서는 북디자이너 한 사람과 오래 작업하는 것이 정체성이 되기도 해요. 독자가 서점에서 표지만 보고 '유유출판사에서 나온 책이다'라고 바로 알아봐주신다고 해서 기쁠 따름입니다.

이기준 디자이너가 만든 가상의 책 전시 카탈로그 〈북 트레일러(book trailer)〉 중에서

→ **한국 출판사는 북디자인에 돈을 가장 많이 들인다고 하던데요.**

저는 반대로 일본의 사정을 듣고 한국의 디자인 비용이 비싸다는 걸 알았어요. 짐작하기로는 한국인은 아무래도 보이는 것을 중시하기 때문이지 않을까요? 최근에 시작한 '땅콩문고' 시리즈도 디자인에 공을 들이고 있어요. 지금까지 《책 먹는 법(김이경 지음)》,《학생이 배우고 익히는 법(리처드 샌드윅 지음)》,《박물관 보는 법(황윤 지음)》 이렇게 세 권 나왔어요. 《학생이 배우고 익히는 법》은 번역서지만 다른 두 권은 국내 저자를 발굴해서 만든 책이에요. 일본에서 말하는 신서판과 페이퍼백을 섞은 듯한 새

로운 책의 판형으로 제작한 이유는 교양서를 손쉽게 많은 사람들에게 제공하고 싶다는 의도가 있기 때문이었죠. 《책 먹는 법》의 초판은 전부 소진됐습니다. 물론 모두 이기준 디자이너의 작품이에요.

→ **유유출판사는 청년들이 동경하는 출판의 롤모델이라는 이야기를 한국 편집자에게 들었습니다. 앞으로 직원을 늘려갈 계획이, 그러니까 더 이상 1인 출판사가 아니게 될 가능성은 있나요?**

우선 지나치게 높은 평가를 받고 있다고 말씀드리고 싶네요(웃음). 저희 출판사에서 일하고 싶다며 지원했던 편집자는 지금까

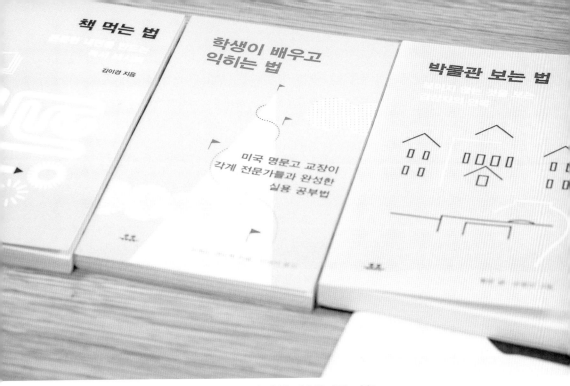

책 먹는 법

김이경 지음

학생이 배우고
익히는 법

미국 명문고 교장이
각계 전문가들과 완성한
실용 공부법

박물관 보는 법

보급형 교양서라고 할 수 있는 땅콩문고 시리즈

지 한 명밖에 없었어요. 한국에서 말하는 1인 출판사의 정의는 조금 애매해요. 저는 책을 혼자서는 만들 수 없다고 생각해요. 그런데 일본에서는 편집자란 어떤 이미지인가요?

→ '훌륭하신 선생님 댁에 원고를 받으러 가서 굽신거린다'는 이미지는 아직 있다고 생각해요.

한국이랑 비슷하네요. 이야기를 듣다 보니 일본에서는 청년들이 편집자라는 직업을 기피하는 것처럼 느껴져요. 나이에 따라 다르겠지만 직접 기획하고 혼자서 책을 만들 수 있는 유능한 편집자라고 해도 연봉 5천만 원 받는다는 말은 좀처럼 들리지 않아요. 한국에서는 평균 3~4천만 원 정도일까요. 대학을 갓 졸업한 사람이라면 2천만 원을 받을 수 있을지 모르겠네요. 기본적으로 급여가 너무 적기 때문에 특히 한국에서는 책을 좋아하지 않으면 편집자라는 직업을 유지할 수 없어요.

다만 미디어 환경의 변화에 따라 편집에 대한 이미지가 조금씩 바뀌는 측면은 있어요.

**책을 혼자서는
만들 수 없다.**

출판업계에서도 편집자의 장래성을 생각할 때 인터넷 콘텐츠와 이벤트에서부터 홍보 마케팅까지 편집자가 프로세스 전체에 관여해야 한다고 생각하는 사람이 늘어나고 있는 것 같아요. 하나부터 열까지 전부 고려한 다음 책을 기획하는 사람이 늘어나는 것도 사실이고요. 하지만 유유출판사 같은 독립적인 출판사는 처음부터 반드시 이런 일들을 모두 해야만 해요. 다만 한 사람이 할 수 있는 일에는 한계가 있기 때문에 실은 더욱 열심히 해야 하는 부분도 있습니다.

→ **지금 인터뷰를 하고 있는 이곳 '땅콩문고'는 대표님의 아내분이 편집자를 그만두고 얼마 전에 시작한 서점이라고 하던데요.**

네, 약 2개월 전인 2016년 5월 13일에 오픈했어요. 한국 편집자 중에는 자신의 서점을 하고 싶어 하는 사람이 많아요. 제 아내도 편집자를 하면서 서점을 여는 것이 꿈이었는데, 서점을 시작할 결심은 바로 얼마 전인 6개월 정도 전에 했어요. 저희는 이 근처(파주시)에 살고 있는데요, 마침 알맞은 장소를 우연히 발견하게 되었죠. 최근 서울에 늘어나고 있는 작은 서점도 전직 편집자가 운영하는 곳이 많아요. 책방만일이나 고요서사 같은 서점도 그렇다고 들었어요.

책이라는 형태로 출판의 본질을 추구하다

→ **왜 편집자가 서점을 시작하는 걸까요?**

편집자의 낭만이라고 생각해요. 그렇다고는 해도 편집자 일과 마찬가지로 서점 운영도 힘들지만요. 아내도 많이 고생하고 있어요. 그런데 아내가 서점을 운영하는 것에는 제가 아내에게 보답을 하는 의미도 담겨 있어요. 제가 출판사를 하고 싶다고 아내에게 털어놓았을 때 불평 한마디 없이 지지해주었거든요. 계속 그 은혜를 갚고 싶다고 생각해왔죠. 서점을 해보라고 말한 건 제가 아내에게 하는 보답이에요. 이 점을 말씀드리고 싶었어요.

→ **한국에서는 서점 개업이 쉬운 편인가요? 일본에서 서점을 시작하려면 도매상과 거래하기 위해서 원칙적으로 추정 월간 거래액의 2개월분인 수백만 엔을 보증금으로 준비해야 되거든요.**

한국도 기본적으로는 같아서 땅콩문고를 열 때도 보증금을 냈어요. 보증금 액수는 서점의

조성웅 대표의 아내가 운영하는 서점 땅콩문고는 파주에 있다.

서점에서 내놓는 드립커피는 그 지역에서 로스팅한 원두를 사용한다.

면적과 책의 취급 물량에 따라 다르고요. 작은 동네 서점에 갔을 때 신간이 보이지 않는다면 그 배후에는 도매상과의 문제가 있을 수도 있어요. 그래서 독립출판물이나 소규모 출판물(일본에서 말하는 진ZINE이나 리틀 프레스Little press와 비슷하다)을 다루는 서점이 많은 거예요. 땅콩문고도 작은 출판사와의 직거래를 주축으로 해서 인문사회 도서와 어린이 책을 메인으로 다루고 있어요. 같은 주제를 다룬 책이 큰 출판사와 작은 출판사 양쪽에서 나왔을 때에는 후자의 책을 골라 진열합니다. 실제로 여기에 있는 책도 전자와 후자의 비율은 4대6 정도예요. 제가 만든 유유출판사의 책도 많이 진열해 주고 계시고요(웃음).

땅콩문고를 사무실처럼 쓰기도 해서 저도 자주 이곳에 오는데, 독자와 직접 만나는 일은 역시 재미있어요. 어떤 책이 팔리고 있는지 제 눈으로 확인할 수도 있고요. 독자가 먼저 말을 걸어올 때도 있는데 그때는 독자의 생생한 이야기를 들을 수 있죠. 최근에는 제가 하는 출판사의 일과 아내가 하는 서점의 일, 이 두 가지를 어떻게 엮으면 좀 더 재미있어질까 여러 가지로 궁리하고 있어요. 예를 들어 땅콩문고에서 강의나 강연을 개최하고 그 내용을 유유출판사에서 책으로 만든다든가 하는 식으로요. 일본에서는 미시마샤라는 출판사가 서점도 운영하고 있죠. 미시마샤에서는 어떤 일들을 하고 계시는지 들어보고 싶네요.

→ 1인 출판사 즉 작은 출판사의 강점은 어디에 있다고 생각하세요?

결정이 빠른 점이요. 혼자이기 때문에 당연한 일이지만, 무언가를 하려고 마음먹으면 바로 할 수 있어요. 반면에 결정을 할 때에는 외로워요. 결정도 제가 하고 책임도 제가 지죠. 하지만 이렇게 해서 개성 있는 1인 출판사가 늘어나는 일은 좋은 현상이라고 생각해요. 딱히 그런 개성적인 작은 출판사를 라이벌이라고 생각하지는 않고요. 유유출판사뿐만이 아니라 더욱 많은 작은 출판사가 다양한 장르에서 좋은 책을 만들어내면, 새로운 저자도 발굴하고 독자의 흥미도 확장되어서 그 결과 서점에 더욱 많은 사람이 오게 됩니다. 출판계 전체에 있어서 좋은 일이죠. 다양한 동사에 주목한 《동사의 맛》이라는 책을 만들었을 때 있었던 일이에요. 이 책의 저자 김정선 씨는 제가 생각의나무 출판사에 다니던 시절에 함께 일을 했던 외주 교정자였어요. 오로지 교정만을 해왔기 때문에 원고를 써본 적은 없었죠. 하지만 설령 무명이라 하더라도 언어의 프로가 쓴 문법책이라면 분명 재미있을 거라고 생각했어요. 그래서 김정선 씨에게 의뢰해서 첫 저서를 유유출판사에서 내게 되었습니다. 다른 대형 출판사였다면 이런 도전은 시도하기 어려웠을 거예요. 《동사의 맛》은 제법 잘 팔려서 저자도 유명해졌는데, 다행스럽게 두 번째 책 《내 문장이 그렇게 이상한가요?》도 저희 출판사에서 내게 되었어요. 3만 부정도 팔려서 유유출판사의 초베스트셀러가 되었지요. 《동사의 맛》을 만화로 만들자는 이야기도 나왔어요. 출판사로서도 큰 이익을 볼 수 있었는데, 이 책의 출간은 1인 출판사였기 때문에 가능하지 않았을까요? 이렇게 제가 데뷔를 도와드린 저자가 성공해서 작가가 되고 성장하는 모습을 지켜보는 것이 출판의 묘미죠.

→ **한국도 일본도 출판 및 서점 업계는 같은 문제를 안고 있다고 생각해요. 일본은 인구가 한국의 2배 정도여서 아직 어떻게든 유지되는 것처럼 보이지만 앞으로 인구가 더욱 줄어들겠죠. 구체적으로는 초판 부수가 점점 줄고 출판사도 소규모화되리라고 보는데요. 이런 상황에서 대표님이 일본의 편집자에게 조언해주실 수 있는 부분이 있을까요?**

이럴 때일수록 본질에 집중할 수밖에 없다고 생각해요. 앞으로 아무리 인구가 줄어든다고 해도 인류가 문명과 사회를 유지하기 위해서는 지식과 지혜의 축적 및 재생산은 필요하고 필수적이니까요. 그러한 축적과 재생산이 더욱 세련된 형태로 정리된 결과물이 책 아닐까요? 핵심적인 콘텐츠를 만들어가는 것이 출판의 본질이며, 그러한 책을 만들 수 있는 사람은 앞으로도 살아남을 수 있다고 생각합니다.

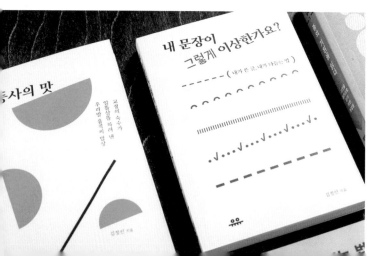

《동사의 맛》은 크게 화제가 되었고, 같은 저자의 두 번째 책 《내 문장이 그렇게 이상한가요?》도 많이 팔렸다.

(Publisher)

땅콩문고 서점 안으로 밝은 햇살이 비치고 있다.

→ UU Press 유유출판사

경기도 파주시 책향기로 337, 308-403

070-8701-4800

uupress.co.kr

→ peanut bookshop 땅콩문고

경기 파주시 꽃아마길 3 102호

010-4096-5747

월요일~토요일 10:00~19:00 일요일 · 공휴일 휴무

www.facebook.com/peanutbookshop

→ (Bookstore)

wit n cynical

YOU HEEKYOUNG

(Bookstore)

BOOK ——————————→　　→ (Bookstore)
←——→ REVOLUTION
→ IN ——————→ SEOUL

5.

시집 붐을 배경으로 만들어진
젊은 시인의 시집 서점

→ (Interview)

유희경

wit n cynical 위트 앤 시니컬 대표

1980년 서울 출생

─────→ 서울의 서점들이 전문화되고 있는 가운데 마침내 시집만 파는 서점까지 탄생했다. 시집 서점을 경영하는 이는 30대의 시인이라고 한다. 대학가 신촌에 있는 어느 빌딩 3층에 조심스럽게 발을 내딛자 상상했던 것과는 전혀 다르게 카페와 음반 가게도 함께 들어와 있는 넓고 밝은 공간이 나온다. 공간의 한 모퉁이에 특이한 이름의 서점이 있다. 위트를 섞어서 시니컬하게 말하는 유희경 대표의 말에 의하면 한국에서는 지금 시집 붐이 일고 있다고 한다.

wit n cynical

문학계도 언더그라운드도 아닌 새로운 시의 전달 방법을 기획하다

위트 앤 시니컬wit n cynical은 2016년 6월 4일에 가오픈을 하고 7월 2일에 정식으로 문을 열었어요. 서점 경험이 처음이어서 가오픈 기간 중에 취재를 받으며 반응을 살폈죠. 이 3층 전체는 인디 음악 레이블인 파스텔 뮤직이 운영하는 문화 공간이에요. 파스텔 뮤직이 출점한 셀렉트숍 프렌테Frente!와 카페 파스텔Cafe Pastel이 위트 앤 시니컬과 함께 입점한 형태로 같은 시기에 오픈했어요.

위트 앤 시니컬을 시작하기 전에는 대학 졸업 후 9년 정도 대형 출판사에서 편집자를 했어요. 처음 6년은 문학과지성사라는 문학 출판사에서 시와 소설 편집을 맡았고, 그 후 3년은 위즈덤하우스에서 일본을 비롯한 외국 문학을 중심으로 책을 만들었어요. 다니 미즈에 씨의 《추억의 시간을 수리합니다》도 담당했고요. 저는 일본어를 전혀 못하지만 좋은 번역자와 일하게 된 덕분에 출간까지 잘 해낼 수 있었죠. 하지만 결국 눈이 나빠지면서 일을 그만두게 되었습니다.

→ 시는 언제부터 쓰셨던 건가요?

대학생 때부터예요. 문예창작과에 다니면서 시를 쓰기 시작했는데, 2008년에 조선일보 신춘문예에 당선하면서 등단하게 되었어요. 일본도 똑같을지는 모르겠지만 한국 문단 시스템 안에서는 신춘문예를 비롯한 신인 문학상에 투고해서 수상하면 '등단했다'고 하면서 문학계 데뷔로 간주해요. 그로부터 3~4년 정도 지나면 책을 내게 되죠. 한국에도 순문학 출판사가 몇 군데 있는데, 그런 출판사에서 책을 내면 시인이나 소설가로 인정받기가 더 쉬워지

유희경 대표의 첫 번째 시집 《오늘 아침 단어》

위트 앤 시니컬과 공간을 나눠 쓰는 셀렉트숍 프렌테. 음반과 도서 등을 판매한다.

죠. 저도 그렇게 해서 2011년에 첫 번째 시집《오늘 아침 단어(문학과지성사)》를 출판했어요. 문학과지성사의 시인선 시리즈 중 한 권이에요. 그 책을 냈을 때 저는 아직 문학과지성사에 다니고 있었어요. 물론 편집자는 다른 사람이었지만요(웃음).

저의 시 스타일이요? '서정적이다' 같은 말을 자주 듣긴 하는데 제 입으로 말하기는 좀…… 이를테면《오늘 아침 단어》의 구절은 이런 느낌이에요. '수십 개의 단어와 한 사람을 동시에 떠올리는 일/나는 아직도 이런 일을 생각한다', '나는 사랑하고 당신은 말이 없다'. 일상적인 언어를 사용해서 시를 쓰지만, 단어와 단어 사이에 있는 긴장감을 유지하면서 평소에 사용하는 말이 새롭게 느껴지는 시를 쓰려고 노력하고 있어요. 스타일만 보면 윤동주 시인과 가까운 부분이 있을지도 모르겠네요.

→ **어떻게 하다가 시집 전문 서점을 시작하게 되었나요?**

우선은 위트 앤 시니컬은 '시집 서점'이지 '시집 전문 서점'은 아니라고 저는 생각하고 있어요. '전문'이라고 하기에는 다루는 시집 수가 적고, '전문'이라고 해놓으면 문턱이 높아져서 사람들이 가볍게 들르지 못하거든요. 하지만 시집만 다루는 서점이라는 건 맞아요.

요즘 한국에는 독립 서점이 무척 많아졌어요. 그래서 서점들을 쭉 둘러봤는데 조금 아쉽다는 생각이 들더라고요. 서점에 개개인의 정체성과 개성을 담은 독립출판물이 적고, 있다고 해도 출판사에서 출간된 일반적인 도서와 퀄리티의 차이가 너무 컸거든요. 특색 있고 완성도 높은 책을 직접 만들어볼까 하는 생각을 하게 됐어요. 그런데 저는 원래부터 시를 좋아하기도 했고 편집보다는 기획에 관심이 있었죠. 그래서 소설이나 에세이뿐만 아니라 시를 통해서 기획할 수 있는 다른 일이 더 있지 않을까 하는 생각이 위트 앤 시니컬의 계기였어요. 시인 친구들과 술 한잔하면서 하나둘 아이디어를 꺼내다가 이야기가 커져갔는데 정신을 차려보니 서점을 하고 있네요(웃음).

독립출판물에 대해서 이야기하자면 출판물의 발행 수보다 질적인 부분의 문제가 더 크다고 생각해요. 유능하고 유망한 저자가 자주적으로 출판한 책이 메이저 출판사의 눈에 들어서 단행본으로 나오는 경우는 지금까지 한국에서는 거의 없었어요. 최근에는 인디를 거쳐 메이저 출판사에서 책을 낸 작가들이 간혹 있지만, 인구가 적고 따라서 독자 인구도 비교적 적은 한국에서는 양질의 콘텐츠가 독립적인 상태로 자라기에는 아직 어려울지도 모르겠어요. 물론 요즘은 독립출판물에 관심을 가진 사람이 늘어나고 있어서 상황은 변하고 있습니다. 아직은 성장하는 과정이지만요.

소설이나 에세이뿐만 아니라 시를 통해서 기획할 수 있는 다른 일이 더 있지 않을까.

→ **독립출판물의 질을 높이고 싶다는 동기는 위트 앤 시니컬이라는 서점을 운영하는 것과 어떤 관계가 있나요?**

그 질문에 대해 답하자면 이야기가 길어져서 조금 기다려주세요(웃음). 일단은 시에 한정해서 말씀드릴게요. 지금 여기에 책을 네 권 가지고 왔어요. 출판사는 모두 다르고요. 제가 예전에 몸담았던 문학과지성사, 그리고 문학동네, 창비, 민음사. 한국에서는 이 4대 대형 출판사에서 시집을 내면 '문학'으로서 인정받는다고 할까, 시의 질은 보증받는다고 할 수 있죠. 유명한 시집은 문학과지성사의 문학과지성사 시인선인데요. 1978년부터 이어져온 시리즈로 저의 첫 번째 시집도 여기에서 나왔어요. 다음으로는 문학동네가 내고 있는 문학동네 시인선이 있어요. 이 두 시리즈는 역사도 깊고 많은 부수가 판매되고 있죠. 물론 다른 출판사에서도 책을 낼 수 있어요. 그런데 한편으로 인기 있는 시인들은 자신의 손으로 한정판 시집을 내고 싶어 하기도 해요. 종이를 엮은 일반적인 책의 형태가 아니라, 시를 적은 두루마리를 작은 병에 넣어서 시집으로 만든다든가 낡은 종이에 시를 쓰고 서명을 해서 시집을 만드는 식의 예술작품 같은 형태로 말이죠. 하지만 이런 식으로 출판한다 해도 좀처럼 세간의 인정을 받지 못해요. 시인 중에 어떤 사람은 그러한 딜레마에 빠지기도 하죠. 하지만 중요한 것은 시를 발표하는 형식이 아니라 본질, 즉 누가 어떤 시를 썼는가에 있다고 생각해요. 문단의 시스템에 의존하지 않고 그렇다고 개인적인 출판에 자족하지도 않으면서 시의 재미를 독자에게 전하기 위한 새로운 채널이 필요하다고 생각했어요. 기존의 방법에 얽매이지 않고 시를 전하기 위해서는 단순히 출판을 하기보다도 여러 가지 활동을 아우를 수 있는 공간, 즉 서점을 하면 좋겠다고 생각한 거죠. 그래서 위트 앤 시니컬은 '시로 할 수 있는 일을 추구하는 기획 집단'이며, 그 중요한 사업 중 하나가 이 서점이라고 생각해주셨으면 좋겠어요.

물론 어려운 점도 있죠. 한국에 문학 시장이라는 것이 있다면, 그 문학 시장에는 독특한 분위기가 있기 때문에……. 하지만 앞으로는 직접 한정판 시집을 만들어서 독립적으로 출판하거나 새로운 굿즈를 제작하는 기획을 생각하고 있어요. 지금까지는 한국에 없었던 문화죠.

한국은 지금 유례없는 시집 붐

→ **한국에서는 특히 젊은 사람들 사이에서 시가 인기라고 해서 무척 놀랐는데, 정말 그런가요?**

젊은 사람들이 시를 많이 읽게 된 건 사실이에요. 주요한 요인으로는 두 가지가 있는데요. 첫 번째로는 미디어의 영향이에요. 얼마 전에는 윤동주 시인의 삶을 '동주'라는 영화로 만들었는데, 영화 반응이 좋았던 것도 포함해서 다양한 이유로 윤동주 시집의 복각본이 나오거나 방송에서 시집이 자주 소개되기도 했어요. 그다음으로는 SNS의 영향이에요. 예전부터 시를 자주 읽는 마니아층이 있었는데, 그들이 SNS에 시집 사진이나 시의 한 구절을 올리기 시작했어요. 이런 활동이 젊은이들의 눈에 멋지게 보이면서 확산되었고 시집이 더욱 주목받게 되었던 거죠.

요즘에는 일반적으로 시집 초판을 2천 부 정도 찍는데 대부분 증쇄를 합니다. 시가 특별히 잘 팔리는 건 아니지만 나름대로 나가고 있어요. 제 시집도 1만 부 이상 팔렸거든요. 일본은 어떨지 모르지만 시집이 보통 1만 부 팔리면 베스트셀러라고 하는데 시집이 나가는 추이를 보다 보면 요즘은 약간 이상한 붐이라는 생각도 들어요.

박준(1983년생)이나 심보선(1970년생) 같은 시인들은 10만 부 이상 팔린 시집을 냈어요 (시집을 펼쳐 판권을 보니 25쇄라고 적혀 있었다). 심보선은 배우 유아인이 SNS에서 추천해서 유명해졌다든지, 박상수 시집《숙녀의 기분(문학동네)》은 한 아이돌이 공항에서 파파라치에게 사진을 찍힐 때 손에 들고 있던 책이어서 주목을 받았다든지 하는 일이 많습니다. 미디어의 막강한 영향력에 의해 사진 한 장으로 시집이 유명세를 타는 거죠. 이런 일들이 자주 일어납니다.

왼쪽에서부터 심보선, 황인찬, 김선재의 시집

문학동네 시인선 시리즈

wit n cynical

그렇게 해서 지금, 시가 사람들에게 어떤 의미가 되어가고 있는 것 같아요. 손에 들고 있는 시집 제목으로 자신의 기분을 나타내기도 해요. 황인찬 시인의 시가 전형적인 사례죠. 한국의 젊은이들은 지금 정말로 힘든 상황에 처해 있어요. 좋은 대학을 나와도 취직이 어렵고 일을 열심히 해도 집을 마련하기는 하늘의 별 따기죠(2016년 한국의 청년층 실업률은 9.8퍼센트이다). 이런 답답한 현실 속에서 직접적으로 자신의 심정을 표현하기보다는 모호한 틈을 허용하는 시의 언어를 구실로 자신의 기분을 대변하는 건 아닐까요? 시를 읽는 것이 한때의 유행으로 끝날지 아니면 조금씩 정착할지는 아직 모르지만요.

→ **젊은이들이 시를 통해 자신의 마음을 표현한다는 말은 구체적으로 어떤 방식을 통해 드러나는 거죠?**

애초에 시란 구체적이고 명확하다기보다는 다양한 해석이 가능한 여백이 있는 표현 방법이에요. 영화나 소설에서는 열린 결말이라고 하는데, 결말이 확실히 정해지지 않아서 관객이나 독자가 자기 나름대로 의미를 파악하고 상상하는 이야기 방식의 하나죠. 이는 같은 작품을 본 사람이 자기 나름의 감상을 표현하고 공유하는 것과 비슷합니다. 그들은 다양하게 해석할 수 있는 시 한 구절에 직접 찍은 사진이나 자신의 해석을 덧붙여서 SNS에 올려요. 직접 표현하기 어려운 자신의 마음을 상징적인 시의 언어에 모호하게 덧입히는 거예요. 그게 시물을 본 사람도 머리로 생각하지 않고 마음으로 느끼고 공감해요. 이러한 표현 방식이 지금 SNS에서 유행하고 있어요.

제 이름을 인스타그램에 검색해보면 여기 보이는 것처럼 다양한 사진이 나오죠. 자신이 찍은 사진의 옆에 제가 쓴 시를 같이 올리거나, 제 시를 손글씨로 써서 사진으로 찍은 다음 사진 밑에 자신의 감정을 쓰거나, 시집을 샀다며 책의 표지를 올리기도 해요. 인스타그램에 올라온 이 사진에는 '설레는 마음으로 슬픔을 읽는다'라는 코멘트를 남겼네요. 이렇듯 시가 일종의 놀이 도구가 되고 있는 것 같아요.

→ **어떤 사람들이 이런 식으로 인스타그램에 시를 올리는 건가요?**

대부분이 20~30대 젊은 여성이에요. 인스타그램 이용자의 대부분이 젊은 여성이라는 이유도 있겠지요. 실제로 이 서점에 와서 책을 사주시는 손님도 80퍼센트가 여성이에요. 어떤 시인의 경우 저희들끼리는 아이돌 같다며 농담으로 '시인돌'이라고 부를 정도예요. 최근 젊은 시인들은 사회문제에 대해서 트위터 등의 SNS를 통해 자신의 목소리를 내면서 젊

인스타그램에서 유희경을 검색하면 실제로 많은 이미지가 나온다.

앞쪽은 프렌테의 도서 코너. 안쪽으로 가면 위트 앤 시니컬이 있다.

은 세대의 오피니언 리더 같은 역할도 하고 있어요. 참고로 젊은이들에게 인기 있는 시인은 인생에 대해 시크하고 심플한 태도를 취하는 경향이 있어요. 일을 복잡하게 생각하지 않죠.

→ **시를 읽는 사람뿐만 아니라 쓰는 사람도 늘어나고 있다는 걸까요?**

앞서 설명드렸듯이 한국에서 시인이라고 공인받기 위해서는 신인상을 받아야 해요. 신인상의 수는 정해져 있기 때문에 1년 동안 배출되는 '시인'의 수는 무척 적어요. 하지만 그런 사람들만 시인이라고 할 수는 없죠. 시를 쓰고 싶어 하는 사람들은 예전부터 많이 있었어요. 기본적으로 한국인은 시를 좋아하니까요. 그래서 시를 좋아하는 현상은 일시적인 붐이라기보다는 잠재되어 있던 사람들의 욕망이 SNS를 통해 표면으로 드러난 거라고 생각해요.

→ **위트 앤 시니컬에서는 시의 구절을 필사하는 이벤트도 있다고 하셨는데, 필사도 유행하고 있나요?**

확실히 문장을 필사하는 사람이 많아졌어요. 요즘에 한국에서는 캘리그래피에 대한 책도 많이 나오고 있고요. 이런 현상과 더불어 시를 손으로 쓰는 사람이 늘어나고 있을지도 모르겠네요. 한국은 스마트폰 사용률이 90퍼센트 이상인 나라인데 그 반동으로 아날로그 감성이 재조명되는 것 같아요. 위트 앤 시니컬의 계산대 옆에는 시를 릴레이로 이어서 필사하는 '시인의 책상'을 두고 있어요. 매월 시인을 한 명 선정해서 그 시인의 시집을 테이블 위에 두고, 서점에 오

**모호한 틈을 허용하는
시의 언어를 구실로 자신의
기분을 대변하는 건 아닐까.**

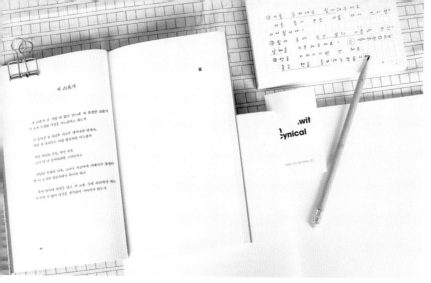

신 손님들이 릴레이 형식으로 그 책 안에 있는 시를 한 구절씩 필사해서 이어가는 기획이죠. 앞의 사람이 필사한 부분을 반복해서는 안 되고요. 필사한 다음 자신의 이름과 오늘 날짜를 적습니다. 다음에 오는 사람은 이어지는 구절부터 필사해가는 방식인데, 마지막 문장까지 써서 온전히 한 권이 완성되면 필사한 책은 시인에게 선물로 드리고 있어요. 시인 선정은 온전히 제 마음입니다(웃음). 이번 달의 시인은 독일에서 활약하고 있는 허수경 시인입니다(이 시집도 25쇄를 돌파했다). 허수경 시인은 사랑을 테마로 시를 쓰고 있지요.

위트 앤 시니컬은 독립 서점이 아니라 작은 서점

서점에는 대부분 한국 시집을 들여놨고 외국 시집은 그리 많지 않아요. 번역이 그다지 좋지 않아서 인기가 없었거든요. 하지만 다니카와 슌타로 시인의 시집은 많이 팔리는 편이에요. 지금은 재고가 없고 추가 주문은 하지 않은 상태지만요. 서점에서 가장 눈에 띄는 '오늘의 서가'는 시인뿐만 아니라 소설가나 기자, 음악가 같은 사람들이 선정한 시집을 진열해두는 책장이에요. 책마다 소개한 사람의 이름과 직업, 코멘트를 적은 종이를 붙여놓고 있어요. 책장에는 책의 표지가 보이도록 책을 한 권씩 진열하고 있는데, 책이 팔려서 책장이 빈칸이 되면 다른 재고로 채워놓지 않고 그다음 책이 선정될 때까지 비워두고 있어요. 책장은 매일 사진 찍어서 SNS에 올리고 있죠. 비어 있는 공간이 아깝다고요? 하지만 빈 공간을 통해 다른 사람들은 어떤 책에 관심이 있는지 한눈에 볼 수 있고, 어떤 사람이 추천한 시집이 잘 팔리는지 알 수 있잖아요? 그래서 비어 있는 그대로의 모습을 소개하는 겁니다.

→ 서점 이름인 '위트 앤 시니컬'은 어떻게 만들어졌나요?

사실 위트wit와 시니컬cynical은 품사가 다르기 때문에 앤드and로는 이어질 수 없어요. 문법적으로는 틀린 거죠(웃음). 이 말은 아직 서점을 시작하기 전에 시인 친구들과 대화를 하다가 나온 거예요. 제가 어떤 시인에 대해서 "그 사람의 시는 위트 있는 시니까"라고 말하자 시인 A가 "위트 앤드 시니컬이 뭐야?"라고 물어봐서 대폭소를 했어요. 저의 나쁜 발음과 A의 나쁜 귀가 가져온 해프닝이었죠. 그 자리를 파하고 나서 시인 B가 저에게 문자를 보냈어요. '그 위트 앤 시니컬을 서점 이름으로 하면 어때?'라고 말이죠. 확실히 시는 재치와 냉소가 공존하는 문학이죠. X가 X와 서로 모순되는 Y도 Z도 될 수 있다는 시인의 어법과도 닮아 있고요. 그래서 서점 이름으로 정했어요. 인생 전반에 대한 태도에 있어서도 위트와 시니컬의 균형을 잡는 것은 무척 중요하다고 생각해요.

→ 여기에는 독립출판 시집도 들여놓고 있나요?

아직 독립출판물은 다루고 있지 않아요. 서점에는 출판사에서 나온 시집을 들여놓고 있는데, 그중에서 도매상을 통해 구입하는 책이 30퍼센트고 직거래로 구입하는 책이 70퍼센트예요. 일반적으로 도매상은 시집을 잘 다루지 않기도 하고 직거래하는 쪽

이 저희에게 이익이어서 직거래 비중이 커요. 도매를 통하면 책마다 다르기는 하지만 공급률은 대체로 70퍼센트 정도예요. 개중에는 80퍼센트인 것도 있고요. 출판사와 직거래하는 경우는 60~70퍼센트 정도입니다. 다만 이렇게 직거래 비율이 높은 건 제가 편집자 출신이어서 출판사와 친분이 있기 때문에 가능한 특별 케이스예요. 보통은 직거래의 비중이 이렇게 많지 않죠. 작은 서점, 독립 서점이 늘어났다 해도 한국에서는 아직 만들어진 지 얼마 되지 않아서 역사가 짧아요. 그래서 출판사나 임프린트 쪽에서도 작은 서점에 대한 조건이 각각 다르고 대응 방법이 확정되지 않은 곳도 있는 거예요. 이런 상황에서 작은 서점을 일일이 상대하며 거래하려면 무척 힘들겠죠. 거래 건마다 유통하는 양은 아주 적은데 품이 많이 들게 되니까요. 저희들 서점 쪽에서도 직거래가 힘든 건 마찬가지예요. 도매상에게 한꺼번에 책을 받는 쪽이 편하거든요. 하지만 이율이 높기 때문에 직거래 비율을 늘리고 있어요.

→ 자금에 관한 문제는 없었나요?

한국에도 도매상에 내는 보증금이 있긴 하지만 일본처럼 많이 들지는 않아요. 다만 도매상에서 책을 받기 위해서는 먼저 입금을 해야 하죠. 한국의 출판유통시스템은 대부분 일본에서 들여왔기 때문에 그 외에는 딱히 큰 차이는 없을 것 같아요. 만약 일본

유희경 대표가 주목하는 젊은 시인의 작품. 《세상의 모든 최대화(황유원 지음, 민음사)》, 《철과 오크(송승언 지음, 문학과지성사)》, 《우리는 분위기를 사랑해(오은 지음, 문학동네)》, 《ㅅㅜㅍ(김소형 지음, 문학과지성사)》

에서 한국에 앞서서 제도상의 문제가 발견된다면 그 해결책도 한국에 들어올 수 있겠죠(웃음). 저는 도매상에 보증금은 내지 않았어요. 위트 앤 시니컬과 공간을 공유하고 있는 프렌테가 이미 도매상과 계약을 마쳤기 때문이죠. 그래서 정확한 금액은 모르지만, 이 서점 정도의 규모면 보증금이 수십만 원이라고 들었어요. 서점 크기에 따라 다르겠죠.

한국에서 독립 서점을 하게 되면 초기에는 자금이 부족하기 때문에 취급하는 책도 독립출판물 중심이 될 수밖에 없어요. 그런 의미에서 위트 앤 시니컬을 '독립 서점'이라고 부르기는 어려운 면이 있죠. 저희는 기본적으로 모두 매절로 구매하고, 반품은 가능하지만 거의 하지 않아요. 다른 서점처럼 위탁 판매하면 보증금이 필요하게 되죠. 저희가 매절로 구매할 수 있는 건 한국에서는 시집이 싸서 대체로 1만 원을 넘지 않기 때문이에요. 그렇다고 딱히 이익이 남지도 않지만요(웃음).

책도 판매하는 프렌테는 파스텔 뮤직에서 운영하기 때문에 다른 가게에 비해 자본적으로 여유가 있는 편입니다. 물론 위트 앤 시니컬의 자금은 제가 대고 있고요. 프렌테는 자신들의 자본으로 책을 구입해서 세금을 내고, 위트 앤 시니컬도 저희 자금을 운용해서 세금을 납부하고 있어요. 같은 공간을 공유하고 있지만 별도의 사업자거든요. 한편으로 프렌테의 덕을 보는 면도 있는데, POS 시스템은 프렌테와 통합해서 사용하고 있어요. 이런저런 면을 고려해봤을 때 저희 서점을 독립 서점이라고 부르면 독립 서점을 하는 분들이 기분 나빠 하실지도 몰라요. 그래서 작은 서점이라고 부르는 게 맞다고 생각해요.

한 달 동안 시집이 3천 권이나 팔렸다

→ **프렌테와 카페 파스텔과는 어떤 계기로 한 공간에 들어오게 된 건가요?**

편집자를 그만둔 다음 사람들을 만날 때마다 "시집 서점을 하고 싶어"라고 말하고 다녔어요. 그 소문이 퍼져서 파스텔 뮤직 사장님 귀에 들어가게 되었고, 일면식도 없는데 같이 해보지 않겠느냐고 연락이 왔어요. 단순히 카페를 오픈하는 것만으로는 요즘처럼 시장이 포화 상태인 때에 화제가 되지 않고 홍보의 범위는 좁아지죠. 그래서 '시집 서점이 함께 있는 카페'라는 점이 화제가 되리라고 생각하신 거예요. 서점과 카페를 한 공간에 조성한 결과, 카페 파스텔에도 손님이 많이 오게 되었어요. 카페 파스텔의 공간을 활용해서 매주 시 낭독회를 여는데 시 낭독회의 수익은 나누고 있어요. 낭독회 참석을 목적으로 온 사람이 동시에 카페 손님이 되기도 하고, 카페에 온 손님이 빈손으로 돌아가는 일도 거의 없죠. 양쪽 가게에 모두 이득이 되는 거예요. 그래서 저희는 서로의 관계를 '숍 인 숍shop in shop'이 아니라 '숍 앤 숍shop and shop'이라고 부르고 있어요.

→ **지금까지 어떤 반응이 있었나요?**

가오픈하고부터 지금까지 2개월 정도 지났는데요. 개업 축하금의 의미도 있겠지만 지금까지 책이 3천 권 넘게 팔렸어요. '대표가 시인'이라는 특이점 때문에 다른 미디어에서도 많이 취재하러 와주셨어요. 저에게는 아주 보람 있는 경험이었죠. 오픈할 때에는 솔직히 위트 앤 시니컬이 이렇게까지 화제가 될 줄은 상상도 못했어요. 지금은 서점 바로 옆에 있는 이화여대가 여름 방학 기간이라 손님이 조금 줄어들었지만요.

앞으로 어떤 일에 주력하겠다는 구체적인 계획은 아직 없지만, 우선은 서점을 계속해나가는 게 목표예요. 시집 서점이라는 것 자체가 저희의 강점이니까요. 위트 앤 시니컬이 시와 관련된 기획의 물리적인 거점이 될 수 있도록 시로 할 수 있는 일은 뭐든지 해보고 싶어요. 오픈했을 때부터 계속해오고 있는 기획은 아까 말씀드렸던 낭독회인데요. 목요일에 이 옆에 있는 카페에 시인을 초대해서 자작시를 낭독하는 이벤트예요. 선착순 45명에 입장료는 2만

매주 낭독회가 열리는 카페 파스텔의 공간

'오늘의 서가'에는 빈 공간이 눈에 띈다.
책이 팔리고 있다는 증거다.

일본의 물품에서 영감을 얻어서 만들었다는 위트 앤 시니컬
오리지널 메모장. 트위터처럼 140자를 쓸 수 있다.

시 엽서 시리즈 '미인미가(美人美歌)'.
윤동주를 비롯해 유명한 시인들의 시 한 구절을 인용하여 만들었다.

원으로 매번 매진될 정도로 인기가 있는데, 좀 전에 언급했던 황인찬 시인도 와주었어요. 일본 시인 중에 좋은 분이 있으면 꼭 소개해주세요. 낭독회의 다양성을 조금씩 넓혀가고 싶어서 시에 대한 강의도 준비하고 있어요. 시인이 시를 즐겁게 읽거나 쓰는 방법을 강의하는 거예요. 이런 일들을 하고 있자니 너무 바빠서 정작 제 시를 쓸 시간이 없네요(웃음). 내년 봄 즈음에는 다음 시집을 내고 싶다고 생각은 하고 있어요.

그다음으로는 직접 출판을 해보고 싶어요. 출판 활동을 좀 더 발전시켜서, 앞서 말씀드렸던 작은 병의 형태를 한 시집까지는 아니더라도 저희들이기 때문에 할 수 있는 다채로운 형태의 출판에 도전해보고 싶어요. 프렌테와 공간을 공유하기 때문에 음악과 컬래버레이션도 해보고 싶고요. 정말로 어떤 일이든지 해보고 싶어요.

→ **마지막으로, 서점을 실제로 운영하면서 즐거우신지 여쭤보고 싶어요.**

물론 힘든 일들이 연달아 나타나지만 그래도 즐거워요. 어째서 지금까지 시집 서점이 없었는지 그 이유를 알게 되기도 했지만요(웃음). 이렇게 규모가 작아도 자영업이기 때문에 장부나 재고 관리 같이 해본 적 없는 일을 많이 처리해야 하고, 매주 낭독회를 운영하는 일도 쉽지는 않아요. 하지만 그럼에도 서점 운영은 재미있고 즐거워요. 사람들에게 더욱 시를 널리 알리고 싶다는 생각이 실현되고 있기 때문이겠죠.

이 질문을 마지막으로 취재를 마쳤지만, 얼마 후(2017년 2월)에 벌써 2호점이 생겼다고 들어서 이메일을 보냈다.

→ **1년도 안 된 사이에 2호점을 낸 이유는 뭔가요?**

(Bookstore)

유희경 대표가 출간 과정에 관여한 시 잡지 〈일상시화〉

합정에 생긴 위트 앤 시니컬 2호점.
낭독회도 편안한 분위기에서 이루어지고 있다고 한다.

2호점을 낸 이유는 간단히 말하면 다른 실험을 해보고 싶었기 때문이에요. 2호점이 생김으로써 1호점은 어떤 변화를 맞게 될지 궁금했거든요. 손님이 나뉠까 아니면 시너지 효과를 내서 매출이 늘어날까, 지역에 따라 팔리는 시집에 차이가 있을까, 하는 궁금증이요. 2호점을 낸 합정은 젊은이가 많은 곳이어서 상징적인 의미도 있어요. 결과만 보면 아직 만족할 만한 수준은 아니지만 조금씩 서점의 존재감이 드러나고 있다고 생각해요.

1호점과 2호점의 결정적인 차이는 책의 라인업이에요. 기본적으로 시집은 똑같이 두고 있지만 2호점에는 그림책도 있고 철학서도 있어요. 하지만 시적 상상력을 불러일으킨다는 의미에서는 이 책들도 '시집'이라고 생각하고 있어요. 위트 앤 시니컬이 시집 서점이라는 점에는 변함이 없어요. 2호점의 공간은 1호점보다는 훨씬 작기 때문에 똑같이 낭독회를 한다고 해도 2호점에 어울리는 기획을 고안해야 하죠. 2호점도 항상 변화하는 위트 앤 시니컬이라는 기획 중 하나라고 볼 수 있어요.

→ wit n cynical 위트 앤 시니컬
신촌점
서울시 서대문구 신촌역로 22-8 3층 카페 파스텔 안쪽
070-7542-8972
화요일~일요일 12:00~23:00 월요일·명절 휴무
witncynical.net

합정점
서울특별시 마포구 독막로5길 26 2층
070-7745-8973
월요일~토요일 12:00~22:00 일요일 12:00~19:00

BOOK ———————→ → (Bookstore)
←——→ REVOLUTION
→ IN ———→ SEOUL

6.

문자 그대로의 '큐레이션'으로
서점을 운영하다

The Book Society

더 북 소사이어티

(Bookstore)

워크룸 프레스(90쪽)에서 조금만 걸어가면 바로 보이는 더 북 소사이어티는 서울에서는 오래된 서점에 속한다. 오픈은 2010년에 했고 상수와 합정을 거쳐 지금의 통의동에 정착한 때가 2013년 10월. 서점에 들어서자 '핫피 엔도^{일본의 록밴드-역주}'의 노래가 흘러나온다. 마치 일본의 시모키타자와나 고엔지 근처에 있는 듯한 문화적인 분위기가 감돈다.

아트선재센터 1층에 있던 서점 더 북스에서 일하던 임경용(1975년생) 씨와 제로원 디자인 센터에서 큐레이터로 일하던 구정연(1976년생) 씨 부부는 2008년에 '미디어버스^{Mediabus}'라는 이름의 출판사를 만들었는데, 더 북 소사이어티는 미디어버스가 운영하는 서점이다. 그래서인지 서점 안에는 예술, 디자인, 사진, 건축을 중심으로 해외의 디자인 서적도 많이 진열되어 있다. 국내서는 '옆집' 워크룸 프레스의 책도 다수 포함하여 각 출판사를 통해서 직거래하고, 외서는 네덜란드의 아이디어북스를 통해서 직접 구매하고 있다고 한다.

"처음부터 서점을 하려던 건 아니었고 일종의 프로젝트로 더 북 소사이어티를 시작했어요. 마침 한국에서 독립출판물이 유행하기 시작하던 시기였는데, 당시 독립출판물을 취급하는 곳은 저희 정도밖에 없었죠. 지금은 서울에만 이런 느낌의 서점이 30군데 넘게 있어요."

서점 안에서는 일주일에 한 번 정도 이벤트나 공부 모임부터 라이브 공연까지 하고 있으며, 정원은 약 30명이다. 작가와 예술가, 큐레이터를 중심으로 이곳에 모인 사람들이 동네 이웃 모임처럼 즐겁게 이야기하다가 책이 만들어지는 일도 있다. 더 북 소사이어티에서 책을 샀더니 에이치앤엠H&M 그룹의 또 다른 패션브랜드 코스COS의 가방을 주었다.

"한국에서 인기 있는 브랜드예요. 저희는 요즘 코스 매장의 내부 전시를 큐레이션하면서 거기서 책도 판매하고 있어요. 5만 원 이상 책을 사면 이 오리지널 가방을 드리는 컬래버레이션 기획이에요. 책 판매 외에도 다양한 작업을 해서 통해 수익을 거두려고 합니다.

그 외에도 국립현대미술관과 함께 전시를 기획하거나(이 서점에서만 팔고 있는 미술전 카탈로그도 다수 있다), 유명한 북디자이너인 신덕호도 참여한 전시회 '불완전한 리스트'를 직접 구성하기도 하고, 그러한 전시를 책으로 만드는 등 자신의 특기인 큐레이션을 활용하여 전시와 출판 사이에서 서점을 유지하고 있다. 미디어버스가 출판한 책도 벌써 40권이 넘었고, 2009년부터는 도쿄아트북페어의 단골이 되었다.

최근에 가장 기뻤던 일이 뭐냐고 물으니 "입금되는 거요. 5살짜리 딸이 있거든요"라고 답한다. 그 표정은 어딘가 담담한데, 몇 년 후에 서점이 또 이전한다고 해도 그곳에서 '책으로 연결되는 사회'를 계속 확산하고 있을 것 같다.

→ The Book Society 더 북 소사이어티
서울시 종로구 자하문로10길 22 2층
070-8621-5676
수요일~금요일 13:00~19:00 토요일 · 일요일 13:00~19:00
월요일 · 화요일 휴무
www.thebooksociety.org
mediabus.org

디자이너 듀오 '슬기와 민'이 만든 티셔츠는 인기 상품이다.

BOOK REVOLUTION IN SEOUL

바닥은 책을 읽
책은 오로지
니다. 관객
분 아니라
겨 읽을 수
있다는
니다.

'인구통 매뉴얼처럼'은
벅어쓰기하는 것을 원칙으로 하되
흘여쓰기하는 것을 허용한다.

LASERJET

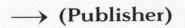 → **(Publisher)**

workroom press

PARK HWALSUNG

(Publisher)

workroom press

BOOK ──────────→ → (Publisher)
←──→ REVOLUTION
→ IN ──────→ SEOUL

7. 디자인의 힘으로 만들고 싶은 책을 만들어가는 편집 작업실

→ (Interview)

박활성

workroom press 워크룸 프레스 편집장

1974년 서울 출생

───────→　서울 시내의 서점에서 유독 눈에 띄는 책 시리즈가 있다. 컬러풀한 표지에는 아무런 글씨가 없고 하얀 띠지에 한글이 크게 쓰여 있다. 아마도 도서명일 것이다. 문학 총서라고 하는데, 이케자와 나쓰키의 개인 편집 시리즈^{일본 문학의 거장 이케자와 나쓰키가 선별한 세계문학 전집 시리즈로 단순한 디자인이 특징 - 역주}를 보다 과격하게 표현한 느낌이라고 할까. 많은 주목을 받은 문학 총서로 최근 한국에서 북디자인 상(제6회 파주 북어워드 출판미술상)도 수상했다는 워크룸 프레스를 방문하니, 박활성 편집장이 교정 작업을 하면서 우리를 기다리고 있었다.

그래픽디자인 스튜디오에서 시작한 출판사

편집자가 저 말고 두 명이 더 있어요. 그리고 디자이너가 세 명 있고요. 2006년에 시작한 워크룸 프레스는 원래 그래픽디자인 스튜디오였어요. 2012년까지 편집은 저 혼자서 했죠. 본격적으로 출판을 시작한 때는 2011년 무렵이고 최근에야 활발하게 활동을 하고 있어 편집장이라고 불리는 건 조금 부끄럽네요(웃음).

→ 그 전까지는 어떤 일을 하셨어요?

안그라픽스ahn graphics라는 디자인 회사와 민음사 출판 그룹 세미콜론에서 편집을 했어요. 그중 안그라픽스에서 의기투합한 동료들과 함께 워크룸을 만들었죠. 편집자(박활성)와 디자이너 두 사람(이경수와 김현진), 사진작가(박정훈) 이렇게 네 명이서 했어요. 처음에는 주로 전시회 포스터나 도록을 디자인했죠. 지금도 매출 면에서 디자인의 비중은 커요. 외주 디자인과 병행하면서 출판 업무와의 균형을 잡아가고 있죠. 내고 싶은 책만 내면서 생계를 유지한다는 건 한국에서 어려운 일이지만 어찌어찌 헤쳐나가고 있어요.

창립 멤버와는 책과 관련된 일로 알게 된 사이었는데, 그러다 보니 워크룸 프레스는 처음부터 출판 등록을 마친 상태로 시작했어요. 처음에는 문화·예술과 관련된 일을 하려고 계획했는데 예산이 너무나도 부족했어요. 그래서 2, 3년은 먹고사는 데도 바빴죠. 2008년 즈음부터 겨우 회사가 제대로 돌아가게 되어서 디자이너를 한 명 더 고용하고, 출판도 시작했어요. 처음에 출판한 책은 의외일지도 모르지만 비로자나불에 관한 책이었어요. 국립경주박물관에서 포스터, 초청장 등과 함께 위탁받아 만든 전시 도록이었죠. 초기에 했던 출판은 도록 디자인을 의뢰받은 아티스트의 작품이 마음에 들면 저희 책으로 내는 형태였어요. 외주 성격이 강한 업무였죠. 라이카 시리즈라고 하는데요, 작가가 제작비를 내는 대신 편집과 디자인 비용은 받지 않고 제작한 부수를 나누는 방식으로 출간했어요. 권자연 작가의 《sleeping dolls》를 시작으로 2015년까지 총 7권을 만들었죠.

→ 그럼 기획부터 시작해서 출간한 첫 책은 뭔가요?

베르톨트 브레히트의 《전쟁교본》인데요, 제2차 세계대전이 한창일 때 저자가 전쟁 관련 보도사진에 4행시를 덧붙여 낸 사진 시집이에요. 제가 대학 다니던 때 한마당이라는 출판사에서 나왔다가 절판되었던 책이죠. 저는 이 책이 무척 괜찮다고 생각해서 저희가 좋아하

베르톨트 브레히트의 《전쟁교본》

는 소설가 배수아 씨에게 번역을 의뢰했어요. 좀 전에 '본격적으로 출판을 시작했다'라고 말씀드렸을 때의 '본격적인 출판'은 이 책의 출간을 의미해요. 그 밖에 초기에 자체적으로 기획해 출간한 책으로는 푸투라 Futura라는 글꼴을 만든 디자이너 파울 레너 Paul Renner의 평전도 있고 기계 비평가 이영준이 대형 컨테이너선을 타고 대양을 횡단한 기록을 펴낸 견문록도 있어요. 예술이나 사진 관련한 책이 많은 건 원래 워크룸 프레스가 처음 생겼을 때 디자인 스튜디오로 활동하며 주로 아티스트나 사진가와 작업한 이유도 있고, 제 전공이 고고미술사였던 점 등 다양한 이유가 있어요. 워크룸 프레스를 같이 운영하고 있는 김형진 대표는 같은 학교 같은 과를 나온 동창생이죠.

→ **출판을 시작해보니 현실은 어떻던가요?**
계속 편집자를 해왔기 때문에 책을 만드는 일 자체에는 아무런 어려움이 없었어요. 하지만 책을 유통하는 일은 처음 해봐서 힘들

었죠. 물류창고를 사용할 만큼 도서 수도 많지 않아 도매상과 거래하는 것 자체가 어려웠어요. 책 제작과 유통은 전혀 다른 일이었던 거죠. 2009년 《폴 랜드와의 대화(마이클 크뢰거 지음)》를 낸 후 교보문고와 계약을 하고 유통을 시작했는데, 그때는 물류창고 계약을 하지 않아서 주문이 들어오면 사무실에서 직접 택배로 보내기도 했지요. 건수가 적으니 보낼 때마다 손해더라고요(웃음). 지금은 물류창고도 두고 주요 서점들에 직접 공급하고 있어요. 하지만 책을 파는 일은 역시 쉽지 않네요.

→ **서점과 도매상을 통한 거래 이외에 직거래도 하고 있나요?**
전에 사무실 근처에서 가가린이라는 헌책방을 경영했던 적이 있는데(2008~2015년), 거기서 직접 팔기도 했어요. 교보문고 같은 대형 서점이나 총판도 이용하고 있고요. 도서 유통을 도매상 한 군데에 맡겨 일원화하는 출판사도 많지만 저희는 둘 다 활

용하고 있어요. 2012~2013년 즈음부터 전국에 동네 서점이 많이 생겼기 때문에 거래처 수로 보면 작은 서점 쪽이 많지만, 현재 워크룸 프레스 매출의 70~80퍼센트는 교보문고나 온라인 서점인 알라딘 등 대형 서점이 대부분을 차지하고 있어요. 다만 같은 온라인 서점에서도 예스24에서는 잘 안 팔리더라고요.

초판은 대체로 1500부 정도 찍어요. 그중에는 절반 넘게 재고가 남아 있는 책도 있는데, 불량재고라 할 수 있죠(웃음). 초기에는 1년에 서너 권도 겨우 냈지만 2012년 말 즈음부터는 출판 쪽에도 투자할 수 있게 되어서, 최근에는 1년에 14~15권 정도 내고 있어요. 돌아보면 그때가 예술·디자인 계열의 책을 계속 만들기로 선택하고 집중할 것인지 아니면 방향성을 조금 바꿀 것인지 선택할 기로에 서 있었던 것 같아요.

→ 뭔가 전환점이 되는 일이 있었나요?

김뉘연이라는 편집자와의 만남이 계기였죠. 처음에 김뉘연 씨가 저희 사무실을 취재하러 왔다가 이야기를 나누면서 마음이 잘 맞는다고 생각했는데, 마침 단어 그대로의 '작업실'을 찾고 있다고 하기에 저희 사무실을 함께 사용하면 어떻겠느냐고 권했어요. 뉘연 씨는 잡지를 만들다가 열린책들이라는 출판사에 들어갔죠. 그러다 회사를 그만두고 저희가 운영했던 서점 가가린에서 일했는데 그때 함께 책을 만들어보면 어떠냐고 제안했어요. 뉘연 씨는 문학, 특히 해외 문학에 강한 편집자였어요. 입사한 건 2013년이었는데 그로부터 1년의 준비 기간을 거쳐 2014년부터 출간하기 시작한 책이 문학 총서 '제안들'이에요.

왼편 안쪽 자리가
편집자 김뉘연 씨의 책상.
사진 앞쪽은 디자이너의 책상이다.

문학 총서 제안들. 보라색 책은 페르난두 페소아, 초록색 책은 토머스 드 퀸시, 빨간색 책은 조르주 바타유, 파란색 책은 프란츠 카프카

완전히 새로운 문학 총서를 만들다

→ '제안들'에 대해 많이 들었어요. 2014년 코리아 디자인 어워드에서도 수상했고, 서울의 디앤디파트먼트D&DEPARTMENT에 진열되기도 했다고요. 무척 화제가 되었다고 하던데요.

운이 좋았죠. 저는 문학 쪽에 소양이 그리 깊지 않아 뉘연 씨가 제안하는 책에 대해 판단이 어려웠죠. 예를 들어 "바타유의《불가능》도 목록에 넣을까요?"라고 말하면 저는 "바타유라는 이름은 들어봤는데……", 이런 식이었죠. 결과적으로 제안들에 포함될 책은 온전히 뉘연 씨의 안목으로 결정돼왔습니다. 지금까지 13권을 만들어왔어요**2017년 9월 기준으로 제안들은 14권까지 나왔다—역주**. 최종적으로 전 37권을 내는 것이 목표입니다. 콘셉트는 지금까지 번역되지 않았지만 번역되어야 할 작품을 출간하는 거에요. 저자가 유명한지 아닌지는 중요하지 않아요. 어떻게 보면 김뉘연 씨가 자기 집 책장에 진열해놓고 싶은 책을 만드는 거라고 할 수 있죠. 출간할 책이 결정되면 가능한 한 소개할 작가를 연구해온 사람에게 그 작품의 번역을 의뢰해요. 예전에 김뉘연 편집자가 기획 편집하고 갤러리 팩토리에서 발행한 〈버수스versus〉란 잡지에서 '번역가가 추천하는, 번역되기를 바라는 책'을 다룬 적이 있어요. 그때의 씨앗

제안들은 책장에 꽂아두기만 해도 보기 좋다.

이 이 총서에서 결실을 맺게 된 거죠. 그중에는 번역 후 20년 가까운 세월 동안 원고를 다듬어온 책도 있어요. 정교한 번역에 더해서 번역가의 후기도 하나의 작품이 되도록 심혈을 기울이고 있어요. 푸른색 표지에 책띠지에는 '프란츠 카프카 – 꿈'이라고 쓰여 있는 이 책은 카프카의 모든 작품 중에 꿈에 관한 문장을 발췌해서 만들어진 책이고, 아까 언급했던 소설가 배수아 씨가 번역을 했는데요. 번역가의 후기를 대신해서 배수아 씨에게는 꿈에 대해 쓴 단편 소설을 받았어요. 그 단편을 포함해서 온전한 한 권의 책이 되었죠. 이 보라색 책은 페르난두 페소아의 책인데요. 포르투갈에서 페소아 연구를 하고 있는 김한민 작가와 함께 책에 담을 산문을 선별했어요. 그렇다고 모든 책을 전부 재편집하는 건 아니고 다양한 방법으로 변주하고 있어요. 바타유 책의 번역가가 사드 전집을 내보자고 해서 사드 전집도 출간을 시작했는데 아주 긴 여정이 될 것 같아요.

→ 제안들은 각 권의 표지 색이 다른 크로스 장정 스폰지를 넣고 가공한 종이를 표지에 사용한 판형-역주인데요. 저자명이나 도서명이 표지에 없고 띠지에 크게 한글로 쓰여 있어요. 지금까지 한국에서 이렇게 멋진 표지로 문학을 출간했던 사례는 거의 없지 않았나요?
띠지를 빼면 표지에는 아무것도 없으니까 아무래도 낯설었지요. 책의 색을 정할 때는 우선 번역가에게 그 작가를 떠올리면 생각나는 색을 물어보고 참고해서 결정하고 있어요. 다만 이 총서는 처음부터 판매를 우선순위에 두고 기획한 것은 아니었어요. 저희가 만들고 싶은 방식으로 책을 만들고 그 방식을 받아들여주는 독자를 찾고자 했죠. 만들고 싶다는 욕구가 먼저고 그 결과로 독자가 모이는 거예요. 그래서 무리하게 이벤트를 열거나 굿즈 같은 걸 붙여 팔지 않아도 책 그 자체로 수용되었으면 좋겠다고 생각은 하지만, 프란츠 카프카의 《꿈》이 제법 잘 나갈 때 온라인 서점 알라딘에서 이 책의 굿즈를 만들고 싶다는 연락을 해왔어요. 정신을 차리고 보니 어느새 책베개가 만들어져 있었는데(웃음), 초판 2천 부 찍었던 책이 지금은 7쇄, 판매 누계도 1만 부를 넘었어요. 굿즈의 효과는 있었다는 거죠.

→ **한국의 번역서 중에 40퍼센트로 가장 많은 비율을 차지하는 건 일본 책이고, 영미권 책이 그 뒤를 잇는다고 들었어요.**
영미권 번역서에 관해 말이 나와서 말씀드리는데요, 이 책이 바로 어제 나온 영미권 번역서예요. 사뮈엘 베케트 선집을 펴내기 시작했는데 그중 일부는 베케트가 영어로 집필했기에 영미권 책이라고 부를 수 있겠네요. 원래는 제안들에 베케트의 책이 포함되어 있었는데, 기획을 하다 보니 욕심이 나서 이렇게 별도의 선집으로 출간하게 되었어요. 사뮈엘 베케트 선집도 소설, 시, 평론 등을 포함해 앞으로 계속 낼 예정이에요. 초판은 각각 2천 부를 찍는데 하드커버이고 크로스장정에 후가공까지 하기 때문에 제작비가 무척 많이 들어요. 시험 인쇄도 여러 번 했고요. 하지만 장기적으로 저희에게 큰 보탬이 되는 선집이 되리라 기대하고 있어요. 참고로 이 책을 비롯해 지금까지 워크룸 프레스에서 나온 책은 대부분 김형진 씨가 디자인했습니다.

→ **최근 서울에 많은 서점들이 생겨나는 현상은 출판계에 어떤 변화를 가져오고 있나요?**
출판사의 입장에서 보면 작은 서점이 늘어

온라인 서점 알라딘이 제작한 프란츠 카프카의 《꿈》 굿즈.
책 모양으로 만든 베개다.

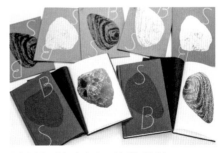

사뮈엘 베케트 선집 1탄. 위쪽은 금박을 넣은 샘플이다.

김한민 작가의 그래픽 노블 《카페 림보》

《조춘만의 중공업》에 실린 조선소 사진

나는 일 자체가 바로 큰 도움이 되지는 않지만, 책이라는 매체에 있어서는 큰 의미를 만들어내는 것 같아요. 책을 생산하고 유통하고 소비하는 일에 대한 의미 있는 실험이라고 생각해요. 바꿔 말하면 지금의 사회에서 책이라는 매체가 유의미한 활동을 하지 않고 있다고도 할 수 있겠죠. 실제로 사람들이 책을 많이 안 읽기도 하고요. 그렇다고 해도 저는 디지털 매체 때문에 종이책이 안 팔린다는 말을 좋아하지 않아요.

워크룸 프레스가 현 시점에 종이책만 내고 있는 이유는 간단히 말하면 아직까지 전자책으로 저희 마음에 드는 책을 만들 수 없기 때문입니다. 지금 유통되고 있는 전자책의 제작 환경이 개선된다면 만들 수도 있지만, 타이포그래피글자를 이용한 디자인-역주 면에서도 현재의 온라인 환경에서는 온전하게 표현하기 어려워요. 종이책도 10년 전만 해도 본문에 쓸 수 있는 서체가 기껏해야 몇 개 없었어요. 선택지가 늘어난 것은 아주 최근의 일이죠.

이 사뮈엘 베케트 선집만 해도 평범하게 만들었다면 팔리지 않았을 거예요. 솔직히 한국에서 대중적으로 인기 있는 작가가 아니거든요. 하지만 디자인의 힘을 빌려 '물건'으로서 소유하고 싶도록 만들면 팔릴지도 모르죠. 극단적으로 말하면 꼭 책을 읽을 필요는 없어요. 사주시기만 한다면(웃음). 하지만 예쁘기만 한 책은 장식으로서도 부적격이에요. 말하자면 내용물도 분명 멋질 거라는 믿음 없이는 책을 장식으로 활용하지도 못한다는 거죠. 그러니까 디자인에 공을 들이는 건 그 나름대로 이유가 있어요. 디자인이나 내용 면에서 자신도 있고요. 저역시, 제 책장에 꽂혀 있는 책의 반은 장식이니까요.

→ **이런 워크룸 프레스의 행보에 대한 주변의 평가는 어떤가요?**

저도 알고 싶네요(웃음). 다만 제안들을 출간하고 나서는 문학 분야의 원고 투고가 많아졌어요. 이전까지는 디자이너 지망 포트

폴리오만 왔었는데 말이죠. 그리고 번역을 새롭게 의뢰할 때 워크룸 프레스에 대해 일일이 설명하지 않아도 된다는 점이 달라졌어요.

한국 출판사의 90퍼센트는 저희처럼 최소한의 직원으로 운영하고 있어요. 그래서 제안들 총서 같은 기획은 소수 정예의 강점이라기보다는 그렇게 할 수밖에 없었기 때문에 가능했던 거예요. 이 부분이 일본 출판업계와의 큰 차이점이라고 생각해요. 한국에서 웬만한 출판사의 초판 부수는 2천 부를 넘지 않아요. 대형 출판사들은 유명 작가의 작품을 사전 예약받아서 1만 부 찍기도 하지만 극히 드물죠. 요즘 인문사회 도서의 초판은 1천 부도 많이 찍어요. 망한 지 오래죠.

→ **망했다라……. 이런 상황 가운데 어디에서 희망을 찾을 수 있을까요?**

디자인 스튜디오로서의 워크룸 프레스는 2010년이 정점이었어요. 그 이후는 좋은 디자인을 하는 젊은 디자이너가 많이 나왔죠. 그때 저희 자신에 대해 재고해보는 시간을 가졌는데, 아무래도 출판에서 돌파구를 찾는 것이 현실적이었죠. 클라이언트에게 디자인 업무를 의뢰받아 존속하는 것만으로는 희망이 보이지 않거든요. 하지만 정말 좋은 책을 출판하다 보면 장기적으로는 손해 보지는 않겠죠. 편집이나 디자인에 종사하는 사람이라면 누구나 직접 출판을 하고 싶다는 낭만이 있잖아요. 디자인부터 시작해서 직접 출간하는 꿈을 이룰 수 있어서 감사하게 생각하고 있어요. 게다가 문학 분야에서 했던 도전이 인정받은 점은 저희에게 큰 의미가 있고요. 앞으로도 계속 새로운 분야를 개척해 나가려고 합니다. 이번 가을에 편집자 한 사람이 더 들어오는데, '만들고 싶은 책을 만들어주세요'라고만 주문하려고 해요.

모두가 하는 일은 하지 않는다

→ **'만들고 싶은 책을 만든다'는 모토가 워크룸 프레스의 큰 특징인 것 같아요. 당연한 말이지만 만들고 싶은 책만 만들기에는 어려움이 많을 텐데요, 만들고 싶은 책을 만들면서 성공까지 한 비결은 뭐라고 생각하세요?**

아직 성공이라고 생각하진 않고요. 아무래도 또 하나의 강점이라면 디자인이겠죠. 편집자는 만들고 싶은 책을 열심히 만들고 디자이너에게 팔아달라고 부탁하는 거죠. 물론 손해 보지 않는 선에서 만들자는 생각은 하고 있지만요. '만들고 싶은 책을 만든다'라는 모토는 너무

**우리가 내지 않아도
다른 곳에서 나올 것 같은
책들은 별로 끌리지 않는다.**

작업실유령의 책

이상적이고 세상 물정 모르는 이야기라고
생각할 수 있지만, 그게 없으면 계속 책을
출간하지 못할 거예요. 혹은 반대로 현실이
그렇게 호락호락하지 않기 때문에라도 그
런 생각을 계속 놓지 않아야 한다고 생각해
요. 저는 기본적으로 편집자를 신뢰하고 있
어요. 디자이너와 편집자 양측이 공유하는
가치관이 있기 때문에 말로 하지 않아도 워
크룸 프레스에 어울리는 책과 어울리지 않
는 책을 알 수 있죠. 그래서 저희는 의외로
별 고민 없이 기획하고 결정해요.

→ **워크룸 프레스다운 책은 예를 들면 어떤 게
있을까요?**

한마디로 말하긴 힘들지만, 우리가 내지 않
아도 다른 곳에서 나올 것 같은 책들은 별
로 끌리지 않아요. 반면 우리가 내면 좋겠
다고 생각하는 책은, 확률적으로 다른 곳에
서는 별로 관심을 보이지 않을 때가 많고요.
아까 말씀드린 페소아 책을 번역한 김한민
씨가 그린 《비수기의 전문가들》에도 비슷

한 이야기가 나와요. 모두가 하는 일은 일
단 의심하고 보는……. 저희와 맞는 작가와
는 자연스럽게 관계가 이어지더라고요. 앞서
언급했던 기계비평가 이영준 씨의 책도 꾸준
히 나오고 있고요. 한국의 중공업 풍경을 담은
《조춘만의 중공업(조춘만, 이영준 지음)》이나
나사NASA가 57년간 축적해온 이미지를 모
은 《우주 감각: NASA 57년의 이미지들》이
그런 예입니다.

→ **그런데 이 책의 출판사는 '작업실유령'이라
고 쓰여 있네요.**

맞아요. 스펙터 프레스specter press라고 '슬기
와 민'이라는 디자이너 듀오가 운영하는 출
판사가 있는데요. 이 책은 스펙터 프레스와
공동으로 작업해서 출판했어요. 워크룸 프
레스와 스펙터 프레스를 합친 '작업실유령
workroom specter'은 공동 임프린트의 이름이에
요. 이렇게 출판사끼리 임프린트를 만드는
시도는 한국에서도 드문 일이죠.

출판사들이 공동으로 작업하는 출판 임프린트

일본에서도 없는 편인가요? 그저 재미있을 것 같아서 이 책의 출판을 계기로 2013년에 시작한 연합이에요. 워크룸 프레스에서 나오기에도 스펙터 프레스에서 내기에도 애매하지만 책으로 만들고 싶은 기획을 임프린트를 통해 시도해보려고 해요. 공동으로 작업했던 사이먼 레이놀즈의 《레트로 마니아: 과거에 중독된 대중문화》라는 책도 잘 팔리고 있어요. 작업실유령에서 최근에 나온 신간은 일민미술관에서 개최했던 전시 '그래픽 디자인, 2005~2015, 서울'의 내용을 출간한 책이에요.

→ **공동 임프린트 실험을 통해 어떤 점을 발견하셨나요?**

책을 만드는 작업은 언제나 즐겁지만, 임프린트인 작업실유령이 자립해서 멋대로 자라는 느낌이 재미있어요. 《잠재문학실험실(남종신, 손예원, 정인교 지음)》이라는 책도 만들었는데, 표지가 십자말풀이로 되어 있어서 한눈에 무슨 책인지 알아볼 수 없지만 십자말풀이를 전부 풀면 거기에 책 내용과 관련된 단어들이 나타나는 장치를 심어놨죠. 이 책은 1960년대의 프랑스에서 전개된 실험적인 문학 운동 '울리포'를 소개하는 책으로, 책에서 다루는 실험성을 이런 디자인으로 표현한 거예요. 작업실유령의 매출은 유통까지 담당하는 저희가 조금 더 많이 가져가지만 그런 점은 신경 쓰지 않을 정도로 좋은 관계를 이어가고 있어요.

→ **앞으로 편집자의 역할은 어떻게 바뀌어갈까요?**

'앞으로'라는 건 잘 모르겠는데, '지금'에 대해 답해도 괜찮을까요? 워크룸 프레스는 디자이너와 편집자가 함께 만든 출판사라 각자의 영역에 대한 역할과 권한, 책임이 다른 출판사보다 더 엄격하고 동등해요. 서로 의견은 나누지만 디자인은 온전히 디자이너가, 편집은 편집자가 결정하죠. 어떻게 보면 당연한 이야기지만 이런 업무 분담이 제대로 작동하는 출판사는 생각보다 많지 않아요.

→ **일본에서는 앞으로 종이 매체와 온라인 채널을 함께 고려하여 기획하는 것이 편집자의 역할이 되리라는 의견도 있어요.**

그건 한국도 마찬가지인데요, 그 저변에는 매체를 불문하고 콘텐츠의 본질과 역할은 변하지 않는다는 믿음이 깔린 논리인데, 맞는 이야기이기도 하지만 현실에서는 편집자에게 더욱 많은 부담을 주는 상황을 낳고 있습니다. 매체가 변하면 다루는 내용도 변하기 마련이고, 해야 할 일도 늘어나는데, 그럼 더 많은 편집자를 두어야 하지만 그냥 있는 사람들이 다 해결해야 하는 거죠. 그보다는 편집자가 좀 더 다양한 사회적 맥락에서 활동할 수 있는 공감대가 넓어지면 좋을 것 같습니다. 단순히 교정을 보고 책을 내는 것을 넘어 사회를 향해 발언하고 영향을 주는 역할도 있을 거고요. 하지만 새로운 방식으로 사회에 관련된 일을 하거나 중개자의 역할을 감당하는 편집자는 소수로, 대부분은 회사에서 급여를 받고 주어진 일을 하고 있죠. 그래서 저는 지금 만족하면서 일하고 있어요. 능동적으로 제가 하고 싶은 일을 할 수 있으니까요.

좀 전에 말씀드렸던 《그래픽 디자인, 2005~2015, 서울》은 지난 10년 동안 서울에서 발현한 일단의 그래픽 디자인 활동을 기록하려는 의도를 가진 책입니다. 이 행위는 조금 더 적극적인 의미에서의 편집이죠. 문학 총서처럼 묻혀 있는 작품을 발굴해서 세상에 내놓는 것도 편집자의 역할이라고 생각해요.

→ 일을 하면서 어떤 순간이 특히 재미있나요?

솔직히 말해서 재미있다고 생각한 건 처음 3~4년이었어요. 벌써 이 일을 15년 넘게 하고 있네요…… 그래서 매너리즘에 빠지지 않도록 항상 변화를 추구하고 있어요. 뭐, 새로운 사람이 들어오면 변화는 일어나니까 내년부터 또 재미있어지겠죠. 이 사뮈엘 베케트 선집도 어떤 반응이 있을지 기대가 되네요. 이 책은 표지에 'SB'라는 글씨만 있고 띠지조차 없기 때문

작업실유령에서 나온 울리포에 관한 책 《잠재문학실험실》.

제안들을 출간할 때마다 개최하는 토크 이벤트
'번역과 말 – 번역가들이 말하는 번역'의 발췌 기록집

에 사람들이 어떻게 받아들일까 궁금해요. 김뉘연 편집자에게 굿즈라도 만드는 게 어떻겠냐고 물어봤지만 책의 힘만으로 팔리는지 아닌지를 보고 싶다고 하더라고요. 올바른 판단이죠.

그래도 책을 낼 때마다 출간 행사는 하고 있어요. 제안들이 나올 때는 '번역과 말 – 번역가들이 말하는 번역'이라는 토크 이벤트를 연속해서 개최하고 있어요. 이 소책자를 보시면 알 수 있듯이, 작품의 번역가가 번역을 주제로 이야기를 하고 그 내용을 다시 문장으로 옮겨서 책으로 만드는 기획이에요. 토크 내용을 제안들의 마지막 권인 38번째 책으로 만들려고 계획하고 있습니다. 토크 이벤트는 여기에서 조금만 걸어가면 바로 보이는 더 북 소사이어티 서점에서 주로 진행해오고 있어요.

→ 출판사가 어려운 건 일본도 한국과 마찬가지여서, 앞으로 일본 출판사도 더욱 스몰 비즈니스화될 거라고 예상하고 있어요. 그런 미래를 맞이할 일본의 출판인 및 편집자에게 해주실 조언은 없을까요?

한국의 출판은 스몰 비즈니스라고 할 정도도 아니에요. 더 작은, 말하자면 극한의 스몰 비즈니스라고 할 수 있죠. 일본도 비슷할 거라고 생각하는데, 사회 전반에 걸쳐 돈 있는 사람은 더 부유해지고 돈 없는 사람은 더욱 빈곤해지는 이러한 격차가 한국에도 확산되고 있어요. 지금 한국의 출판업계는 어떤 의미로 크게 변화하고 있는 시기에요. 출판사를 사업으로 생각해서 크게 키울 생각으로 시작하는 사람보다는 오히려 취미를 발전시키거나 좋은 공동체를 만들어가는 일환으로 출판 활동을 하는 사람들이 더 많아지겠죠. 문화적인 의미로서의 출판은 앞으로 기대되지만 산업으로서의 출판은 앞으로도 지지부진하리라 생각합니다.

얼마 전에 읽은 책《사람, 장소, 환대(문학과지성사)》에서 저자인 김현경 씨가 이렇게 말했어요. '사람이라는 말은 사회 안에 자신의 자리가 있다는 것을 의미한다.' 책도

교정쇄에 빨간 펜으로 표시하고 있는 박활성 편집장.
한국의 독자적인 교정 기호도 있을 것 같다.

마찬가지예요. 책이 우리 사회 속에 문화로서 존재하기 위해서는 책을 위한 자리가 준비되어야 할 필요가 있어요. 하지만 현실에는 좋은 책들이 많이, 김현경 씨의 말을 빌리면 '태아처럼 머물다, 노예처럼 사라'지죠. 사람들은 책의 탄생을 인식하지 못하고 태어난 책은 존재를 인정받지 못한 채 세상에서 사라져가는 거예요.

그런 점에서 자본의 힘이 아니라 자기 힘으로 다양성을 내재화하고, 상업 도서로 경쟁하지 않고 독립출판을 반기는 작은 동네서점이 늘어나는 점은 의미가 커요. 산업으로서는 환대받지 못하는, 즉 상업성이 없는 책들이 작은 서점을 중심으로 네트워크를 만들어 살아남고 있죠. 물론 그렇게 유통되는 책이 전부 좋은 책이라고 말할 수는 없지만, 상업출판과 독립출판이 만나는 경계선상에서 재미있는 일이 많이 일어나고 있어요. 생각해보면 워크룸 프레스도 그 경계선상에서 줄타기를 하고 있는지도 모르죠. 작년에 강연회 준비를 하다가 한국의 출판

사 수를 조사해본 적이 있어요. 그랬더니 약 2시간에 1곳이 생기는 속도로 출판사가 만들어지고 있었죠. 전체 5만 곳을 넘었어요. 그중 대부분은 책을 한 권도 내지 않은 유령출판사로, 출판 등록만 했든지 아니면 한 권만 내고 활동하지 않는 출판사예요. 실제로 운영되고 있는 출판사는 1~2천 군데 정도죠. 그럼에도 불구하고 먹고살기 위해 출판사를 시작하는 사람도 있는데, 이런 출판사에 대한 전망은 어둡다고 생각해요. 모두에게 수용될 만한 콘텐츠를 가지고 있는 사람이라면 ISBN모든 도서에 발행되는 고유번호-역주을 붙인 책이라는 출판 형태를 고집하지 않아도 호응을 얻을 거예요. 그런 사람들은 이미 책 이외에도 다양한 형태의 활동을 실현하고 있어요.

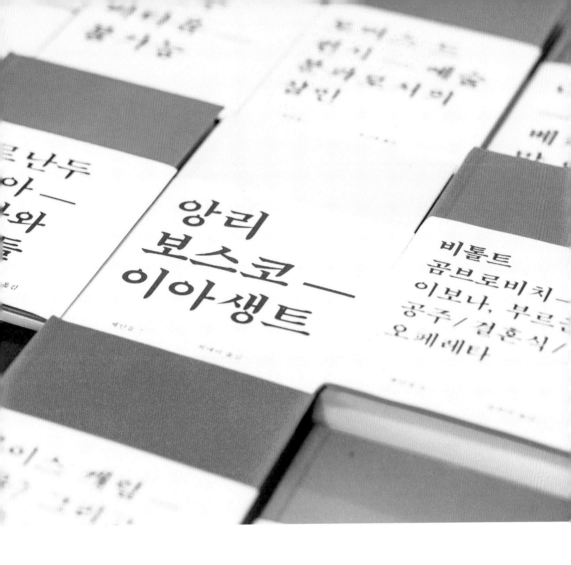

→ workroom press 워크룸 프레스
서울시 종로구 자하문로16길 4, 2층
02-6013-3246
workroompress.kr

workroom press

$\longrightarrow$ (Bookstore)

YOUR MIND

IRO

BOOK →REVOLUTION →SEOUL →IN

(Bookstore)

BOOK ─────────→ → (Bookstore)
←──→ REVOLUTION
→ IN ─────→ SEOUL

8.

독립출판물만 다루는
한국 독립출판의 중심지

→ (Interview)

이로

YOUR MIND 유어마인드 대표

1981년 서울 출생

⎯⎯⎯→   한국의 작은 서점 중에서 땡스북스와 쌍벽을 이루는 곳이 있다. 바로 유어마인드YOUR MIND다. 다만 유어마인드에서는 독립출판물이라고 부르는 개인이 제작한 출판물만 다루고 있다. 개인이 만들었다고는 해도 겉으로 보기에는 일반 도서와 별다른 차이가 없고 디자인에도 공을 들인 티가 난다. 해를 거듭할수록 더욱 뜨거운 반응을 얻고 있는 서울의 아트북페어를 주최하는 이로 대표는 한국의 독립출판을 계속 지켜봐왔다(라고 해도 80년대생이지만). 얼마 전에는 새로운 곳으로 서점을 이전했다고 하는데, 아직 이전하기 전 개성 있는 서점에서 그의 이야기를 들었다.

독립출판물 이벤트의 열기가 서점으로 이끌었다

유어마인드는 온라인을 2009년에, 오프라인을 2010년 5월에 오픈했어요. 그 전에는 작은 회사에서 일을 했고요. 이전 직업만 보면 책과 접점이 없는 것 같지만 대학 전공이 국문과여서 책과 아주 관련이 없지는 않았어요. 하지만 2009년이 되기 전까지 서점을 시작할 계기가 없었죠. 개업하기 전에 2년 정도(2008~2009년)는 반려자인 모모미와 저도 독립출판물을 만들었어요. 저는 글을 쓰고 모모미 씨는 사진을 찍어서 각자 따로 만들었죠. 하지만 그 당시 한국에는 독립출판물을 파는 적당한 장소가 없었어요.

거기에서 선택지는 두 가지였죠. 하나는 자신의 홈페이지를 만들어서 판다. 또 다른 하나는 독립출판물에 흥미를 가질 만한 사람들이 오는 장소, 예를 들면 카페 같은 곳에 판다. 하지만 저는 양쪽 다 정식 판매 루트가 아니라는 생각이 들었어요. 개인 홈페이지에서 팔면 지인 장사가 될 것 같았고, 카페에서 팔면 커피를 마시러 오는 손님에게는 책이 두 번째 목적이 되는 거죠. 그래서 독립출판물을 모아서 본격적으로 판매하는, 책을 주인공으로 하는 서점을 만들 결심을 하게 되었어요.

→ **당시에 독립출판물만 파는 서점은 없었던 건가요? 서점을 만들 때 참고했던 해외의 사례는 있었나요?**

가가린이나 대학로에 있는 책방 이음 등 독립출판물을 들여놓는 서점이 전혀 없었던 건 아니지만, 독립출판물(일본에서의 자비출판물이나 진ZINE, 리틀 프레스를 포함한 개념이지만, 한국의 독립출판물 중에는 일반 서적과 다름없는 퀄리티의 책도 많다)만 다루는 서점은 드물었어요. 그래서 2009년 8월에 먼저 온라인 서점으로 시작했죠. 그로부터 10개월 뒤에 홍

서점 안에는 대형 서점에서 찾아볼 수 없는 책이 정말 많이 있다.

이전하기 전 서점은 5층에 있었다.
엘리베이터가 없었기 때문에 오르내리는 것이 힘들었다고.

대에서 오프라인 서점을 열었어요. 오픈했을 즈음에는 출간된 독립출판물이 많지 않았기 때문에 어떤 책을 선별할지 고민하는 건 사치였죠. 출간된 책을 최대한 모았더니 겨우 40종 정도 되더라고요. 아는 작가나 아티스트에게 또는 알음알음으로 소개받아서 어떻게든 책의 종수를 늘렸죠.

→ **왜 오프라인 서점도 운영하려고 하셨던 거예요?**

온라인에서 독립출판물이 예상보다 잘 팔렸는데, 온라인에서는 책의 표지나 형태, 색감 같은 책의 물성을 제대로 실감할 수 없잖아요. 아무래도 책을 실제로 만지고 볼 수 있는 공간이 필요하다고 생각하던 즈음, 그해(2009년) 12월에 했던 이벤트가 대성황을 이루었어요. '언리미티드 에디션UNLIMIT-ED EDITION(줄여서 UE)'이라고 하는 독립출판물 북페어로 지금도 유어마인드가 해마다 주최하고 있어요. 처음에는 서점 근처에 있는 갤러리에서 개최한 독립출판물 판매 이벤트였는데, 3일 동안 900명 정도 방문했어요. 무척 좁은 공간이었기 때문에 출전한 사람만으로도 가득 차서 엄청나게 붐볐죠. 저는 그 장면을 보고 큰 자극을 받았고 직접 사람을 만나서 하는 일을 해보고 싶었다는 점을 깨달았어요. 온라인 서점을 운영하며 느꼈던 '갈증'이 처음으로 가시화되었던 것 같아요.

하지만 장소를 찾기까지 무척 고생했어요. 천장이 높고 볕이 잘 드는 곳을 원했거든요. 일반적으로 햇빛은 책에 좋지 않지만 '독립'이라는 단어에서 연상되는 어두운 공간이 아닌 곳을 찾고 있었어요. 그러던 중에 이 공간을 보고 한눈에 반했죠. 도시 변두리여서 집세도 싸고 건물주가 그래픽 디자이너여서 임차료 부분도 사정을 좀 봐주셨어요. 엘리베이터가 없는 5층이라는 사실은 가볍게 넘기고 속공으로 사인해버렸죠(웃음). 그런데 이런 불편함이 지금에 와서는 가게의 특징, 즉 메리트가 되었던 것 같아요. "5층인데 엘리베이터가 없는 서점이래"라고 말이죠. 결과가 좋아서 사람들이 일부러 이런 데를 찾은 거 아니냐고들 해요. 벽을 따라 천장까지 닿아 있는 책장은 유어마인드의 상징이자 서점 로고이기도 해요. 이 책장은 오픈할 때부터 있었는데, 사다리를 타면 위쪽에 있는 책도 꺼낼 수 있지만 자주 꺼내기는 힘들죠. 그다지 효율적이지는 않은 것 같아요.

온라인 서점을 운영하며 느꼈던 '갈증'이 처음으로 가시화되었던 것 같다.

천장까지 이어진 책장.
가장 위에 있는 책은 오 헨리의 소설집이다.

→ 서울에서는 6년째 이어져 온 가게라면 고참이라고 할 수 있을 것 같아요. 오랫동안 운영해 오면서 변한 점이 있다면 뭘까요?

변한 게 있다면 단 하나, 저의 정체성이에요. 서점을 시작하기 전에는 예술가에 가까운 '만드는' 쪽의 사람이었는데 '전달하는' 경영자 쪽으로 옮겨가고 있거든요. '만드는' 쪽 사람으로서의 저는 지금 출판사와 계약을 해서 책을 집필하고 있어요. 일본에 있는 돈가스 가게를 돌아다니며 쓴 음식 기행문 《일본 돈가스 만필집(난다)》도 쓰고 있고요.

유어마인드에는 출판사도 있어서 책을 1년에 6~7권 정도 내고 있어요. 제가 편집자로서 관여하는 출판이야말로 만드는 쪽과 전달하는 쪽의 균형을 잡아야 하는 일이죠. 저자로서의 개성을 살려서 일반 출판사에서는 할 수 없는 기획을 추진하는 일도 유어마인드이기 때문에 가능하다고 생각해요. 양쪽의 균형을 유지하는 일이 생각처럼 쉽지는 않아서, 요즘엔 충동적으로 서점을 시작했던 과거의 제 행동에 대해 책임을 지고 있는 것 같네요……. 현재 업무 구성은 출판이 20퍼센트, 개인적으로 하는 집필이 10퍼센트, 언리미티드 에디션이 20퍼센트고 나머지 50퍼센트가 유어마인드 서점의 일로 이루어져 있어요.

→ 오프라인 서점 운영은 처음부터 잘 되었나요?

무척 어려웠죠. 하지만 그만두지 않았을 수 있었던 이유는 온라인 서점 초기에 투자했던 게 아무것도 없었기 때문이었어요. 번 돈도 전혀 없었지만(웃음), 온라인 서점은 자본금이 없어도 시작할 수 있으니까요. 힘들었던 그때를 대표하는 사건이 하나 있어요. 초기에는 책 주문이 들어오면 직접 우체국에 가서 발송을 했거든요. 판매액은 구매자가 홈페이지에서 결제하면 주문한 지 1주일 후에 결제 시스템을 통해 입금이 돼요. 어느 날 주문이 들어왔는데 그 주문을 보낼 배송료가 수중에 없어서 주문받은 상품을 바로 보내지 못한 적이 있었어요. 과연 이대로 괜찮을까 고민을 하던 시기였어요.

실제로 매장을 내는 일은 무척 힘들었지만 그래도 오프라인 서점이 없었다면 온라인 서점을 접었을지도 몰라요. 오히려 온라인 서점만으로는 유지하기 어렵다는 생각에 다양한 일을 동시에 할 수 있었던 것 같아요. 북페어나 전시회 같은 일을요. 사람들에게 '이 서점은 다양한 일을 하고 있다'는 인식을 심어주는 일이 중요하다고 생각해요. 일본 서점으로 치면 위트레흐트UTRECHT. 도쿄 아트북페어를 주최하는 서점으로 에구치 히로시가 대표였으나 현재는 사임했다-역주의 방식과 비슷할지도 모르겠네요. 에구치 히로시 씨와는 2011, 2012년 즈음에 알게 되었는데 2013년부터는 각자가 주최하는 북페어에 서로 초대하고 있어요. 히로시 씨는 독일에서 술을 공부하고 와서 지금은 술을 만들고 있지만요. 일은 힘들어도 계속해도 되겠다고 생각하기까지 언리미티드 에디션의 역할이 컸다고 할 수 있죠.

개인 출판물이 더욱 다양해졌으면 좋겠다

→ 서점 안에는 독립출판물이 많이 진열되어 있네요. 한국의 개인 출판은 어떻게 그 열기를 이어가고 있나요?

여기에 있는 책은 300권이 조금 넘어요. 온라인에 등록된 책만 2,800권이고 그중 2,500권 정도가 품절됐죠. 등록하지 않은 책도 있고요. 한국에서 독립출판물이 이렇게 되기까지 세 단계를 거쳤어요. 첫 번째 단계는 2008~2010년이었는데, 그때는 독립출판물을 만드는 사람은 북디자인 프로그램을 다룰 수 있는 디자이너나 화가가 전부였어요. 두 번째 단계는 2011~2013년. 그때까지 책을 만들지 못했던 아티스트 같은 개인들이 자신보다 앞서 작업

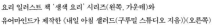

요리 일러스트 책 '생색 요리' 시리즈(왼쪽, 가운데)와
유어마인드가 제작한 《내일 아침 샐러드(구루밀 스튜디오 지음)》(오른쪽)

→ 119

YOUR MIND

해오던 사람들을 보고 배워서 그 뒤를 이어 갔죠. 덕분에 독립출판물의 양은 늘었지만 판매 부수는 더 줄었어요. 디자이너가 주도하던 시기에 비하면 책의 완성도가 약간 떨어져서 독자들이 거리를 두게 된 거죠. 마지막 세 번째 단계는 2014년부터 지금까지입니다. 지금은 독립출판물의 판이 커졌는데, 지속적으로 활동하는 작가만 300명 이상 있어요.

올해 언리미티드 에디션(2016년에 했던 제8회 행사)의 신청 기한이 마침 어제까지였는데, 200팀 모집에 600팀 이상 신청했어요. 최근의 독립출판물은 평균적으로 완성도 높은 책이 많이 나오고 있어요. 그만큼 경쟁이 치열해졌기 때문이죠. 독립출판물 번성의 두 번째 단계에서는 제작자가 만들고 싶은 책을 직접 디자인했지만, 지금은 실력이 좋은 디자이너와 컬래버레이션하는 사람이 많아졌어요. 그러다 보니 디자인과 콘텐츠 작업을 분업하게 되었고 그 결과 출판물의 질도 좋아진 거예요. 이제는 독립출판물이 개인 창작물의 레벨을 넘어섰어요. 다양성도 늘어났고 '제대로 된' 책도 많이 나오고 있죠. 이러한 지금의 독립출판계 상황을 긍정적으로 보는 사람이 있는가 하면 부정적으로 보는 사람도 물론 있어요. 기존의 일반적인 출판물과 다르지 않아 겉보기는 좋지만 막상 뚜껑을 열어보면 내용은 엉망진창이어서 좀 속은 것 같은 기분이 들 때도 있다면서 말이죠.

→ **이로 대표님은 어느 쪽이세요?**

저는 긍정파예요. 많은 사람들이 더 많이 만들어서 독립출판물의 질을 전체적으로 높여줬으면 좋겠어요. 다만 일부러 독립출판을 하면서 기존 출판물의 발상을 그대로 가져오는 사람들도 있어서 유감이에요. 다른 사람들이 이래라저래라 하고 참견하는 말을 들어서 그렇겠지만, 모든 일은 자기 방법대로 하는 편이 좋다고 생각해요.

애초에 독립출판물의 좋은 점이란 만드는 사람의 고집과 한계가 동시에 들어 있다는 것에 있으니까요. 개인이 자진해서 만든 이상 '이런 책을 만들고 싶다'라는 생각이 중심에 확고하게 자리 잡게 마련인데, 그와 동시에 예산이나 기술 등 다양한 한계가 개인의 고집을 막아섭니다. 고집과 한계가 격렬하게 충돌한다고 보는 사람은 결과적으로 좋은 책을 만들어낼 수 없어요. 한계를 한계로 보지 않는 사람은 좋은 책을 만들 수 있고요. 이 건물을 예로 들면 엘리베이터가 없다는 것을 제약으로 보지 않는 거죠. 여기에 있는 책은 모두 그러한 한계 가운데에서 태어났죠.

→ **그럼 어떠한 책들이 유어마인드에 입고될 수 있나요?**

서점 주인과는 별개인 개인으로서 의견을

말씀드리면, 저는 완성도가 낮은 책도 필요하다고 생각해요. 좋은 책이 만들어지기 위해서는 그 몇 배나 많은 책이 만들어질 필요가 있고, 그 과정에서 좋지 않은 책은 반드시 나오게 되죠. 대형 서점에 가도 안 좋은 책을 많이 발견할 수 있어요. 다만 규모가 크면 그런 책들을 곳곳에 잘 숨길 수 있죠. 유어마인드는 좁기 때문에 숨길 만한 장소가 없어요. 그래서 서점의 업무 중 하나로 책을 선별하고 있죠. 기본적으로 책은 모두 직거래에 위탁 판매하고 있는데, 예전에는 입점 문의에 거절을 하면서 무척 미안해했어요. 하지만 지금은 독립출판물을 다루는 서점이 저희 말고도 많이 있어서 좀 덜해졌죠. 서울 시내에만 해도 많이 늘어났으니까요.

→ **하지만 좋은 책을 보는 안목은 모두 비슷하기 때문에 독립출판물 서점들이 들여놓는 책이 비슷하지 않나요?**

그렇기는 하지만 지금은 과도기라고 생각해요. 독립출판물 시장은 애매한 규모이기 때문에 각 서점의 셀렉트에 차이가 나기 위해서는 조금 더 많은 독립출판물이 나와야 할 필요가 있어요. 지금은 어떤 서점에 가도 자주 보이는 출판물이 있죠. 독립출판물 시장 규모가 현재의 2배 정도가 되면 선별할 여지가 생기고 다양성도 늘어날 거예요. 제가 출판을 시작한 것도 같은 이유에서였어요. 저희 서점을 잘 설명할 수 있는 출판물을 유어마인드에 진열해두고 싶다는 생각이 있었죠. 저희 서점에서 만든 책은 다른 서점에서 판매할 수는 있겠지만 유어마인드에 있을 때 색다른 존재감을 드러낼 것 같았거든요. 이런 방식으로 셀렉트의 한계를 뛰어넘으려고 하고 있어요.

도쿄 하네기에 있는 독립출판 셀렉트숍 코뮌(COMMUNE)과도 친분이 있다고 한다.

YOUR MIND

살아왔던 집의 구조도를 기록한 이력서 《0,0,0》

→ **말로 표현하기 어렵겠지만 '유어마인드다운 셀렉트'란 무엇일까요?**

가장 많이 받는 질문인데요. 정말 답하기 어려워요. 한 가지 말씀드릴 수 있다면, 셀렉트가 좋고 나쁜 건 서점 규모와는 관계없다는 점이에요. 유어마인드에는 기존 출판물에서 볼 수 없던 이상한 책도 들어놓고 싶었어요. 이런 기준으로 반 정도를 골랐고, 나머지 반은 지금까지 출간되었던 독립출판물을 전부 모으려고 한 결과예요.

예를 들어 《0,0,0》라는 책이 있는데요. 20대 후반의 저자가 그동안 살아왔던 집의 구조를 스케치한 그림과 집에 대한 추억을 담은 글을 엮은 책이에요. 엄청난 기억력이죠. 만약 집의 구조도가 없었다면 단순한 자서전이 됐겠죠. 아저씨들이 쓰는 자신의 역사는 한국에도 많이 있지만, 그런 책과는 전혀 다른 결과물이 만들어졌어요. 이 책은 저자의 첫 번째 책이어서 디자인 면에서 빈틈이 보이기도 하지만 오히려 그런 점이 좋았어요. 약 1년 반 전에 출간되었고 지금은 재고가 없어요.

행사장 외부까지 행렬이 이어지는 독립출판 북페어

→ **한국에서 독립출판물은 1년에 어느 정도 출간되나요?**

작년(2015년)은 400권 정도였을 거예요. 하루에 한 권은 나오는 꼴이죠. 실제로는 그보다 더 많을 거예요. 책을 입고해달라는 연락을 하루에 한 번은 받거든요. 거기서 유추해보면 대략 400권이라는 숫자가 나와요. 저희가 다루는 책의 85퍼센트는 국내 독립출판물이에요. 해외 출판물도 개점 초부터 다루고는 있지만, 아무래도 지역에서는 로컬 문화 소비가 중심이 되는 경향이 있기 때문에 국내외 도서를 다루는 비율은 거의 변하지 않았어요. 다만 저희도 독립출판물 전부를 아카이브하지는 못해요. 발행되는 독립출판물을 한 권씩 보관하는 사람이 없다는 점이 지금 가장 큰 문제예요. 도서관에서도 하지 않죠.

한일 양쪽의 북페어를 모두 경험해보니 독립출판물에도 나라별 특징이 나타나더라고요. 일본은 기획자나 일러스트레이터의 권한이 강해요. 인쇄비가 비싸다는 이유도 있어서 디자인에 공을 들이기보다는 심플한 형태를 선택하게 되기 때문이겠죠. 한국은 반대로 기획자보다 디자이너의 힘이 강해요. 한국에서는 일본보다 싸게 인쇄할 수 있기 때문에 자신의 수중에 있는 돈으로도 두껍고 큰 책을 만들 수 있거든요. 일본에

서 진ZINE이라고 불리는 소책자가 한국에서 그렇게 유행하지 않는 이유는 진을 만드는 비용으로 더 괜찮은 책을 만들 수 있기 때문이에요.

양국의 독자를 비교해보면, 우선 일본인은 엄청 신중해요. 저희가 작년에도 도쿄아트북페어에 출점했는데 어떤 분은 사흘 내내 저희 부스에 와서 살지 말지를 고민하시기도 했죠. 서울의 아트북페어(언리미티드 에디션)에서는 모두가 표지를 슥 보고 바로 책을 사서 갑니다. 속도가 빨라요. 그러니까 한국의 아트북페어에 참가한 일본 분들은 충격을 받는 거죠. 재미있는 건 장소에 따라 태도가 변한다는 점이에요. 일본에서는 파는 쪽도 사는 쪽도 신중하게 이야기를 주고받지만 한국에 오면 왁자지껄하게 바뀌죠. 행사가 끝나고 보면 일본 팀도 얼굴이 상기되어 있어요.

→ **작년(2015년)에 열렸던 언리미티드 에디션도 성황리에 끝났다고 들었어요.**

그전까지는 카페나 갤러리를 빌려서 좁은 공간에서 열었다가 2015년은 광화문 앞 일민미술관에서 개최했어요. 유명한 미술관에서 북페어를 하게 되자 출전자의 마음가짐이나 준비가 완전히 달라졌죠. 모두 판매보다는 전시를 한다는 마음으로 무척 열심히 하셨어요. 그 영향인지 모르겠지만 실제로 행사장에는 시장처럼 활기가 넘쳤어요.

비가 오는 날이었는데도 미술관 건물 밖에까지 줄을 서서 장사진을 이루었고, 입장하기 위해 1시간이나 기다리기도 했죠. 이틀 동안 13,000분 정도 방문했어요. 올해로 언리미티드 에디션도 8회째입니다. 서점도 하고 있기 때문에 행사 운영이 쉽지는 않지만 10회까지는 해보려고 생각하고 있어요. 앞일은 어떻게 될지 모르지만요. 힘들긴 해도 동시에 다양한 일을 해나가는 저의 성향과 잘 맞는다고 생각해요.

→ **온라인과 오프라인의 판매 비율은 어떻게 되나요?**

처음에는 8대2였는데 지금은 3대7입니다. 오프라인 서점 쪽이 더 잘 팔려서 저도 이상하다고 생각하고 있어요. 예전에는 책을 인터넷으로 보고 실물을 확인하러 서점에 오는 느낌이었다면 지금은 반대로 먼저 서점에서 책을 살펴본 다음에 책이 무거우니까 집에 가서 인터넷으로 주문하는 것 같아요. 저는 이런 구매 방식이 더 좋아요. 서점에 손님이 와주시면 그날 하루 이런저런 일을 하게 되어 하루를 마치고 나면 충족감이 느껴지거든요. 저는 대부분 서점 앞쪽에 있지만 손님이 말을 걸지는 않아요. 이벤트를 많이 하지도 않고 회원제를 만들 생각도 없어요. 작가와의 교류도 전혀 없고요. 언리미티드 에디션의 규모가 커지면서 유어마인드에서 하는 일과 개인적인 관계에 거리를 둬야겠다고 생각했어요.

자신이 볼 수 있는 범위 안에서 출판 활동을 한다

→ **이야기를 다시 되돌려서 질문드릴게요. 유어마인드는 언제부터 출판을 시작한 거예요?**

ISBN을 붙여서 출판하기 시작한 건 2013년부터예요. 유어마인드만의 특징은 젊은 아티스트와 공동으로 작업하고 대형 출판사가 내지 않을 법한 기획을 한다는 점에 있죠. 이 책은 최근에 나온 《피규어 텍스트Figure TEXT》인데요. 저자는 돈선필 씨라는 미술가로 피규어 애호가예요. 이 책에서 피규어를 둘러싼 문화에 대해 비평하고 있죠. 이건 디지캐럿이라는 애니메이션 캐릭터인데, 이런 피규어 이미지는 저작권 문제가 있어서 책에는 윤곽선만 따서 실었어요. 실제 피규어 이미지는 별도의 홈페이지에 접속하면 피규어 그림 배경에 있는 번호를 참고해서 찾아볼 수 있고요.

이 《싫음시름HATE SATE》은 브릿지십하우스BRIDGE SHIP HOUSE라는 일본인 일러스트레이터의 책으로, 일본에서 냈던 독립출판물을 모아서 한 권으로 만들었어요. 일본에서는 팔지 않는

유어마인드가 출간한 《피규어 텍스트》. 실제 피규어 이미지는
별도의 홈페이지에 접속하면 피규어 그림 배경에 있는 번호를 참고해서
찾아볼 수 있다.

《싫음시름(HATE SATE)》

것 같더라고요. 시미즈 히로유키 씨의 《한국 타워 탐구생활》이라는 책은 좀 특별하게 시작했는데, 다른 분의 추천이 있어서 만들게 됐죠(254쪽). 시미즈 씨는 여기에서 조금만 걸어가면 나오는 카페 아메노히 커피점을 운영하는 일본인 점장님이신데, 이 책은 한국 각지에 있는 타워를 취재한 다음 본인이 직접 한국어로 쓰셨어요. 이러한 출판물은 300부 한정인 책도 있는 한편 초판 1500부인 책도 있어요. 발행 부수는 책에 따라 달라집니다.

→ 이 《한국 타워 탐구생활》 같은 책은 어떤 서점에 들어가나요?

큰 서점으로는 교보문고와 온라인 서점인 알라딘, 예스24 등에 들어가 있어요. 다해서 6군데에서 판매되고 있네요. 출판사만 운영한다면 작은 서점까지 관리할 수 있을지도 모르지만, 지금 상황에서는 서점마다 조건이 달라서 관리하는 일이 쉽지 않아요.

어떤 아티스트는 직접 서점 30군데를 돌며 책을 공급했다던데 대단한 에너지라고 생각합니다. 서점 쪽에서 책을 입고하고 싶다고 연락이 와도 거래하는 서점 이외에는 거절하고 있어요. 입고한 서점 중에 잘 팔리는 곳은 알라딘이에요. 대형 거래처 중에서는 규모가 가장 작지만 독립출판물을 좋아하는 사람들이 알라딘을 많이 이용하거든요. 알라딘에서는 MD가 멋진 기획을 많이 하고 돈이 되지 않아도 좋은 책이면 광고를 내주기도 해요.

→ 머지않아 서점 앞에 있는 도로가 책을 테마로 한 공원으로 바뀐다고 하던데요. 앞으로 유어마인드를 어떻게 운영하고 싶으세요?

우선은 눈앞의 재개발이 가장 걱정이에요. 길 곳곳에 서점이 들어서고 백화점도 생긴다고 해요. 작은 책의 거리가 조성된다고 하더라고요(여기서 말하는 작은 책의 거리는 경의선 숲길로, 경의선의 폐선로 도시 재생

새로운 형식으로 그려낸 만화 〈두경〉

서점 창문에서 공사 중인 경의선 숲길을 내려다보았다.
2016년 11월에 다시 방문했을 때에는 이미 완성되어 있었다.

프로젝트를 통해 총 6.3킬로미터가 푸른 산책로로 바뀐다. 그중 유어마인드가 있는 신촌~홍대 구간은 경의선 책거리라는 테마 공원이 된다. 2016년 10월 28일 오픈했으며, 책거리는 한국협동출판조합이 3년 동안 운영하고 서점은 각 출판사에서 운영한다). 아마 좋은 영향을 받지는 않겠죠. 이 지역의 임차료가 오를 뿐만 아니라 사람들이 거리를 지나다니다가 서점에 불쑥 들어오기도 할 거예요. 그래서 좀 더 먼 곳으로 서점을 이전할 생각이에요(유어마인드는 2017년 4월에 연희동으로 이전했다). 요즘 같은 상황에서는 서점의 개성에 대해 자주 생각하게 됩니다. 저희를 비교적 초기의 독립 서점으로 보아주시는데, 역사가 길다고 좋

은 서점이라고 말할 수는 없죠. 저는 그보다 '이상한 책을 많이 파는 서점'이라고 불리는 쪽이 좋아요.

시인이 운영하는 서점이나 LGBT성 소수자인 레즈비언, 게이, 양성애자, 트랜스젠더의 앞 글자를 딴 단어-역주 전문 서점 등 서울에도 개성적인 서점이 늘어나고 있는데 앞으로 이런 서점이 더욱 많아졌으면 좋겠어요. '유어마인드 같은 서점'이 늘어나기보다도 '특정 장르의 책을 전문으로 다루는 서점'이 늘어났으면 해요. 유어마인드는 지금의 페이스대로 계속 해나갈 수 있으면 좋겠어요. 예전에 비해 서점 상황이 조금씩 나아지고 있는데 굳이 규모를 키울 필요는 없다고 생각해요. 2호점을 내지도 않을 거예요. 하나도 간신히 하고 있는데 두 곳은 무리입니다(웃음).

그보다 '이상한 책을 많이 파는 서점'이라고 불리는 쪽이 좋다.

→ 그렇게는 말해도 오랫동안 자리를 지킨 서점이기 때문에 서점을 시작하고 싶다는 사람들에게 상담해주시는 일도 있을 것 같은데, 그럴 때에는 어떤 조언을 해주시나요?

우선 처음에 하는 말은 "서점 창업 같은 건 그만두는 편이 좋아요, 하지 마세요"라고 말하는 사람을 신용하지 말라는 거예요. 특히 자신은 서점을 하고 있으면서 관습적으로 그런 식으로 말하는 사람은 피하는 게 나아요. 그런 다음에 제가 했던 실패를 반복하지 않도록 조언을 해주죠. 주문과 판매 전표는 수기가 아니라 디지털로 작업하는 편이 좋다든가, 단점을 특징으로 전환하라는 말을 해줘요. 특징만 있다면 아무리 외진 곳에 있다고 해도 손님은 옵니다. 반대로 번화가 1층에 있으면 사람들이 많이 올지는 모르지만, 소란을 피우거나 작은 규모의 공간이 감당하기엔 무리인 요구를 하는 사람도 많이 드나들거든요.

우리는 '동네 서점'이 아니다

조금 어폐가 있을지도 모르지만 저희는 언제나 '동네 서점이 아니다'라는 말을 하고 있어요. 실제로 지역 주민과의 교류가 전혀 없어서 이 근처에서 10년 넘게 살면서 여기에 서점이 있다는 사실을 전혀 모르는 사람도 있어요. 저는 일본에 가서 이와 비슷한 경험을 한 적이 있는데, 위트레흐트를 찾아갈 때 바로 옆 건물까지 가서 경비원 아저씨께 "이 근처에 서점이 있다고 들었는데요"라며 위치를 묻자 "이 주변에 서점 같은 건 없는데요"라고 말씀하셨어요(웃음). 그러니까 이런 의미에서 동네 서점은 아니라는 거죠.

→ **동네 서점이 아니면 유어마인드는 어떤 서점이라고 할 수 있나요?**
시각 문화Visual Culture를 좋아하는 마니아를 위한 서점이에요. 시각 문화를 접하기 위해 멀리에서도 일부러 찾아오는 사람들을 위한 서점이죠. 아까 2014년 즈음부터 독립출판물이 급

서점은 2017년 4월에 전보다 더 외곽에 위치한 연희동으로 이전했다.

누구는 좋으니 단 한 사람이라도
나를 아는 사람이 있었으면 좋겠다는 생각

떨어져나간 겉장, 제목도 없는 책
나는 일평생 나라는 책을 읽어내려고 안간힘
썼습니다

갈색의 갈색의 갈색의 책

무슨 말이든지 하세요 그러면 좀 나아질 겁니다
그렇지 않으면 완전히 침묵하는 법을 배우세요

커다란 창문에 새겨진 시인 이제이의 '갈색의 책' 문장 너머로 홍대의 풍경이 펼쳐진다.

격히 늘어났다고 말씀드렸는데, 그건 기술이 발달해서라기보다 만드는 사람들이 독립출판의 가능성을 봤기 때문이라고 생각해요. 독립출판 초기 단계일 때는 책을 직접 만들어도 재고가 쌓이고 적자가 났기 때문에 결과가 좋지 않았어요. 그러다가 세 번째 단계를 맞이하면서 언리미티드 에디션에서 직접 가능성을 보고 경험함으로써 독립출판이라는 방식으로도 반응을 얻을 수 있다는 점을 확신하게 된 거죠. 이런 단계를 거치며 출판물의 다양성도 점점 늘어나는 듯했는데 실제로는 아직 그렇게까지 확장되지는 않았어요. 음악이나 영화에 비해 책이라는 매체가 보수적이기 때문이겠죠. 헤비

메탈 같은 책, 호러 영화 같은 책은 그다지 많지 않아요. 책으로 표현할 수 있는 기발함이나 특수성의 범위가 한정되어 있는 것 같아요. 그렇기 때문에 더욱 다양한 장르의 책을 보고 싶어요.

독립출판물은 개인의 힘으로 만들었기 때문에 독립출판물이라고 하는데, 최근에는 내용면에서 기존 출판사에서 나오는 힐링계 책이 많이 나오고 있어요. 그냥 봐서는 큰 차이가 없죠. 이런 현상을 어떻게 받아들이면 좋을지 저도 아직 답을 못 찾았어요. 일본에도 개인이 만든 책 중에 기존 출판사처럼 대중적인 노선을 따르는 책이 더러 있나요?

→ 생각보다는 많이 있어요. '제대로 된' 책을 만들고자 하면 좋든 나쁘든 점점 상업출판물에 가까워지게 되죠.

'혼자서 만들었기 때문에 독립출판물이다'라고 생각하는 사람들에게 어떻게 반론하면 좋을지 고민하고 있어요. 제작 방식으로 봐서는 독립출판물이지만 내용이나 제작 마인드는 전혀 독립적이지 않은 책에 대해서요. 예를 들어 어떤 사람이 발리에서 여름휴가를 보내고 그때 찍은 사진을 독립출판물로 만들어서 가져온다고 해봅시다. 물론 발리 여행 사진집이어서 나쁘다는 건 아니고요. 어떤 테마를 책으로 구현해내는 편집이라는 과정이 중요하다는 거죠. 거대한 출판사의 책처럼 단단하고 일관된 편집을 거쳐야만 한다는 것이 아니라 내가 스스로 편집자가 되어 내 책을 바라볼 수 있느냐 없느냐의 차이인 것 같아요. 특정 시기의 일기를 가감 없이 순서대로 수록한다거나, 기억하는 전체 인생을 자서전으로 쓴다거나, 여행지에서 찍은 사진을 출국부터 귀국까지 엮을 때 그것은 '기념 출판'에 가까워진다고 생각하고, 무언가 기념하기 위해 내는 책은 유독 나조차 독자로 상정하지 않는 경우가 많다고 봅니다. 내가 표현하고 싶은 일을 스스로 할 때 이것을 어떻게 입체적으로 엮을 것인가 고민하는 사람이 언제나 좋은 책을 만든다고 생각해요.

내가 스스로 편집자가 되어 내 책을 바라볼 수 있느냐 없느냐의 차이가 독립출판물의 기준이 아닐까.

→ 일본 독립출판물 중에서도 개성 있는 책은 많고 독립출판물을 다루는 곳도 있지만, 그 속도나 에너지가 침체되어 있는 듯한 느낌도 있어요. 일본의 독립출판에 관련된 이들에게 뭔가 조언해주실 부분이 있으실까요?

제가 뭔가 조언할 처지가 아닌 것 같은데요……. 그러니 조언해달라고 하셔도 말씀드리기 곤란하지만 굳이 한다면, 무리하지 않으면서 조금씩 확장할 때 즐거움을 느낍니다. 언리미티드 에디션을 운영할 때도 절대 무리하지 않도록 조절하고 있어요. 제가 감당할 수 있는 공간에서 제가 할 수 있는 정도의 작업을 하고 협업할 수 있는 사람들과 함께 하는 거죠. 이런 식으로 진행하면서 만났던 사람들에게는 자연스럽게 에너지가 생겨나요. 이런 좁은 서점에 계속 있다 보면 스트레스가 쌓이기 때문에 스트레스 발산을 위해서도 언리미티드 에디션이 열리는 넓은 공간에 가서 모두와 즐겁게 행사를 운영한 다음 다시 이곳으로 돌아오죠. 이 과정을 반복해요. 일본에는 별다른 행사나 이벤트를 하지 않으면서 50년이고 100년이

이전한 서점의 입구. 같은 건물에 가방 매장, 카페 등이 함께 들어가 있다.

고 이어가는 작은 서점들이 있어서 대단하다고 생각해요. 저에게는 어려운 일입니다.

→ **일본에서 나온 출판물을 가져오면 환영해주실 건가요? 일본의 독립출판물을 입점하려면 어떻게 해야 하나요?**

물론 환영입니다. 먼저 이메일을 보내주세요. 모든 연락은 이메일로 하고 있어서요. 아, 갑자기 생각난 건데 일본에는 츠타야 서점이나 아오야마 북센터 같이 크고 감각도 좋은 서점이 많이 있으니까 한국의 작은 서점에까지 입고할 필요는 없지 않나요?

→ **필요합니다! 요즘에는 대형 서점도 운영이 어려워서 언제 없어질지 모르니까요.**

한국에서는 대형 서점과 독립서점이 각자 선별하는 책, 강조하는 책의 방향이 꽤 다르다고 생각합니다. 그런 점에서 저희가 초대형 서점과 경쟁 관계에 있다고 생각하지는 않는데요. 일본에서는 대형 서점에도 인디북 코너나 잡지 코너가 그 서점이 집중하는 한 장르가 되어 있잖아요? 이전에 히로

시 씨에게 "다이칸야마 츠타야 서점과 경쟁하게 된다면 어떻게 할 거예요?"라고 물어보자 "대형 서점이 독립출판에 관심을 가질수록 작은 서점에게는 또 다른 가능성이 생겨요. 그들의 셀렉션에 빠지는, 우리가 다루면 좋을 작가들이 꼭 있기 때문이죠"라고 말씀해주셨어요. 개개인이 만들어내는 독립출판물은 서점에 다양성을 가져다줄 겁니다.

→ **한국 서점도 물론 어렵지만 작은 서점이 하나둘 생겨나는 모습을 보니, 이러한 출판 관계자들의 마인드가 책에도 긍정적인 영향을 줄 것 같아요.**

한국의 출판업계는 사정이 무척 좋지 않기 때문에, 그럼에도 불구하고 남아 있는 독자들과 제작자들이 서로 격려하고 애쓰는 상황처럼 보입니다. 어떻게 보면 업계가 힘들기 때문에 마이너한 책들이 돋보일 수도 있다는 것이어서 작게 보면 긍정적인데 크게 보면 모순된 상태라고도 할 수 있죠. 일본도 마찬가지 상황이라고 생각합니다.

인터뷰를 마친 후 얼마 뒤에 서점을 더욱 외곽 지역으로 이전했다는 이로 대표에게 그간의 이야기를 들었다.

2017년 4월에 연희동의 조용한 주택가로 이사했어요. 전에 있었던 공간의 건물주가 바뀌어서 대규모로 공사를 했던 것이 직접

적인 계기지만 서점 앞에 경의선 책거리가 생기기도 해서, 이참에 장소를 옮겨서 공간 자체를 새롭게 만들 좋은 기회로 삼기로 했어요. 이전한 서점은 단독 주택을 복합공간으로 재탄생시킨 '은는'이라는 건물 2층에 있어요. 저희 서점 외에도 가방 매장과 카페, 찻집, 꽃가게 등 다양한 가게가 함께 들어와 있어요. 꼭 한번 놀러오세요.

→ YOUR MIND 유어마인드
서울시 서대문구 연희로11라길 10-6 은는 2층 우측
070-8821-8990
13:00~20:00 매달 첫째 · 셋째 화요일 휴무
www.your-mind.com

YOUR MIND

BOOK ——————→ → (Book festival)
←——→ REVOLUTION
→ IN ——→ SEOUL

9. 한국 독립출판의
열기가 응축된 3일

UNLIMITED EDITION
언리미티드 에디션

북페어 장소인 일민미술관에 들어서니 1층에서 3층까지 참가자와 방문자의 경계를 알 수 없을 정도의 엄청난 열기에 둘러싸여 있었다. 2009년부터 매년 개최되고 있는 한국 독립출판물 축제 '언리미티드 에디션UNLIMITED EDITION'이라고 불리는 서울아트북페어다. 주최는 유어마인드로, 이로 대표는 미술관 곳곳을 바쁘게 돌아다니고 있었다. 미술관에 입장하자마자 바로 언리미티드 에디션 오리지널 가방과 손난로를 나눠주었다. 2016년의 행사 첫날은 눈발이 날릴 정도로 추웠다.

올해로 여덟 번째 열리는 '언리미티드 에디션 8'에 방문했다. 매년 10월이나 11월 주말에 개최되는데, 이번 행사 장소는 가장 번화한 장소 중 하나인 광화문 앞이었다. 올해는 박근혜 대통령 탄핵 요구 집회로 가장 뜨거웠던 날(제주도에서 도민들이 비행기 4대에 나눠 타고 서둘러 올라왔다고 들었다)과 개최일이 겹쳐서 개최 시간을 단축했다. 그럼에도 불구하고 3일 동안(11월 25~27일) 방문했던 사람은 16,000명이라고 한다. 2015년에는 행사장 밖에서 1시간이나 입장을 기다리는 행렬이 만들어졌을 정도였다고.

200팀 참가에 600팀이나 신청했다는 언리미티드 에디션의 참가자는 독립적으로 책을 만들고 있는 개인이나 예술가다. 그중에는 이 책에 소개된 출판사 워크룸 프레스와 독립서점 더 북 소사이어티 등 다양한 이들이 부스에 자리를 잡았다. 일본에서도 북갤러리 포포탐이나 서점 온 리딩ON READING 외에 개인 작가도 다수 참가했다. 워크룸 프레스의 박활성 씨는 3일 동안 600권을 팔았다고 하고, 일본에서 책을 20킬로그램씩이나 들고 와서 전부 판매한 서점도 있다고 했다. 그 판매량에 놀라지 않을 수 없었다. 한국은 신용카드를 쓰는 문화여서 거의 다 카드 결제가 되는 점도 편리했다.

방문자 중에는 20~30대 여성이 많이 보였다. 부스 앞을 20~30대 여성들이 에워싸고 있어서 책을 만져보기도 쉽지 않았다. 행사장은 도쿄아트북페어와 비교하면 놀랄 만큼 좁은데, 그만큼 열기도 압축되어 있는 느낌이 들어서 책을 많이 사게 된다. 올해 언리미티드 에디션이 열릴 장소는 미정이라고 들었다. 언리미티드 에디션에 참여하면서 독립출판의 증식에는 한계가 없다고 생각했다. 올해도 행사장에 가득한 사람들로 인해 희박해진 공기를 마시러 가려고 한다.

→ **UNLIMITED EDITION** 언리미티드 에디션
unlimited-edition.org

→ (Researcher)

책과사회연구소

BAEK WONKEUN

10.

책의 미래에 대해
뜨거운 마음으로 제언하는
출판문화 연구자

→ (Interview)

백원근

책과사회연구소 대표

1967년 고창 출생

─────→ "책에 대해서는 애정이 무한대"라는 책과사회연구소의 백원근 대표와 만나보라고 추천을 받았다. 듣자 하니 한국과 일본의 출판업계를 한눈에 꿰뚫어보는 드문 인재라고 한다. 일본의 출판계 잡지에도 기고를 많이 했다고. 책에 대한 '1인 연구소'라니, 보통의 열의로는 할 수 없는 일이다. 백원근 대표는 듬직한 아버지 같은 모습으로 우리를 맞아주고는 유창한 일본어로 한국의 출판 사정에 대해 들려주었다. 최근 한국에서 작은 서점이 붐을 이루는 주된 이유로 도서 할인의 제한을 꼽았다.

한국의 번역서 중에는 일본어권 책이 가장 많다

→ 백원근 대표님에게는 보다 전체적인 시각에서 현재 한국의 출판 상황을 여쭙고 싶은데요. 그 전에 먼저 대표님이 지금 하시는 일에 이르기까지의 과정을 들려주세요.

저는 1993년부터 1995년까지 일본에서 공부를 했어요. 신문장학생으로 요미우리신문을 배달하면서 요쓰야에 있던 다이가쿠쇼린 출판사가 운영하는 어학원에서 한국어를 가르쳤죠. 돈이 없었던 그 당시의 유일한 낙이 진보초나 와세다에 있는 헌책방에 가서 책을 사는 일이었어요.

귀국 후 1995년에 한국출판연구소에 들어가서 2015년 4월까지 근무했어요. 한국출판연구소는 한국 출판계의 싱크탱크 같은 조직이에요. 국민 독서 실태 조사나 출판계에 관련된 조사 보고서를 작성하거나, 출판 · 독서 분야의 5개년 계획을 수립하는 일 등에 관여했죠. 출판이나 독서를 진흥하는 제도가 있어도 가만히 내버려두면 진흥이 될 리가 없기 때문에 이런 일이 필요한 거예요. 몸보다는 머리를 쓰는 일이었어요.

65세 정년까지 16년을 남겨두고 한국출판연구소에서 독립해서 책과사회연구소를 설립했고, 그로부터 1년이 지났네요. 요즘 같은 시대에는 직접 네트워크를 만들어서 일을 할 수 있다면 독립해서 혼자서도 일할 수 있기 때문에, 이제까지 조직에서 해왔던 일을 개인적으로 하는 사람이 많아지는 것 같아요. 사람들은 출판계가 어둡다, 미래가 없다고 말하면서 정작 아무것도 시작하지 않죠. 저는 어떻게 하면 좀 더 책이 팔릴지 고민하고, 안정적인 곳에 머무르지 말고 직접 도전해보자고 제언하고 있어요. 지금은 아직 한국출판연구소에서 일할 때와 업무 내용이 많이 다르지는 않지만 앞으로는 제 나름대로 의욕적인 프로젝트도 진행할 예정입니다.

책과사회연구소는 대학 연구실 같은 분위기다.

백원근 대표의 책장에는 일본 출판업계에 관련된 책이 많이 꽂혀 있다.

→ **지금 한국에서는 일본과 마찬가지로 출판업계 전체의 매출이 떨어지고 있다고 들었습니다. 한국과 일본의 양쪽 업계를 다 알고 계시는 대표님이 보시기에 한국에만 해당되는 원인이 있을까요?**

우선 전제가 되는 출판 시장의 특징이 매우 달라요. 일본은 출판이라고 하면 곧 잡지이고 출판 불황은 잡지 불황이라고까지 말할 수 있죠. 잡지 그리고 문고와 만화가 일본 출판 산업의 세 기둥인데 현재는 세 분야의 매출이 모두 흔들리고 있어요. 한편 한국 출판 산업의 기둥은 교과서와 학습참고서예요. 학습참고서가 실제로 서적 시장의 60퍼센트를 점유하고 있죠. 이는 큰 차이입니다.

나머지 40퍼센트가 교과서와 학습참고서 이외의 단행본이에요. 한국에서는 자녀 교육에 무조건 돈을 들입니다. 부모들은 '좋은 대학을 나오지 않으면 좋은 일자리를 구할 수 없다', '학교 공부만 해서는 좋은 대학에 들어갈 수 없다'라는 생각을 기본적으로 하고 있기 때문에 경쟁이 치열한 거예요. 보습학원이나 인터넷 강의, 학습참고서나 문제집의 대량 구매를 당연시합니다. 그래서 책을 단 한 권도 사지 않는 집에서도 중학생이나 고등학생 자녀가 있으면 학습참고서는 수십 권, 때에 따라서는 100권 이상 사기도 하죠. 이러한 환경이 오랫동안 일반 서점의 운영을 지탱해왔어요. 하지만 지금 한국의 출생률은 세계 최저 수준이에요. 일본보다도 낮아요(2014년 기준으로 각국의 출생률은 한국 1.21, 일본 1.42, 대만 1.17이다. 내각부일본의 행정기관-역주 자료 참고). 요즘 젊은이들은 결혼을 하지 않는 사람도 많고 결혼한다고 해도 아이를 낳지 않거나 한 명 정도 낳죠. 낮은 출생률이 학습참고서 매출에 의존해온 서점에 타격을 주고 있습니다.

→ **이번에 취재하고 있는 동네서점에는 학습참고서가 없었던 것 같아요.**

그 점이 기존의 서점과 요즘 생겨나는 동네서점의 큰 차이점이에요. 학습참고서 매출이 아닌 나머지 40퍼센트를 차지하는 단행본 매출을 살펴보면 번역서 비율이 높아요. 2015년 데이터를 보면 한국에서 발행된 신간 중 약 22퍼센트가 번역서예요(2015년 신간 총 45,213종 중 번역서는 9,714종). 그래도 번역서 비율은 줄어들고 있지만 한때는 30퍼센트 이상이 될 때도 있었어요. 일본은 번역서 비율이 약 7퍼센트니까 그에 비하면 한국은 상당히 높은 편이죠(한국의 번역서 비율은 일본에 비해 약 3배 높다). 그리고 번역서 중 일본 도서를 번역한 비율이 42퍼센트로 가장 많아(4,088종) 영미권 도서(3,493종)보다도 많죠. 전체 번역서 22퍼센트 중 일본 번역서 비율이 42퍼센트니까 한국 출간 도서 전체의 9퍼센트가 일본 책을 번역한 것이 되죠. 최근에는 《미움받

도서정가제에 대해 백원근 대표가
〈분카쓰신(文化通信, 일본의 출판·
신문·광고업계 전문지-역주)〉에 쓴 기사

백원근 대표가 번역한 이시바시 다케후미의
《서정은 죽지 않는다》 한국어판

을 용기》 등 일본에서 화제가 되었던 책은 바로 한국어로 번역돼요. 이러한 현상이 유지되는 요인은 한일 양국이 문화적·지리적으로 가깝다는 점에 있어요. 영미권 책은 아무래도 문화적인 배경이 다르기도 하고 경제경영서를 제외하면 수용할 수 있는 정보가 상대적으로 적어요. 일본 책은 실용서나 문학, 인문·사회를 다룬 전문서까지 대체로 한국 문화와 통하는 편이죠. 또 한국어와 일본어는 어순이 같아서 번역하기도 쉽고, 무엇보다 일본어를 잘하는 번역가가 국내에 많이 있기 때문에 번역서 중에서 일본 책의 비율이 높은 거예요.

한국 출간 도서 전체의
9퍼센트가 일본 책을 번역한 것이다.

번역서의 비중이 높다는 말은 유감스럽지만 한국의 저자층이 얇고 출판업계가 국내 시장만으로는 성립하지 않는다는 것을 의미하기도 합니다. 어떤 나라에 번역서가 적다는 말은 그 나라 저자가 쓰고 그 나라 서점에서 팔고 그 나라 독자가 읽는다는 뜻이니까요. 즉 국내에서 출판의 전 과정을 모두 소화할 수 있다는 말이죠.

→ 하지만 이런 한국의 사정은 편집자가 역량을 키우는 계기가 되기도 하는 것 같아요. 《책의 역습》의 한국어판은 편집자가 직접 번역을 했거든요.

그런 효과도 있겠지요. 다만 편집자가 번역까지 하는 경우는 전체적으로는 그렇게 많지 않아요. 실용서 쪽에서는 자주 보이긴 하지만요. 직접 번역할 수 있다고 해도 번역에는 시간이 많이 걸리기 때문에 번역은 번역가에게 맡기고 분업을 하는 편이 빠르다고 생각하는 편집자가 많은 것 같아요.

저도 가끔 출판에 관련된 책의 번역을 의뢰받을 때가 있는데, 이시바시 다케후미 씨의 《서점은 죽지 않는다(시대의창)》는 제가 번역하기도 했어요. 듣자 하니 이시바시 씨는 서울에 있는 서점 북바이북의 토크 이벤트에 초청되어 한국에 오신다고 하더라고요(이시바시 씨는 《시바타 신의 마지막 수업(남해의 봄날)》의 한국어판 출간 기념회로 내한했다).

2016년 교보문고 베스트셀러

1위 채식주의자 / 한강
2위 완벽하지 않은 것들에 대한 사랑 / 혜민
3위 미움받을 용기 / 기시미 이치로(2015년 종합 1위)
4위 설민석의 조선왕조실록 / 설민석
5위 나미야 잡화점의 기적 / 히가시노 게이고(2015년 소설 부문 1위)

6위 지적 대화를 위한 넓고 얕은 지식 / 채사장
7위 사피엔스 / 유발 하라리
8위 나에게 고맙다 / 전승환
9위 미움받을 용기 2 / 기시미 이치로
10위 자존감 수업 / 윤홍균

※2015년 일서 판매 100위 권내에 마스다 미리의 작품이 12종 포함되었다(교보문고 2015년 연간 베스트셀러 동향에서 참고-역주).

덧붙여서 한국의 전자책 시장 규모는 전체 도서의 3퍼센트 정도라고 보고 있어요. 영미권에서는 그 비율이 30퍼센트, 일본에서도 10퍼센트 정도죠. 한국 전자책의 약 70퍼센트는 장르 소설(가벼운 오락소설)이에요. 웹툰도 분발하고 있죠. 전자책은 아직 성장할 여지가 많은 분야예요.

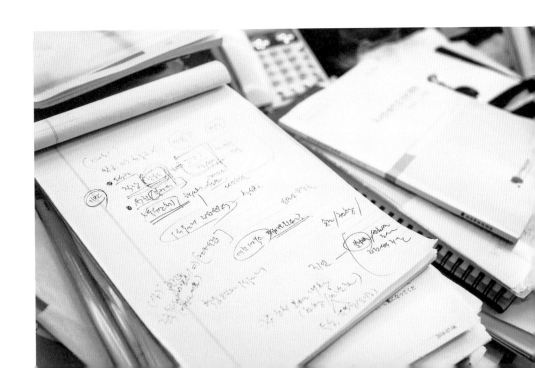

도서정가제로 인해 작은 서점도 싸울 수 있게 되었다

→ **대표님이 번역하셨던 이시바시 씨의 책은 일본의 출판 유통을 이해하지 못했다면 작업할 수 없었겠죠. 한편으로 한국의 출판 유통에는 어떤 특징이 있나요?**

제도적인 면에서 보면 일본과 비슷해요. 위탁 판매를 중심으로 도서정가제라는 정가 판매 제도(일본의 재판매 가격 유지 제도)가 있어요. 다만 도서정가제는 개정되기 전까지 실제로 적용하기 애매한 부분이 많았어요. 특히 출판한 지 18개월 이상 지난 구간 도서의 할인율에는 제한이 없어서 대형 서점이나 온라인 서점에서는 30퍼센트 또는 50퍼센트 이상 할인하는 등 할인의 폭이 점점 커졌죠. 그 결과 할인율이 높은 책만 베스트셀러가 되는 이상한 현상이 이어졌어요. 그런데 2014년 11월부터 개정된 출판문화산업진흥법 때문에 규제가 엄격해져서 도서의 가격 할인은 (간행 후 18개월이 지난 구간에 대해서도) 10퍼센트까지, 포인트 적립을 포함한 총 할인율은 15퍼센트가 되었어요. 이렇게 도서정가제를 강화함으로써 서점 간 가격 경쟁이 없어지고 작은 서점에서도 대형 서점에 맞설 수 있는 환경이 조성된 거죠. 도서정가제의 강화가 지금 한국에 작은 서점이 늘어나게 된 큰 이유 중 하나예요. 규제가 강화되기 훨씬 전에는 온라인 서점만 우대받던 시절도 있었어요. 2003~2007년이었는데 그 당시에는 정부가 인터넷 산업에 거국적으로 힘을 쏟고 있었기 때문에 온라인 서점만 10퍼센트까지 할인할 수 있었어요. 이 때문에 경영이 어려워진 오프라인 서점이 역차별이라며 이의를 제기해서 오프라인 서점에서도 할인을 할 수 있게 되었죠. 결과적으로 가격 경쟁이 심해졌어요. 심화된 가격 경쟁을 막을 장치가 작동된 때가 2014년 11월(법 개정은 5월)이었던 거예요.

→ **일본에서 도매상이라고 부르는 출판 유통업체가 한국에도 있나요?**

한국에도 도매상은 있지만 일본의 닛판이나 도한(이상은 일본의 2대 출판 도매상으로 전체 출판 유통의 70퍼센트를 차지한다 – 역주) 같이 큰 회사는 없어요. 작은 도매상이 몇 군데 있는데 그 역할은 주로 출판사에서 책을 받아서 지역의 작은 서점에 판매하는 거죠. 대형 서점일수록 도매에 의존하지 않고 출판사와 직거래를 하게 됩니다. 예를 들어 한국 최대의 서점 교보문고는 5천 군데 이상의 출판사와 직거래를 하고 있어요(교보문고는 2017년 4월에 합정에도 큰 서점을 열었다). 교보문고는 온라인 서점도 하고 있기 때문에 매입량이 많아서 이익률(공급률)도 다를 거예요. 학습참고서는 다른 방식으로 유통하는데, 출판사가 각지에 '총판'이라는 판매 거점을 갖고

있어요. 대형 출판사는 전국에 총판을 두고 영업하죠. 총판은 한 유통 회사에서 다수의 출판사 도서를 다루는, 학습참고서 출판사의 지사 같은 곳이에요. 신학기가 시작하는 3월과 9월에 총판을 거쳐서 전국에 책을 배본하는 거죠. 서점으로서 영업하는 곳도 있지만 보통은 총판점으로서 영업하는데 주로 신학기에 큰돈을 만지는 곳이 많아요. 총판 중에는 아동서나 잡지도 다루는 곳도 있어서 유형은 실로 다양합니다.

→ **그렇다면 도매상이 취급하는 책은 주로 학습참고서 이외의 도서로, 작은 서점에서만 도매상을 이용한다는 건가요?**

기본적으로는 그렇습니다. 마진이 적어도 여러 출판사의 도서를 한 번에 모아서 보내주기를 원하는 서점에서 이용하죠. 기존 서점 중에서도 학습참고서는 팔지 않고 그 외의 책을 정가 판매하여 살아남은 작은 서점도 있어요. 그리 많지는 않지만 작은 서점이 있는 지역에는 커뮤니티가 있어서, 독서 모임을 비롯한 다양한 활동에 의해 서점이 유지되기도 하죠. 지역 사람들은 서점이 없어지면 곤란하다며 동네 서점에 가서 책을 삽니다. 참고서를 팔지 않으면 경영 측면에서는 어려울지도 모르지만 지금까지 그래왔듯이 앞으로도 커뮤니티와 연계된 서점은 계속 살아남을 수 있을 거예요.

실제로 이런 동네 서점은 도시든 지방이든 지역에 상관없이 존재하는데, 제가 살고 있는 일산이라는 동네에도 아이들 책을 전문으로 파는 '알모책방'이라는 서점이 있어요. 동네에 이상적인 서점이 없다며 일반 독자였던 어머니들이 의기투합하여 직접 만든 서점이에요. 전국에서 3천 명 이상 가입한 '어린이도서연구회' 출신들이 만들었어요. 아주 큰 커뮤니티죠. 각지에 지부가 있고 각각의 지부에서도 모임을 한다고 해요. 요즘은 한국뿐만 아니라 각 나라의 인구가 적은 지역에 가면 서점이 없을 확률이 거의 100퍼센트예요. 저는 최근 이렇게 인구가 적은 곳에서도 성립할 수 있는 서점 모델에 대해서 생각하고 있어요. 미국에 비슷한 사례가 있다고 하는데, 혼자서 시작하는 건 힘들겠지만 조합 방식으로 500명, 1천 명이 모여서 운영하면 인구가 적은 곳에서도 서점을 할 수 있지 않을까, 그런 방식이 한국에서도 가능할지 연구하고 있어요.

→ **도서정가제가 강화되면서 1~2년 사이에 새로운 서점이 많이 생겨나고 있는데, 이런 현**

상에 대해서 어떻게 생각하세요?

저는 이러한 현상을 통해 서점의 새로운 가능성을 보고 있어요. 앞으로는 다양한 형태의 서점이 필요하게 될 거라고 생각하기 때문이에요. 서점을 하고 싶다는 사람은 이전에도 많이 있었지만 최근에는 더욱 늘어나고 있어요. 서점조합에서 서점 창업에 관한 세미나를 열었을 때 매번 젊은 사람들이 행사장을 꽉 채웠거든요. 서울에서는 특히 임차료 문제가 있어서 자신의 건물을 소유하지 않는 한 서점 운영이 어려울 수도 있지만, 도서정가제 개정으로 도서 할인 문제가 어느 정도 해결되었기 때문에 서점을 하고 싶은 사람이 도전하기에는 좋은 시기예요. 그리고 최근에는 지방에서 서점이나 출판사를 시작하는 젊은이도 점점 늘어나고 있어요. 예전에는 지방에서 서울로 올라와서 대학에 들어가고 취직해서 결혼하는 삶을 꿈꾸던 사람들이 많았지만, 최근에는 취직이 어렵기도 하고 여유 있는 삶을 살고자 하는 사람들이 많아지면서 지방으로 내려가는 젊은이가 증가하는 경향이 있어요. 예를 들어 남해안의 아름다운 소도시 통영에는 '남해의봄날'이라는 출판사가 있는데, 서울에서 브랜드 기획 PR회사를 다니던 분이 그만두고 부부가 함께 이주해서 운영하고 있어요. 아까 말씀드렸던 이시바시 씨의 책 《시바타 신의 마지막 수업》과 《작은 책방, 우리 책 좀 팝니다!》(백창화, 김병록 지음)》라는 화제작을 냈고, 서점과 게스트하우스도 운영하면서 지역에 기반한 출판 활동을 하고 있어요. 책을 좋아하는 사람이 출판사를 시작하려면 책 제작비를 비롯해 초기 비용이 많이 들게 마련이지만 서점은 공간과 서점에 둘 책만 있으면 할 수 있기 때문에 시작하기에는 더 쉽죠.

→ 한편으로 카페 꼼마(262쪽)처럼 대형 출판사가 북카페를 운영하는 경우도 있는데요. 이건 어떠한 맥락에서 해석할 수 있을까요?

책의 매출이 점점 줄어드는 상황에서 출판사에서는 무언가 다른 방법을 써야 했던 거죠. 그래서 본업은 아니지만 이익을 확보하기 위해서 북카페를 시작한 것이 현재 상황이라고 생각해요. 북카페 자체는 이전부터 있었지만 카페 꼼마처럼 넓은 공간에 본격적으로 만들어진 건 대형 출판사의 자본이 있기에 가능했어요. 일종의 선행 투자라고 할 수 있죠. 이전처럼 책이 팔렸다면 시작하지 않았을 사업이에요. 실제로는 책을 사거나 읽는 사람보다도 공부나 일을 하는 사람이 대부분으로, 하루 종일 카페에 앉아 있는 사람도 많으니까요……. 또 하나, 책의 매출을 올리기 위해서 독자와 한층 가깝게 커뮤니케이션할 장소가 필요해졌다는 이유도 있습니다. 저자 강연회나 이벤트를 개최하기 위해서 일일이 장소를 빌리는 것도 보통 일이 아니니까요.

초대형 출판사인 문학동네가 운영하는 북카페 '카페 꼼마 2페이지'

출판사 남해의봄날에서 나온 《작은 책방, 우리 책 좀 팝니다!》.
남해의봄날의 운영 방식을 포함하여 동네서점을 다수 소개하고 있다.

모든 책은 '실용서'다

→ **일본에서는 출판사의 경영 악화나 서점 감소에 대한 원인으로 비슷비슷한 저자들이 비슷비슷한 책만 출간한다는 구조적인 문제가 꼽히기도 해요. 한국은 어떤가요?**

한국에도 같은 문제가 있다고 생각해요. 같은 문제라고 할까. 이 점이 출판 불황의 첫 번째 원인이지 않나 하는 생각까지 해요. 물론 스마트폰 등 책 이외의 새로운 미디어에 시간과 돈을 빼앗기는 것은 사실이지만, 단순하게 그런 환경에서도 읽을 만한 재미있는 책을 만들었다면 이렇게까지 불황이 심해지지 않고 어려운 시기를 잘 지나가지 않았을까요. 저는 장르를 구분하기 전에 모든 책은 실용서라고 생각하고 있어요. 요리책이나 다이어트 책뿐만 아니라 학술서도 학자에게는 실용서고, 소설 같은 문학작품도 오락이나 예술로 즐길 수 있다는 점에서는 실용서죠. 이런 의미에서 전반적으로 다른 미디어에 비해 도서의 실용성이 낮아졌어요. 하지만 실용성이 높아지고 기획이 재미있다면 환경 자체는 예전보다 훨씬 풍요로워졌기 때문에 책을 팔기 쉬울 거라고 생각해요. 그러니까 책이 안 팔리는 건 출판사나 저자의 문제라 할 수 있죠.

중요한 것은 출판계가 독자의 실용적인 니즈에 충분히 응하지 못하고 있다는 점이에요. 예전에는 베스트셀러라고 하면 50만 부, 100만 부가 나갔는데 최근에는 1만 부나 10만 부 정도 팔리죠. 하지만 사회가 복잡화 · 다원화되고 그 변화도 극심해지는 요즘이야말로 오히려 더욱 책을 팔기 쉬운 환경이 되었다고 생각해요. 사람은 새로운 환경에 대처하고 적응하기 위해서 정보를 필요로 하기 때문이죠. 변화에 따라가기 위해서 어떻게 하면 좋을지에 대한

지식을 잘 포장한다면, 책의 형태에 얽매이지 않고 디지털 형태로도 가격을 낮춰 보다 많은 사람들에게 전달할 수 있는 환경, 다양한 것을 실험할 수 있는 환경이 조성되고 있는 것 같아요.《책의 역습》에 쓰여 있듯이 '책의 미래는 밝다'고 생각하는 게 좋지요.

→ **그러한 '밝은' 책의 미래를 위해서 요즘에 구상 중인 아이디어는 있으세요?**

극단적으로 말하면 책이 없어도 살아갈 수 있어요. 독자 입장에서는 책을 읽어도 읽지 않아도 상관없죠. 그러나 책을 쓰는 저자, 책을 만드는 출판사, 책을 파는 서점은 책 없이는 살아갈 수 없어요. 우선은 책에 관련된 세 주체가 자신들의 목숨을 연명하기 위한 것이 아니라 가능성을 넓히는 방향으로 노력해야 한다고 생각해요. 서점과 출판사를 합쳐서 특정 분야를 전문적으로 다루면

서 유통과 출판을 복합적으로 운영하는 것도 하나의 방법입니다. 전문화하면 혼자라도 충분히 가망 있는 싸움을 할 수 있죠. 정부나 지자체는 수직적인 방식으로 책이나 독서를 테마로 한 마을을 만들기도 하지만, 국민의 입장에서 보면 독서하기 좋은 환경을 만들기보다 독서하기 어렵게 하는 환경을 없애는 쪽이 더 중요할 것 같아요.

조금 전에 사회가 복합해지고 다원화되고 있다고 말씀드렸지만, 책은 사회가 다양해지는 만큼 많은 종수가 출간되고 있을까요? 현재 한국에서는 신간 도서가 1년에 6만 종, 일본에서는 8만 종 정도 나오는데, 책이 너무 많이 나온다는 이야기도 있지만 저는 그 말에 동의하지 않아요. 미국이나 중국에서도 신간이 1년에 10만 종 넘게 출간되지만 사회의 다양성을 생각하면 필요한 정보에는 끝이 없죠. 그렇기 때문에 전문적인 분

아에서도 책을 만들고 파는 쪽은 조직이건 개인이건 다양성의 폭이 얼마든지 확장돼도 괜찮아요. 그것이 많은 사람들을 행복하게 하는 방법 중 하나인 거죠.

출판사란 단순히 책을 만드는 회사가 아니라 하나의 문화를 만드는 곳이라고 생각해왔어요. 몇 년 전에 영화와 연극 시나리오를 전문으로 만드는 출판사가 한국에 처음으로 생겼어요. 그 전까지는 들어본 적도 없던 콘셉트의 출판사였죠. 그분들은 출판을 중심으로 연극 작품을 만드는 활동까지 하면서 출판사를 꾸려갔어요. 그 외에 종이접기 전문 출판사도 있는데, 그 출판사에서는 종이접기 관련 제품도 직접 생산해서 판매하고 있어요. 물론 종이접기에 관련된 책도 많이 출판하고 지금은 신라호텔 앞에 있는 멋진 건물 안에 종이접기 박물관까지 만들었어요. 바로 '종이나라'라는 회사예요. 종이나라는 원래 종이접기 관련 제품 및 문구 제조 회사인데, 출판을 시작하게 된 과정을 살펴보면 출판사의 미래를 가늠해볼 수 있지 않나 싶어요.

→ **얼마 전에 생긴 슈뢰딩거라는 고양이 책 전문 서점도 앞으로는 고양이 책을 직접 출판하고 싶다고 하더라고요.**

그렇다면 고양이와 관련된 비즈니스도 하면 되겠네요. 극단적으로 말하면 책이 팔리지 않아도 되는 거죠(웃음). 다만 책이라는

**환경 자체는 예전보다
훨씬 풍요로워졌기 때문에
책을 팔기 쉬울 것이라 생각한다.**

존재는 반드시 필요해요. 책 그 자체는 팔리지 않더라도 책이 있기 때문에 다른 비즈니스를 할 수 있는 거예요. 이 점이 책의 불가사의한 힘이죠. 그렇게 해서 다양한 형태의 서점이 늘어나면 지금까지 위축되었던 출판의 가능성도 확장될 거라고 생각해요. 이미 디지털 콘텐츠로도 이익을 낼 수 있는 시대가 되었기 때문에 출판계에서도 과감한 시도가 필요하죠.

그럼에도 최근에 생기기 시작한 서점이 모두 장수하리라고 보지는 않아요. 그건 어떤 장사든 마찬가지죠. 한국에서는 애초에 몇 년씩 장사를 계속하는 자영업자가 그렇게 많지 않아요. 그러니까 지혜를 짜내서 책을 중심으로 지속 가능한 비즈니스 모델을 각자가 만들어가야 해요. 그저 책이 좋아서 서점을 한다는 이유만으로는 부족해요. 책뿐만이 아니라 커피나 맥주를 같이 파는 식으로 비즈니스 모델을 만들어야 하죠. 출판 관련 이벤트를 하는 것도 좋지만 한국에서는 참가자에게 돈을 받고 진행하는 토크 이벤트가 일반적이지 않아요. 참가비에 맥주 값이 포함되는 방식이라면 모르지만, 사람의

문학진흥법 시행과 문학 출판시장

백원근의
출판 풍향계

2010년부터 〈한겨레〉에 연재 중인 칼럼 '백원근의 출판 풍향계'.
'문학진흥법'에 대해 이야기한 이 칼럼은 '2007년에는
국내 문학 시장의 70퍼센트가 해외 문학이었다'는 내용을 담고 있다.

서울시가 제작한 '서울시 책방 지도 2016'으로
파란색은 새로 생긴 서점, 분홍색은 헌책방을 나타낸다.
무려 서울 시내에 400곳 이상!

이야기를 듣는 데 돈을 지불하는 문화는 아직 정착되지 않았죠. 회원제를 운영해서 월 회비나 연회비를 내면 선별한 책도 보내주는 방식이면 어떻게든 뿌리내릴 수 있을지도 모릅니다. 출판업계뿐만 아니라 다른 업계와 공동으로 운영해도 좋겠고요.

앞으로 젊은이들이 책과 문화의 중심을 맡아주었으면 해요. 지금까지도 그 시대의 젊은이들이 그런 역할을 맡았으니까요. 하지만 요즘 한국 젊은이들 중에는 책에 큰 흥미가 없는 사람이 무척 많은데, 그들을 어떻게 서점까지 오게 하느냐가 관건이 되겠죠. 그러기 위해서는 새로운 모델이 필요해요. 예전부터 계속해온 전통적인 서점도 커뮤니티를 위해서 반드시 필요하고 다양한 책을 다루는 대형 서점도 필요하지만, 새로운 유형의 작은 서점에 가는 즐거움을 구현해낸다면 서점이 오래도록 살아남을 수 있지 않을까요? 서점을 통한 한일 교류가 늘어나서 그 비법을 서로 배울 수 있는 기회가 생겼으면 좋겠어요.

반드시 출판되어야 하는 책이 팔리는 사회를 만들자

→ 저희들이 볼 때는 한국이 일본을 앞서가고 있다고 느끼는 부분도 많고 배우고 싶은 점도 많아요. 한국의 젊은이들에게는 독립하는 용기와 순발력도 있는 것 같고요.

지금까지 없었던 문화는 빠른 속도로 발전해가죠. 한국의 출판·서점 문화도 그런 전형적인 사례라고 생각해요. IT분야에서 한국이 아시아의 다른 나라에 비해 조금 앞서 있는 것도 전례가 없었기 때문이라는 측면도 있을 겁니다. 확고한 전통이 있는 곳에는 새로운 문화나 기술이 들어가기 어려우니까요. 그렇게 생각하면 지금까지 한국에 축적된 서점 문화의 역사가 거의 없었기 때문에 새로운 문화에 빠르게 몰입할 수 있었던 것 같아요. 오래된 대형 서점인 교보문고가 생긴 것도 겨우 1981년이니까요. 자국에 축적된 역사가 짧기 때문에 일본이나 미국, 유럽 등 해외에 있는 서점을 돌아보며 외부의 문화에서 좋은 점을 흡수해서 바로 자신의 서점을 시작하는 젊은이가 많은 거예요.

→ 일본에서는 독립해서 서점이나 출판사를 시작하기를 망설이는 사람이 많아요. 좋은지 나쁜지는 해보지 않으면 모르니까 우선은 해보라고 말하는 한국과는 정반대죠. 그러한 한국의 관점에서 일본의 출판이나 서점에 관여하고 있는 사람들에게 뭔가 해주실 말씀은 없으세요?

아뇨. 저를 포함해서 대부분의 한국인은 일본에서 많은 것을 배워왔고 지금도 배울 점이 많다고 생각해요. 조언해드릴 부분은 아무것도 없습니다. 다만 문화도 비슷하고 거리도 가까운 한국과 일본이 조금 더 깊이 교류했으면 좋겠다는 바람은 있어요. 10월에 돗토리 현에 있는 '책의 학교 이마이 북센터'에 갑니다. 한국의 작은 도서관을 중심으로 한 출판 관계자 25명을 인솔하여 투어 가이드를 하려고요. 작은 도서관의 미래를 일본에서 배우려고 해요. 유럽으로도 연수를 갔지만 아무래도 문화의 차이가 너무 크기 때문에 일본의 사례가 더 참고가 된다고 해요. 돗토리 현은 인구는 적을지 몰라도 출판문화는 활발한 곳이죠.

→ 질문하는 것을 깜박했는데요, 온라인 서점에 대해서는 어떻게 생각하세요? 대형 온라인 서점으로는 예스24, 인터파크, 교보문고, 알라딘이 있다고 들었어요.

온라인 서점에는 각각 특징이 있는데요. 책을 좋아하는 사람이 가장 자주 이용하는 곳은 알라딘이에요. 도서관에서 근무하는 사람들도 주로 알라딘을 이용하고요. 알라딘은 서지정보를 충실하게 올리고 기획력이 다른 곳보다 뛰어나죠. 물론 예스24를 이용하는 사람도 있지

→ **149**

출판사란 단순히 책을 만드는 회사가 아니라 하나의 문화를 만드는 곳이다.

만 규모가 크다는 점이 주된 이유예요. 예전에 예스24가 알라딘보다 할인을 더 자주 해서 규모를 키웠죠. 교보문고를 이용하는 사람은 평소에 교보문고 오프라인 매장에 자주 가는, 충성도가 높은 사람이에요. 거기에 인터파크까지 해서 대형 온라인 서점 네 군데가 서로 경쟁하면서 독자적으로 발전해가고 있어요. 덕분에 아침에 주문한 책이 오후에 도착하게 되었죠. 예전에는 다음 날 도착이었지만(웃음), 지금은 지방에도 주문 당일에 도착합니다. 한국은 국토 면적이 그리 크지 않은 나라니까요.

→ 지인이 "백원근 대표님은 뜨거운 사람이야"라고 말하더군요. 백원근 대표님을 이렇게 왕성하게 활동하도록 하는 원동력은 대체 뭘까요?

아무래도 책을 제외하고 인류 문화의 결실에 대해 말할 수는 없겠죠. 제가 책과사회연구소 일을 하지 않았다면 저는 아마 출판사를 했을 거예요. 제가 좋아하는 책을 직접 하나씩 만들어내는 것이 중학생 때부터의 꿈이었어요. 그래서 지금도 가끔 이렇게 하면 베스트셀러가 될 수도 있겠다는 망상

을 하고는 하죠(웃음). 우리 자신과 국가의 존속을 위해서라도 생각할 수 있는 소재를 제공하는 책을 읽어야 해요. 무엇보다 인간이 인간답게 살아가는 데 책보다 좋은 건 세상에 없죠. '인간이 인간답게 살아갈 권리'가 바로 독서권(책을 읽는 권리)인데 독서권이 보장되는 환경을 조성하기 위해서는 아직 해야 할 일이 많아요. 출판 산업의 사회적인 역할도 그 과정에서 존재의 의미를 찾아낼 수 있지 않을까요.

저에게는 고등학생 딸이 있는데, 아이의 꿈이 작가예요. 솔직히 아직은 재능이 활짝 꽃피운 것처럼 보이지는 않지만 그래도 장래에 아이가 책을 쓸 때 조금 더 책이 잘 팔리는 환경을 만들어주고 싶어요. 개인적인 희망이지만요. 하지만 최악의 내용이 아니고 출판할 필연성이 조금이라도 있는 책이라면, 적어도 1천 부나 2천 부 정도는 팔리는 사회를 만들어가야 한다고 생각해요. '책을 산다'기보다는 '책으로 응원한다'는 사회가 되기를 바랍니다. 그런 미래를 만들 수 있도록 앞으로도 계속 활동할 생각입니다.

2017년 서울국제도서전은 6월에 개최되었다.

→　책과사회연구소
서울시 종로구 삼일대로 461
운현궁SK허브 102동 526호
02-722-3551

책과사회연구소

11.

국가 정책으로 만들어진
계획적 출판도시

Paju Book City

파주 출판도시

서울 중심부에서 북서쪽으로 40킬로미터 정도 가면 거대한 상자 같은 건물이 줄줄이 늘어서 있는 지역과 마주하게 된다. 이곳은 경기도에 위치한 파주 출판도시로, 바로 건너편에는 북한이 보인다. 한국에 책의 유토피아를 만들겠다는 슬로건 아래 2004년 준공되었다. 국가 정책으로 만들어진 책의 도시는 다른 나라에서도 유례를 찾기 힘들다. 현재는 48만 평의 광활한 대지 위에 각각 형태가 다른 빌딩 150동이 들어와 있다. 한국의 세계적인 건축가들이 설계한 파주 출판도시에는 출판사 210곳, 즉 주요한 출판사 대부분이 들어와 있으며 인쇄소 60곳, 제지 회사 30곳, 도매상 등이 입주했고, 편집자를 비롯해 8천여 명이 일하고 있다. 책의 기획과 편집, 인쇄부터 유통까지 모두 이 도시 안에서 가능한 구조이지만, 인터뷰했던 출판 관계자 중에는 수직적인 시스템으로 만들어진 구조에 냉담한 시선을 보내는 사람도 있었다. 출판도시 안에는 '지혜의 숲'이라고 불리는 광대한 독서 공간이 있고, 레스토랑과 카페, 서점도 다수 입점해 있다. 가게들은 널찍하고 비교적 한산해 보였다.

2011년부터 파주 출판도시에서는 매년 가을 '파주북소리'라는 대규모 국제 북페스티벌이 개최되고 있다. 파주 출판도시에서 10킬로미터 정도 더 북쪽으로 가면 헤이리 예술 마을이 있는데 파주 출판도시의 건축물을 구경하며 산책하는 김에 가보는 것도 좋겠다.

참고: 김언호 '파주 출판도시에서 '책'을 생각하다', 《한국의 지知를 읽다(노마 히데키 엮음, 위즈덤하우스)》 중에서

⟶ Paju Book City 파주 출판도시
경기도 파주시 회동길 145 아시아출판문화정보센터
031-955-0050
pajubookcity.org
지하철 2·6호선 합정역에서 200번 또는 2200번 버스 탑승,
약 30분 후 파주 출판도시 하차

천장까지 닿아 있는 거대한 책장이 특징인 독서 공간 '지혜의 숲'

출판사마다 건물 형태가 다르다.

BOOK → REVOLUTION → SEOUL
→ IN

→ (Publisher)

Magazine B

CHOI TAEHYUK

BOOK ——————→ → (Publisher)
←——→ REVOLUTION
→ IN ——→ SEOUL

12. 브랜드 이야기를 기록하는
한국발 글로벌 잡지

→ (Interview)

최태혁

Magazine B 매거진 B 초대 편집장

1980년 서울 출생

───→ 일본 서점에서도 만날 수 있는, 표지의 커다란 'B'가 눈 길을 끄는 〈매거진 B〉. 프라이탁FREITAG, 파타고니아patagonia, 구글Google, 롤렉스ROLEX, 무인양품MUJI 등 다양한 업종의 브랜드를 매호 하나씩 선정해서 특집으로 다룬다. 영미권 잡지인 줄 알았더니 발행한 곳은 한국 회사다. 〈매거진 B〉는 서울의 셀렉트 서점에서 반드시라고 해도 좋을 만큼 많이 보이는데, 놀랍게도 6년간 발간한 잡지가 54호나 된다고 한다. 취재 후에 퇴직을 해서 전 편집장으로 소개하게 된 초대 편집장 최태혁 씨에게 잡지에 관한 이야기를 들어보니 그 제작 방법은 더욱 놀라웠다.

이 인터뷰에 실린 〈매거진 B〉에 대한 내용은 2016년 취재 당시의 기준에 의한 것입니다.

제이오에이치가 브랜드를 연구하고 잡지를 발간하는 의미

〈매거진 B〉는 2011년 11월에 창간호로 스위스의 메신저백 한쪽 끈을 어깨에 메는 형태의 가방-역주 브랜드 프라이탁을 다루면서 시작했어요. 창간 준비는 그해 봄부터 시작했는데, 저는 원래 모회사 제이오에이치JOH의 창립 멤버로도 있었기 때문에 창간호부터 지금까지 편집장으로서 이 잡지를 지켜봐왔어요. 기획이나 편집에서부터 영어판 제작, 마케팅, 유통까지의 모든 과정을요. 제이오에이치는 〈매거진 B〉의 편집 · 발행뿐만 아니라 한때 건축, 브랜드 컨설팅, 레스토랑 운영 등 다방면에 걸친 사업을 하기도 했던 회사예요.

제이오에이치에 들어가기 전에 저는 대형 출판사에 속하는 디자인하우스에 있었어요. 일본의 그래픽디자인 잡지 〈아이디어IDEA〉를 조금 더 대중적으로 만든 느낌의 종합디자인 잡지 에디터를 했죠. 제가 제이오에이치에 합류하고 나서 〈매거진 B〉 프로젝트가 시작되었는데 핵심 아이디어는 발행인인 사장님이 내셨어요. 사장님은 브랜드 컨설팅 전문가로 자신의 전문 분야인 '브랜드'와 예전부터 좋아했던 '잡지', 이 두 가지를 엮어서 무언가를 만들고 싶어 하셨죠. 잡지 콘셉트는 '브랜드에 관련된 잡지'이자 '광고가 없는 잡지'라는 것만 정한 상태였고요. 책을 만드는 과정에 대해서는 아는 바가 없으셨기 때문에 저 같은 에디터가 필요하지 않았을까요? 제가 들어가고 나서 잡지의 세부 내용을 하나씩 정하기 시작했어요.

→ **브랜드에 대해서 잡지를 발행하는 이유는 회사 자체가 브랜드를 연구하기 위한 목적도 있었던 건가요?**

말씀하신 그대로예요. 이상적인 브랜드를 많은 사람들과 공유하고 싶다. 그리고 우리가 그러한 브랜드를 만들어가고 싶다는 목적이 있었어요. 이제까지 잡지든 단행본이든 책은 출판사에서 발행하는 게 일반적이었죠. 그래서 출판사라는 회사가 만드는 제품은 잡지나 단행본만 있는 경우가 대부분이에요. 반면 제이오에이치는 다양한 일을 하는 회사로, 이 잡지를 만들기 위해 존재하지는 않아요. 어디까지나 제이오에이치가 브랜딩(브랜드의 배후에 있는 태도나 사상)의 관점에서 지향하는 바를 보여주는 것. 이것이 〈매거진 B〉의 역할입니다. 그러니까 기존 출판사의 잡지와는 존재 방식도 역할도 다른 거죠.

세상에는 잡지도 정보도 넘쳐나기 때문에 비슷한 잡지가 또 만들어지는 건 의미가 없어요. 그래서 새로 만들 잡지에는 어떤 정보를 넣어야 하는지 고민하며 머리를 쥐어짰어요. 〈뽀빠이POPEYE〉나 〈브루투스BRUTUS〉 같은 일본의 유명한 잡지를 따라 한다 해도 뛰어넘을 수 없

〈매거진 B〉를 발행하는 브랜드 컨설팅 회사 제이오에이치

기념할 만한 창간호는 프라이탁 편(사진은 프레젠테이션 자료)

을 것 같았기 때문에 하나의 이슈에만 집중하기로 했어요. 즉 매호 한 가지 브랜드만 특집으로 다루기로 한 거예요. 요즘은 옷을 살 때도 백화점이 아니라 셀렉트숍에 가는 사람들이 있는 시대여서, 잡지 역시 정보의 범위를 좁혀도 성립할 수 있을 거라고 생각했어요. 그렇게 해서 '잡지', '브랜드', '소비자' 이 세 가지를 동시에 만족시킨다는 것이 저희의 콘셉트가 되었죠.

→ **그런데 브랜드를 연구하고 그 콘텐츠를 굳이 종이 잡지로 내려고 한 이유는 뭔가요?**
창립 멤버가 8명 정도였는데 대부분이 잡지를 좋아한다는 이유가 컸죠. 그리고 요즘 같은 시대에 우리가 전하고 싶은 정보나 보여주고 싶은 스타일을 발신하고자 할 때 그 정보를 가장 잘 담아낼 수 있는 미디어는 뭘까라는 질문에 답이 되는 매체가 잡지였어요. 존재감과 속도감을 고려할 때 책은 너무 무겁고 온라인 미디어는 너무 가볍죠. 종이를 한 장씩 손으로 넘길 수 있는 잡지라는 형태

가 최선의 선택지였어요.
〈매거진 B〉는 처음부터 한국어판뿐만 아니라 영어판도 발간했어요. 저희는 한국 브랜드에 한정하지 않고 뉴발란스New Balance나 레고LEGO, 이솝Aesop처럼 전 세계에서 많은 사람들이 좋아할 만한 글로벌한 브랜드를 다루고 있어요. 브랜드가 가지고 있는 가치에 대해서 잡지를 만들기 때문에 전 세계에 공감해주는 사람들이 있을 거라고 생각한 거죠. 그래서 영어판도 계속 발행해오고 있습니다. 실은 〈매거진 B〉를 발간하고부터 2년 정도까지는 해외의 반응이 그리 많지 않았죠.

→ **지금이야 잡지의 발행이 거듭되면서 잡지에 대한 신뢰도가 많이 쌓였겠지만, 처음에는 취재를 허락받는 일 자체가 무척 힘들었을 것 같아요.**
이건 에어비앤비Airbnb를 특집으로 다룬 최신호(제48호)인데요. 이제는 에어비앤비도 취재할 수 있게 되었지만 말씀하신 대로 처

취재할 당시 최신호는 제48호인 에어비앤비 편이었다.

음에는 엄청 힘들었어요. 창간호인 프라이탁 특집을 준비하면서 본사에 연락을 하니 "한국에도 지사가 있으니까 그쪽에 연락해보세요"라고 하더라고요. 그래서 한국의 담당자에게 허가를 받아 취재를 할 때, 일부러 저희 사무실에 와달라고 요청드렸어요. 저희 사무실을 보고 나면 신용을 얻을 수 있으리라 생각했거든요. 이제 와서 말하지만 솔직히 아주 힘든 시간이었죠. 제3호인 스노우피크snow peak 편을 만들 때는 본사 사장님이 정말 잘 응해주셔서 더 잘 만들어진 좋은 잡지가 나오기도 했지만요. 그 이후에 취재 요청을 하면서 스노우피크 편을 보여주면 이야기가 잘 진행되어서 꽤 편해졌어요. 직원도 늘어나고 운영도 안정되었죠.

취재를 거절당해도 우리가 알아서 만든다

프라이탁 편을 만들 때도 그랬지만 지금도 매번 본사에 가서 취재할 수 있는 건 아니에요. 제작 시간이나 비용 문제도 있고 처음부터 거절당하는 경우도 있어요. 그중에는 취재를 신청했을 때 잡지에서 다루는 것조차 거절당할 때도 있어요. 큰 기업에서 보면 외부인인 저희를 컨트롤할 수 없기 때문이겠죠. 그래도 "저희 방식대로 만들고 있습니다"라고 진행 상황을 전달하고 만들어요. 지금 하고 있는 이 인터뷰를 예로 들면 제가 인터뷰를 거절해도 제 지인을 통해서 취재를 하는 거죠. 물론 이런 방식이 본사까지 가서 취재하는 것보다야 좋지는 않지만요.

→ 다시 말해 브랜드 관계자 중에 아무도 취재에 응해주지 않아도 잡지를 만든다는 건가요?
그렇죠. 〈매거진 B〉에 있어서 '브랜드'는 어디까지나 하나의 취재 대상에 지나지 않아요. 브랜드에서 제공하는 정보를 활용해서 그대로 잡지를 만들지도 않고요. 애초에 검색해서 얻

(Publisher)

을 수 있는 정보를 모아 잡지를 만든다 해도 의미가 없잖아요? 지인이나 특파원을 통해서 관계자와 인터뷰를 하거나 취재 대상 브랜드의 애호가나 업계 전문가에게도 이야기를 들으면서 잡지를 만들어요. 브랜드를 소비하는 유저가 주요한 취재 대상인 거죠. 하지만 이 파타고니아 편(제38호, 2015년)을 만들 때는 캘리포니아에 있는 본사에 취재를 하러 갔어요. 창업자인 이본 쉬나드가 눈앞에서 내뿜는 오라aura는 압도적이었죠. 실제 잡지의 구성을 살펴보며 말씀드릴게요. 기본적으로 앞쪽은 '코멘트Comments'나 '오피니언Opinion'이라는 파트로, 특집으로 다루는 브랜드를 사용하는 사람들의 이야기를 실어요. 브랜드의 분위기를 담고 있는

'브랜드'는 어디까지나 하나의 취재 대상에 지나지 않는다.

'비스 컷B's Cut'에서는 브랜드에 관한 사진을 보여주고(제41호 롤렉스 편에서는 시계를 분해하여 부분적으로 확대한 사진을 한 페이지씩 실었다), 뒤쪽에 있는 '브랜드 스토리Brand Story'에서는 브랜드의 역사를 심도 있게 다루면서 가능하면 브랜드 창업자나 대표의 인터뷰도 싣고 있어요.
어떤 한 브랜드를 몰랐던 사람이 그 브랜드의 세계에 발을 들이게 되면서 그 브랜드

제38호인 파타고니아 편에서는 창업자인 이본 쉬나드를 직접 취재했다

의 상품을 구입하고 그 브랜드의 역사와 철학에 대해 깊이 알게 되면, 이는 곧 브랜드에 대한 추억이 됩니다. 그런 자연적인 흐름이 만들어지도록 잡지를 구성하고 있는데 세부적인 부분은 매번 달라져요. 한 권을 끝까지 다 읽고 나면 책을 한 권 읽었다기보다는 영화를 한 편 본 것같이 느껴지도록 구성하려고 하죠. 그래서 저희는 스스로를 '브랜드 다큐멘터리 매거진'이라는 이름으로 부르고 있어요. 제작 과정은 다른 잡지와 비슷할 거라고 생각해요. 기획 회의를 하고 자료를 모으고 브랜드가 결정되면 취재 대상을 찾아서 취재하고 촬영합니다. 그다음 취재해온 자료를 편집하고요. 제작 과정은 아주 평범하죠.

→ **극히 사소한 부분인데요, 〈매거진 B〉 표지에는 매번 특집 브랜드의 로고가 들어가잖아요. 취재를 허가해주지 않는 경우 이 로고도 허가받지 않고 사용하는 건가요?**
그렇게 되는 거죠. 취재 허가를 받은 경우여도 유명 브랜드는 일반적으로 로고 사용 방법에 엄격한 규정이 있지만, 〈매거진 B〉에

**상품이나 광고에 대한
이야기는 제삼자의 말이
훨씬 믿을 만하지 않나요?**

서는 그러한 규정에 따르지 않는 특집이 많이 있어요. 예를 들어 에어비앤비의 로고는 원래 빨간색이죠. 하지만 만약 규정에 따라 빨간색 로고를 표지에 넣으면 독자가 에어비앤비에서 나온 책이라고 생각할 가능성이 있어요. 저희는 어디까지나 〈매거진 B〉로서 저희들이 본 에어비앤비라는 브랜드를 다루고 있습니다. 그래서 로고의 위치나 크기도 〈매거진 B〉의 규칙에 따르는데, 구체적으로 말씀드리면 로고 색은 흰색이나 검은색으로 통일하고 적절한 곳에 배치해요.

→ **일본인의 사고방식으로는 애초에 그런 일은 불가능하다고 생각할 것 같아요.**
물론 저희도 처음부터 쉽지는 않았고 무섭기도 했죠. 초기에는 규모나 판매 부수가 적었는데 최악의 경우 발매 중지까지 각오하고 있었어요. 잡지에 악의가 담겨 있거나 명백하게 잘못된 정보 또는 신뢰할 수 없는 정보를 싣게 되면 비난도 받겠죠. 어떤 브랜드에도 결점은 있을 수 있으나, 저희는 훌륭한 브랜드에도 결점이 있다는 전제 아래 브랜드의 긍정적인 면을 전하고자 하는 마음으로 만들기 때문에 잡지가 발간된 뒤에 크게 문제가 됐던 적은 없어요. 이를 위해 내부적으로 몇 번씩 확인하고 교정을 보죠. 브랜드 회사에 직접 취재를 가고 친밀한 관계를 형성한 경우에는 본사에 관련 내용을 직접 확인해달라고 요청드릴 때도 있어요.

에어비앤비 로고를 검은색으로 바꿔 표지에 넣었다.

회사의 입장에서는 직접 잡지를 제작하면 더 좋게 만들 수 있다는 생각을 할 수도 있겠죠. 하지만 요즘 세상에는 정보가 넘쳐나요. 상품이나 광고에 대한 이야기는 회사가 자기 입으로 말하는 것보다 제삼자의 말이 훨씬 믿을 만하지 않나요? 실제로 다양한 브랜드가 직접 광고성 정보를 발신하지만 요즘에는 아무도 그런 정보를 보지 않는 것 같아요. 그렇기 때문에 더더욱 〈매거진 B〉가 기업의 광고 잡지처럼 보이지 않도록 주의하고 있어요. 이건 브랜드 카탈로그가 아니냐는 지적을 받은 적도 있고, 광고 요소를 완전히 제외하기란 쉽지 않은 일이거든요. 그럼에도 저희는 '이 잡지는 어디에서부터 어떻게 봐도 〈매거진 B〉다' 라고 생각할 수 있도록 확립된 톤 앤 매너Tone & Manner와 흔들리지 않는 시점을 가지고 편집하는 것을 늘 마음에 새기고 있습니다.

먼저 브랜드의 본질을 전하는 것

전에 일본에서 〈매거진 B〉를 진열해주시는 츠타야 서점의 담당 매니저님을 취재할 기회가 있었어요. 그분의 말씀에 의하면 처음에는 인기 있는 브랜드 특집만 팔릴 거라고 생각했는데 실제로는 "〈매거진 B〉 최신호 나왔어요?"라는 문의도 있었다고 해요. 〈매거진 B〉가 이전에 다루었던 브랜드에 관심을 가진 독자도 많고 판매 부수도 브랜드별로 거의 차이가 없다고 하더라고요. 이러한 현상은 '〈매거진 B〉다운 것'이라는 점이 전면에 드러났다는 증거라고 생각해요. 초기에는 "왜 이 브랜드를 선정했나요?"라는 질문을 많이 들었지만 최근에는 "이 브랜드는 〈매거진 B〉와 잘 어울리네요"라는 말씀을 많이 듣거든요. 〈매거진 B〉 스타일에 대한 독자들의 공감이 확산되고 있는 거겠죠.

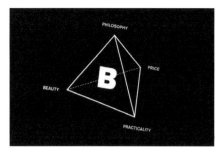

〈매거진 B〉를 구성하는 네 가지 요소

에어비앤비 편에서는 '숙박'이 아니라 '사람과 여행'에 초점을 맞췄다.

많은 서점에서 저희 잡지를 다루는 코너를 만들어주시기도 해서 과월호도 계속해서 팔리고 있어요. 월별 매출을 살펴보면 매출의 반을 최신호가, 나머지 반을 과월호가 차지해요. 창간호는 아직도 판매가 좋고요.

→ **특집으로 다룰 브랜드를 정하는 기준은 뭔가요?**

'아름다움BEAUTY', '실용성PRACTICALITY', '가격PRICE', '철학PHILOSOPHY'. 이 네 가지 요소를 갖추고 동시에 네 요소의 균형이 좋은 브랜드를 취재합니다. 다만 이 기준은 어디까지나 이론일 뿐이고, 실제로는 수많은 브랜드를 하나하나 검토하면서 선정하지는 않아요. 결국은 〈매거진 B〉를 만들고 있는 사람들이 공감하고 모두가 좋다고 느끼는 브랜드를 선정하는 거죠. 예를 들어 제가 회의에서 최근 좋아하는 브랜드를 언급하며 "어떻게 생각하세요?"라고 물어보면 직원들이 각자 다양하게 조사해서 옵니다. 이 브랜드는 〈매거진 B〉에 어울리는가, 지금까지 다

뤄왔던 브랜드와 조화로운가. 이런 점을 내부에서 여러 차례 논의한 뒤에 정하는 거죠.

→ **역사 있는 브랜드만 고집하는 것이 아니라 새로운 사회 현상이 된 에어비앤비처럼 동시대성이 있는 브랜드도 발 빠르게 다루고 있군요.**

2008년에 런칭한 에어비앤비는 전 세계의 많은 IT벤처가 주목한 공유 경제 서비스의 하나로서 '숙박'을 주된 무대로 활약해왔어요. 에어비앤비를 다뤄야 하는가 아닌가에 대해서는 저희도 조금 검증 과정이 필요했죠. 만약 에어비앤비가 숙박을 주요 사업 종목으로 하는 셰어 비즈니스만 계속했다면 특집 후보에서 탈락했을 거예요. 하지만 지금의 에어비앤비는 전 세계 200만 명에

이르는 '현지 사람'이라는 콘텐츠를 가지고 있으며 그 인적 자원을 활용해서 새로운 여행의 방식을 제안하는 브랜드로서 기업의 가치를 발전시키고 있어요.

예를 들어서 제가 도쿄에 여행을 간다고 해볼까요? 물론 한 손에는 도쿄 가이드북을 들고 가겠죠. 하지만 가이드북이 아무리 잘 만들어졌어도 제가 아야메 씨나 우치누마 씨에게 연락을 하고 도쿄에 놀러 가는 것과는 비교할 수 없을 거예요. 왜냐하면 두 분은 현지 사람만 아는 가게에 데려가주실 테니까요. 저는 한국에 돌아와서 지인에게 "일반 사람들과는 다른 여행을 하고 왔다"고 자랑할 수 있는 거죠. 에어비앤비의 가치는 거기에 있어요. 그러니까 실제로 에어비앤비 특집호에서는 숙박보다도 여행에 대해 많은 페이지를 할애했어요. 다른 잡지에서 에어비앤비를 다룬다면 '파리에는 이런 집이, 도쿄에는 이런 집이 있습니다' 하는 숙박 정보를 주로 싣겠지만, 에어비앤비라는 브랜드의 본질을 소개하는 〈매거진 B〉에서는 집이 아니라 여행 방식에 대해서 이야기해야 한다고 생각했어요.

→ **당연하겠지만 여러 특집을 동시에 만들고 계신 거죠?**

네, 맞아요. 간행 순서는 대략 정해놓고 있지만 사전 조사도 필요해서 잡지 발행 준비는 대체로 동시에 진행하고 있어요. 다만 책을 마무리하는 한 달 동안은 브랜드 하나에만 집중합니다. 요리와 비슷해요. 여러 요리의 재료 준비는 한 번에 하고, 불을 켜고 나면 음식 하나를 단번에 조리해서 한 접시를 제공하는 느낌이죠. 처음에는 다뤄야 할 브랜드 후보가 많이 있어서 그 브랜드를 순서대로 요리하는 느낌이었죠. 하지만 이제는 〈매거진 B〉는 다음에 어떤 브랜드를 다룰까?' 하는 독자의 기대감도 있어서, 지금이 시대에 어떤 브랜드가 공감을 얻는가에 대한 물음을 고민하게 되었어요. 그런 의미에서 2015년에 발간된 츠타야TSUTAYA 편(제37호)은 좋은 타이밍에 나온 특집이었죠. 잡지를 준비하던 시기에 마침 츠타야 가전 1호점이 오픈했거든요. 오픈 첫날 어수선한 분위기 속에서 마스다 사장님과 인터뷰했던 기억이 있네요.

일본도 마찬가지겠지만 한국에서도 출판업계의 매출은 점점 떨어지고 있어요. 하지만 여전히 많은 사람이 종이책에 대한 애착을 가지고 있죠. 츠타야 편을 통해 일본에서는 책을 파는 서점이 비즈니스로 아직 성립하고 있다는 사례를 보여줌으로써 사람들을 응원했던 측면이 있어서인지 독자의 호응이 무척 좋았어요. 츠타야 편을 보고 일본의 다이칸야마 츠타야 서점에 간 한국인이 꽤 늘었다고 하더라고요. 그만큼 걱정이 되는 면도 있지만요…….

제37호 츠타야 편은 한국 출판계에서도 화제가 되었다.

→ **츠타야 특집은 한국 서점 어디를 가도 있
더라고요. 그런데 어떤 점이 걱정되신다는 건
가요?**

츠타야 서점을 '이 스타일이라면 먹히겠다'
며 일종의 유행하는 비즈니스 모델로 안이
하게 받아들이는 사람이 있는 것 같아요. 츠
타야 서점은 인테리어가 멋진 유명한 서점
이라는 점뿐만 아니라 T포인트나 T카드처
럼 회원제 포인트 카드라는 인프라적인 비
즈니스에 의해 유지되는 면도 있고, 콘텐츠
에 돈을 지불하는 일본인의 문화를 근간으
로 성립하고 있죠. 이러한 점이 한국으로
넘어오면서 표면적인 스타일만 받아들여서
본질을 흐린다는 느낌을 받을 때가 있어요.

잡지를 통해 사람들에게 생각을 전달하는
일이 어렵다는 점을 새삼스럽게 실감했죠.

→ **기업에서 먼저 자신들의 브랜드를 다뤄달라
는 요청을 한 적은 없나요?**

많이 있지만 주로 거절하는 편이에요. 다른
브랜드를 선정할 때와 마찬가지로 여러 번
검토한 후에 다뤄도 좋겠다고 판단했을 때
에는 받아들이죠. 다만 그 경우에도 결코 금
전적인 지원을 받지는 않아요. '광고 없는
잡지'라고 말한 그대로죠. 어디까지나 〈매
거진 B〉에 어울리느냐가 최우선 판단 기준
으로, 그렇지 않은 경우 아무리 돈을 많이
낸다 해도 다루지 않아요. 가끔 취재에 적

합하다고 판단될 경우에 보다 나은 지면을 구성하기 위해 해외에 있는 본사의 취재 여비 등 제작 비용을 지원받을 때는 있지만요.

잡지를 만든 후에 브랜드와 컬래버레이션하기도 해요. 반스VANS와는 반스 인기 모델 올드 스쿨의 컬래버레이션 신발을 만들어서 이익을 공유했고, 이솝과는 서울에서 전개하는 사업에 대해 크리에이티브 관점에서 컨설팅을 해주고 있어요. 앞으로 브랜드와의 시너지 효과를 점점 크게 만들어가고 싶어요.

브랜드 취재 이후의 성장도 추적한다

→ 〈매거진 B〉 이외에 〈B:ALANCE〉도 내고 계신데 이건 어떤 잡지인가요?

브랜드는 어느 한 점에 머무르지 않고 끊임없이 성장하고 계속 변화한다고 생각해요. 하지만 〈매거진 B〉의 콘셉트상 한 번 다룬 브랜드를 다시 특집으로 소개하기는 어렵죠. 이 잡지는 '밸런스'라고 발음하는데요, 이 〈밸런스〉라는 별도 미디어를 만들어서 〈매거진 B〉에서 소개했던 브랜드가 취재 이후에 어떻게 변화했는지 추적하고 있어요. 새로운 콘셉트의 가게나 상품 라인을 만들었다는 소식부터 회사가 투자를 받거나 합병됐다는 뉴스까지 실어서 신문과 비슷한 느낌의 미디어로 만들었죠. 언어는 영어로 발행하고 있어요. 잡지의 중간 부분에 메인 기사인 '스페셜 인터뷰Special Interview'가 있는데요, 여기에는 큰 변화가 있었던 브랜드를 선택해서 싣기 때문에 정기적으로 간행하지 않고 1년에 한두 번 정도 내고 있어요. 잡지를 내기 위해서 무리하게 정보를 모으는 것이 아니라 꼭 전할 만한 정보가 모였을 때 내기 때문이죠. 이러한 제작 동기가 이 잡지를 사는 필연성이 되기도 합니다.

최신호(2016년의 제2호)에 나오는 브랜드는 〈매거진 B〉 창간호에서 다루었던 프라이탁으로, 원래는 트럭 천막을 재활용한 메신저백을 주로 만들던 회사였는데 최근에는 환경을 고려한 신소재를 사용해서 의류를 만들고 있어요. 창업자 형제 중 한 명인 다니엘 프라이탁을 만나 이러한 변화가 브랜드에는 어떠한 의미인지 이야기를 들었어요. 저희가 처음에 취재했던 바로 그 장소에서 지난 4년간의 발자취에 대해 깊이 있는 대화를 나누었죠.

〈매거진 B〉가 파타고니아를 다룰 때에는 40년의 긴 역사 속에서 조성되어가는 가치에 초점을 맞추게 되지만, 〈밸런스〉에서 이야기를 들을 때에는 2016년의 파타고니아라는 현재에 관련된 이슈에 집중합니다. 과정과 현재라는 두 가지 시간 축을 다루기 위해서 〈밸런스〉라는

〈밸런스〉 제2호에서는 〈매거진 B〉 창간호에서 다루었던 프라이탁을 다시 취재했다.

매체도 필요한 거죠.

→ 브랜드의 변화를 전달할 목적이라면 더욱이 온라인으로 발신하는 편이 나을 것 같은데, 종이 매체를 선택한 이유는 뭔가요?

"츠타야의 새로운 점포가 만들어졌어요" 같은 '가벼운' 정보라면 페이스북이나 인스타그램, 트위터 등으로 발신하는 것도 방법이겠죠. 그러나 저희는 좀 더 능동적으로 정보를 필요로 하는 사람들에게 발신하고 싶었어요. 예를 들어 전단지를 배포한다고 해보죠. 100만 장을 찍어서 100만 명에게 배포를 하면 100만 명의 손에는 분명 전단지가 들려 있을 거예요. 하지만 원하지 않는 정보이기 때문에 대부분의 사람들은 전단지를 버립니다. 무엇을 읽었는지도 잊어버리겠죠. 그렇다고 한다면 단 1천 명이라 해

도 자신이 무엇을 사는지, 왜 사는지 그 이유를 제대로 알고 싶어 하는 소수가 더 중요하다고 보는 거예요. 그러한 1천 명에게 전달되면 보다 임팩트도 있겠죠. 실제로 〈밸런스〉의 발행 부수는 1천 부보다 많지만요. 〈매거진 B〉보다는 적긴 합니다.

→ 보통 잡지가 무언가를 지속적으로 추적하는 일이 불가능한 이유는 세상이 요구하는 '새로움'을 계속 만들어내야 한다는 문제도 있다고 생각해요.

그러한 현실적인 문제가 있죠. 저희도 물리적인 한계 때문에 〈밸런스〉는 1년에 1~2회만 발간하게 되었어요. 〈밸런스〉를 담당하는 인력을 따로 두고 싶지만 회사 사정상 아직 불가능하거든요. 하지만 〈밸런스〉라는 미디어를 계속 발행하는 일은 단순히

→ 170

(Publisher)

〈매거진 B〉의 자매지라는 의미 이상이라고 생각해요. 저희는 브랜드를 다루고 있는 잡지에요. 브랜드라는 것은 처음에 좋은 제품을 만드는 것이 당연히 중요하지만, 처음 만든 제품을 어떻게 개선하고 성장시키는가 하는 점이 더욱 중요해요. 그래서 어렵기도 하고요. 사람과 마찬가지로 브랜드도 아무리 좋은 부모에게 태어나도 방치해두면 제대로 자라날 수 없죠. 〈밸런스〉는 길게 잡아도 아직 4살이지만, 〈매거진 B〉에서 몇 년 전에 한 번 다뤘던 브랜드라 해도 계속 관심을 가지고 브랜드의 성장을 지켜보는 마음으로 만들고 있어요. 동시에 〈밸런스〉 발간은 미디어의 본질에 대해서 고민한 결과이기도 해요. 새로움이라는 가치만 있는 정보는 순식간에 소비되고, 소모되고, 소멸해갈 뿐이니까요.

→ **그러한 부분에 미디어로서의 책임을 느낍니다. 이는 취재한 브랜드에 대한 책임이며 독자에 대한 책임이기도 하고 한발 더 나아가 사회에 대한 책임과도 이어진다고 생각해요.**

이해해주시니 무척 기쁘네요. 그러한 의미에서는 〈매거진 B〉도 아직 미디어로서의 책임을 완전히 지거나 지속적으로 브랜드를 추적하지는 못해요. 그래서 〈매거진 B〉를 애독해주시는 독자들과 만났을 때 저는 이렇게 말해요. 정말로 브랜딩에 흥미가 있다면 〈매거진 B〉를 50권 읽기보다는 자신이 좋아하는 브랜드를 두어 개 골라서 오랜 기간 동안 관찰하는 게 낫다고요. 이것이 진정으로 브랜딩을 배우는 방법이라고 생각해요.

잡지를 다시 정의하다

───────

→ **앞으로 〈매거진 B〉를 어떻게 만들어가고 싶으세요?**

창간호와 최신호를 비교해보면 브랜드를 바라보는 태도에는 변함없지만 책으로서의 완성도는 높아졌어요. 매호 진화를 거듭한 결과죠. '진화'라고 하면 사람들은 새로운 것이 오래된 것을 몰아내는 이미지를 떠올리는데요. 실제로는 오래된 것도 새로운 것과 함께 진화한다고 생각해요. 넷플릭스Netflix를 예로 들 수 있는데요. 한때는 온라인에서 다양한 영상을 볼 수 있기 때문에 TV가 없어질 거라고 했지만 실제로 없어지지는 않았어요. 지금 넷플릭스가 하고 있는 일은 오리지널 콘텐츠 제작을 비롯해 TV가 했던 방법을 사용하고 있죠. 역으로 TV가 넷플릭스의 영향을 받아 역할의 변화가 생기기도 하고요. 종이 미디어에서도 이와 같은 현상이 나타난다고 할 수 있는데, 디지털 미디어가 새롭게 등장해도 온라인으로 모든 것이 옮겨가거나 흡수된 것은 아니었어요. 오히려 디지털 미디어의 영향으로 종이 매체의 형태나 역할에 새로운 가능성이 열렸다고 할 수 있죠. 이러한 의미에서 〈매거진 B〉는 종이 잡지로서의 대안을 제시할 생각이에요. 사진과 글이 담긴 레이아웃이나 전체 구성 등을 좀 더 진화시켜서 '하나의 영상을 읽는다'는 감각으로 받아들여지도록 만들고 싶어요. 즉 종이를 '읽는' 것과 영상을 '보는' 것의 중간을 체험하도록 하고 싶은 거죠. 저희는 비록 작은 잡지이지만 종이에서 소리가 들리고 냄새가 나는 것 같은 감각을 독자가 느낄 수 있도록 여러 가지로 실험해보고 싶어요.

→ 요즘에 나오는 일본 잡지는 모두 비슷비슷해서 재미없어졌다는 평가를 받고, 실제로 판매 부수도 줄어들고 있어요. 잡지를 새롭게 구성하고자 하는 젊은이가 와서 편집장님께 조언을 구한다면 어떤 말씀을 해주실 건가요?

이제까지 〈매거진 B〉가 기존의 잡지와는 다른 길을 걸어온 취지에 대해 말씀드렸지만, 이는 단지 특이한 형태로 만들고 싶다거나 특별해지고 싶다는 이유에서가 아니에요. '잡지는 이러한 것을 다뤄야 한다', '편집에는 이런 사람이 종사해야 한다', '유행은 이래야 한다', '광고는 이렇게 찍어야 한다' 같은 기존의 잡지 제작 방식을 답습하는 것은 좋지 않고 전부 부정하는 것도 비생산적이죠. 전례를 하나씩 검토해보면서 좋은 것은 받아들이고 쓸데없는 것은 빼면 됩니다. 이렇게 생각을 쌓아가다 보면 새로운 아이디어를 발견할 수 있는데, 새로운 잡지는 이러한 발견의 결과로 만들어지는 거죠. 즉 이제부터 필요한 것은 잡지를 다시 정의하는 일입니다. 21세기는 '재정의 사회'가 되리라고 생각해요. 카페도 꽃 가게도 왜 이제까지와 같은 형태로 이제까지와 같은 장소에 만드는 걸까요? 전부 다시 정의함으로써 가능성을 만들어낼 수 있지는 않을까요?

〈매거진 B〉는 2013년 칸국제광고제 디자인부문 은사자상을 수상했다.

취재 후 9개월 사이에 6권이 추가로 발간되었다.

제50호 기념호는 서울 특집이었다.

저희도 지금의 방식대로 〈매거진 B〉를 계속 발간하는 일 자체를 고집하고 있지는 않아요. 양보할 수 없는 점은 어떤 대상이든 브랜딩 관점에서 바라보는 태도죠. 지금은 그러한 관점을 책이라는 형태로 표현하고 있을 뿐이에요. 일하는 사람은 소수이지만 저희가 브랜드를 보는 관점에 공감하고 협업해주실 분이 나타난다면 출판이라는 형태를 넘어서 공간이나 가게를 만들 수도 있겠죠. 아직 어떤 형태가 될지는 모르지만 무엇을 하고자 하든지 지속적으로 같은 태도로 해나가는 것이 중요합니다.

→ **마지막으로, 〈매거진 B〉의 일본판을 내실 생각은 있으세요?**

그야말로 바라는 바입니다. 실은 전에 일본의 대형 출판사와 이야기가 진행되었던 적이 있었어요. 50호 정도 발간된 전권을 모두 계약하는 것은 어려워서 우선은 과월호 중에서 일본 분들이 받아들일 것 같은 브랜드를 몇 개 골라서 일본어판으로 출간한다는 계획이었는데 결국 이야기가 잘 마무리되지는 않았죠. 좋은 파트너가 있으면 부디 소개해주세요. 일본에는 자기 나름대로의 기준으로 소비 활동을 하고 있는 분이 많은 것 같거든요. 새로운 만남을 기대하고 있겠습니다.

인터뷰 이후에 이 책의 제작이 마무리가 될 즈음 최태혁 편집장이 보낸 이메일을 받았다.

2017년에 제이오에이치를 나왔어요. 〈매거진 B〉는 다른 편집자가 이어받아 계속 만들고 있습니다. 저 나름대로 계획하는 바가 있는데 조금 더 구체적이 되면 또 연락드리겠습니다.

→ **Magazine B 매거진 B**
서울시 용산구 한남대로 20길 21-18
02-540-7435
magazine-b.com

BOOK → REVOLUTION → SEOUL
IN

→ (Bookstore)

ALADIN

PARK TAEKEUN

13.

편집의 힘으로 독자와 책의
거리를 좁히는 온라인 서점 인문 MD

→ (Interview)

박태근

Aladin 알라딘 인문 MD

1981년 서울 출생

──────→　한국에는 아마존이 없는 대신 몇 군데의 온라인 서점이 서로 경쟁하고 있다는 말을 들었지만, 만나는 서점 직원이나 편집자의 입에서 나오는 이름은 언제나 '알라딘'이었다. 《책의 역습》한국어판에 추천사를 써준 이도 알라딘 MD 박태근 씨였다. 박태근 MD와는 개인적으로 SNS로 소통하고 있다. 박태근 MD처럼 '얼굴이 알려져 있는 온라인 서점 직원'이 일본에는 있을까. 알라딘 본사를 방문해보니 질서 정연한 일반적인 IT 회사들과는 전혀 다른 풍경이 펼쳐져 있었다.

독자적으로 굿즈를 만들어서 팔고 싶은 책을 응원한다

먼저 《책의 역습》 한국어판에 추천사를 써주셔서 감사합니다. 이렇게 써주셨죠.

출판사 담당자가 가장 많이 묻는 질문은 "무얼 하면 효과가 있을까요?"다. 가능한 방법을 설명하면서도 속으로는 "하고 싶으신 게 무엇인지요?"를 웅얼거린다. 질문과 대답의 방향이 다르니 대화는 어긋나기 일쑤다. 평행선을 유쾌하게 기울여 새로운 교차점을 만드는 저자의 솜씨가 놀랍고 부럽다.

저야말로 멋진 책을 써주셔서 감사해요. 저는 원래 출판사에서 일을 했어요. 교양 관련 도서를 출간하는 휴머니스트라는 출판사에서 인문서 편집을 했죠. 대학을 나오고 나서 4년 남짓 휴머니스트에서 일했는데, 새롭게 생긴 책의 공간 온라인 서점에서 편집자로서 새로운 일을 만들어볼 수 있지 않을까 싶은 기대로 2010년 3월에 알라딘에 입사했어요. 1999년 설립된 알라딘은 올해(2016년)로 17년째를 맞이합니다. 온라인 서점인 예스24가 만들어진 것도 비슷한 시기였죠.

→ 한국에는 아마존이 없는데요, 진출하지 않는 이유가 있는 걸까요?

영미권과 다른 방식의 유통 구조 그리고 도서정가제 등이 고려 사항이 아니었을까 싶습니다. 시장 규모도 주요한 조건이었을 테고요. 또한 한국의 온라인 서점은 주문하면 그날 안으로 책이 도착하는 배송 시스템이 구축되어 있다는 점도 종이책 시장 진출에는 영향을 미쳤으리라고 봅니다. 전자책은 달리 판단해야겠지만요. 물론 한국 출판업계가 신규 참가자에 대해서 보수적이라는 이유도 있고요.

알라딘이라는 이름에는 '손님의 꿈을 이루어준다'는 뜻이 있다.

2017년 5월의 알라딘 홈페이지 메인 화면

저희도 처음 시작할 때 출판사와 거래를 트기 힘들었어요. 온라인 서점이라는 새로운 유통 방식의 등장, 전자 상거래가 활성화되지 않은 상황, 그리고 앞서 말했듯 새로운 참가자에 보수적인 분위기 속에서 알라딘의 초기 시장 진입 역시 쉽지 않았죠. 현재 저희는 도매상하고만 거래하는 출판사 이외에는 대부분 직거래를 하고 있어요.

→ **본격적으로 질문드리기에 앞서, 한국 온라인 서점의 현황에 대해 말씀해주실 수 있나요?**
한국 온라인 서점은 크게 네 군데가 있어요. 가장 규모가 큰 곳은 에스24, 공동 2위는 인터파크와 대형 서점 교보문고의 온라인 부문, 마지막으로 알라딘이죠(2014년 매출액은 에스24가 4,465억 원, 인터파크가 2,000억 원, 교보문고가 1,956억 원, 알라딘이 1,568억 원이다. 〈2015년 한국출판연감〉 참고). 가장 큰 에스24는 그 규모가 나머지 세 군데 온라인 서점 각 규모의 2배 이상이고, 경제·경영 도서에 강해요. 인터파크는 공연, 여행 상품도 판매하는 종합 온라인 쇼핑몰 안에 서점이 들어가 있는 경우입니다. 그러다 보니 고객 구성에서 일반 서점과 차이가 있고, 특히 유아·아동 분야의 책이 강세입니다. 온라인 교보문고는 오프라인 대형 서점이 모체로, '바로드림 서비스(온라인에서 도서 재고를 확인하고 결제하면 한 시간 이후에 오프라인 서점에서 도서를 받아갈

수 있는 시스템. 최근에는 현장에서 앱으로 구매하고 바로 도서를 찾아갈 수도 있다.)' 등 오프라인 매장과 연계한 서비스가 강점입니다. 저희 알라딘은 문학과 인문서가 강점으로, 독자와의 거리가 가장 가까운 온라인 서점이라고 생각해요.

→ **독자와 서점의 거리가 가깝다는 말은 어떤 의미일까요?**
2000년부터 현재까지 알라딘이 운영한 블로그 서비스 '알라딘 서재'에 독자들이 서평을 많이 써주셨어요. 소설이나 인문서를 좀 읽는다는 사람들은 알라딘의 서재에서 의견을 나눈다고 입소문을 타며 유명해졌는데, 이 블로그를 통해 저자로 데뷔한 사람이 있을 정도죠. 지금은 독자가 SNS로 이동하고 있기 때문에 조금 사그라졌지만 이 블로그의 영향인지 지금도 트위터나 페이스북에서 이벤트를 공지하면 가장 반응이 좋은 곳이 알라딘이에요.
책의 접근성에 대해 말씀드리면, 한국 대형 출판사의 책은 모든 온라인 서점에서 팔고 있어요. 여기에는 있는데 저기에서는 못 찾겠다는 경우는 없죠. 그런데 특정한 출판사나 도서들, 특히 독립출판사와 독립잡지 등은 대형 서점 가운데 알라딘에서만 판매가 되는 경우가 꽤 됩니다. 앞서 말씀드린 독자 취향도 이유겠지만, 거래나 계약 조건이 유연하다는 점도 영향을 미쳤을 겁니다.

알라딘은 독자와의
거리가 가장 가까운
온라인 서점이라고 생각한다.

제가 하는 일은 MD(머천다이저) 업무예요. 다른 인터넷 서점도 그렇지만 알라딘이 다루는 책의 분야는 보통 서른 개의 장르로 나뉘는데, 저는 그중에서 인문, 사회, 역사, 과학 분야를 담당하고 있어요. 책을 선정하고 매입하는 일은 물론이고 책을 팔기 위한 다양한 프로모션을 기획하고 있습니다. 요즘 알라딘에서는 도서관과 컬래버레이션해서 다양한 일을 하고 있어요. 도서관에서 '인문학 스터디'라는 강연회도 1년에 100회 정도 개최하고 있죠. 실질적인 이익이 생기지는 않지만 책을 소재로 한 강연회를 진행하기도 하는데, 강연회장이 책에 흥미를 가진 사람들이 모이는 장소가 되기도 합니다. 독자와의 거리를 좁히는 것을 가장 우선시하는 알라딘으로서는 계속 개최해야 할 행사죠. 이런 행사가 결론적으로 장래의 비즈니스와 이어지면 좋고요.

→ 알라딘이 출판사에 연락해서 책의 굿즈를 마음대로라고 할까(웃음), 직접 만들었다는 이야기를 듣고 놀랐어요.

굿즈의 기획·제작도 MD의 일이에요. 매월 회사 전체 규모의 이벤트나 책의 장르별 이벤트를 진행하고 있어요. 굿즈 제작 자체는 5~6년 전부터 하고 있었지만 독자에게 굿즈를 발송하는 이벤트로 정착한 건 1년 반 전부터예요. 회사 전체 규모에서 진행하는 이벤트란 5만 원 이상 책을 사면 포인트가 쌓이고 그 포인트를 사용해서 굿즈를 받을 수 있는 특전을 말해요. 포인트를 차감하는 이유는 굿즈 제공 시 포인트를 차감하지 않으면 도서정가제에 걸리거든요. 어떤 특정한 책 한 권을 구매할 때 굿즈를 받을 수 있는 이벤트는 무라카미 하루키의 책처럼 베스트셀러가 될 만한 경우에 진행해요. 그 외에는, 예를 들어 과학 분야의 굿즈라고 하면 책과 직접 관련이 없어도 과학 콘텐츠와 관련 있는 굿즈를 만들기도 해요. 원소주기율표를 인쇄한 마우스패드나 책갈피, 에코백을 만들기도 하죠.

굿즈 중에서 유명한 건 베개예요. 말 그대로 '책베개'죠. 책과 연관된 상품은 평소에도 열심히 조사하고 있는데요. 언젠가 다른 업종 상품 중에서 책으로 만든 베개를 발견했어요. 한국에도 '두꺼운 책은 베개 대신에 쓴다'는 농담이 있어서 시험 삼아 만들어보자고 생각했죠. 먼저 책베개로 만들 대상 도서 네 권의 표지를 사용해서 네 종류의 책베개를 제작했는데 네 권 모두 베스트셀러가 되었어요. 오카자키 다케시 씨의 《장서의 괴로움(정은문고)》은 이벤트 하기 전과 비교해보면 매출이 2~3배나 늘었고 종합

순위 10위까지 올라갔어요. 이러한 판매 성과가 저자의 다음 책 번역 출간에 긍정적인 영향을 주기도 합니다. 그다음부터는 출판사 쪽에서 먼저 같이 굿즈를 만들어보자는 제안이 많이 왔어요. 굿즈 제작비는 기본적으로 출판사와 알라딘이 반씩 부담합니다.

→ **베스트셀러가 된 책의 굿즈를 만들기보다는 팔고 싶은 책이 있어서 굿즈를 만든다고 할 수 있겠네요.**

그렇죠. 책 속의 문장을 인용하거나 표지를 사용해 굿즈를 만드는데 저희가 지키는 첫 번째 원칙은 굿즈에 활용하는 문장이나 표지가 독자에게 의미가 있어야 한다는 점입니다. 그래서 고전문학에서 인용한 문구를 활용한 굿즈도 많아요. 최근에 만든 굿즈를 예로 들면 사회학 분야에서 계속 화제가 되고 있는 페미니즘에 관한 책을 더 알리고 싶어서, 특정한 책이 아니라 과거의 페미니즘 운동 슬로건을 인용해서 머그컵이나 물병, 키홀더 같은 굿즈를 만들었어요. 그 결과 현재 사회학 분야의 베스트셀러 10위 중에 다섯 권이 페미니즘에 관련된 책이에요. 그중 록산 게이의 《나쁜 페미니스트(사이행성)》는 책 전체 매출의 절반이 알라딘에서 나갔어요.

→ **굿즈를 받기 위해서는 대상 도서인 페미니즘 책을 사야 하는 건가요?**

네, 대상 도서를 사든가 아니면 대상 도서를 포함해서 일정 금액 이상을 구매하면 받을 수 있는 시스템이에요. 이제는 굿즈를 받기 위한 기준 금액인 5만 원이 '알라딘 통화 단위'라고 불릴 정도로 기본 단위가 되었죠. 그 외에는 아동서 대상 도서 한 권을 포함하여 3만 원 이상 구매하면 캐릭터 굿즈를 받을 수 있어요. 좀 전에 말씀드렸던 회사 전체 규모의 이벤트를 예시로 들면, 이벤트 대상 도서 중에서 한 권을 포함해서 5만 원 이상 구입하면, 봄에는 돗자리, 장마철에는 알라딘이 제작한 오리지널 우산 등을 선물로 드리는 식이죠.

알라딘의 굿즈는 대상 도서의 내용과 깊은 연관이 있다.

《장서의 괴로움》 표지로 만든 책베개

이렇게 굿즈를 만드는 구조를 서점에 도입한 곳은 알라딘이 처음이에요. 반복해서 언급하게 되는데 도서정가제에 대한 대응책인 거죠. 이전에는 쿠폰이나 캐시백, 마일리지 등 현금에 가까운 선물로 환원이 가능했지만 2014년 도서정가제 개정 이후부터 할인 10퍼센트에 포인트 5퍼센트로 할인 상한선이 최대 15퍼센트가 되었어요. 그래서 프로모션의 선택지로 굿즈를 드리는 방법, 즉 물품으로 환원하는 방법밖에 없었던 거죠.

알라딘 굿즈가 다른 회사의 굿즈보다 평가가 좋은 이유라고 한다면…… 단순히 실용적인 경품이라기보다는 책을 좋아하는 사람들이 원할 만한 물품을 만들기 때문 아닐까요? 겉보기에는 책인데 책장을 열어보면 램프가 되는 북램프도 무척 인기 있었고, 독서를 할 때 다리를 편하게 올릴 수 있는 쿠션도 좋은 평을 받았어요. 실용성을 따지기보다도 독자의 욕구를 살피고 있어요. 그러니까 굿즈도 책과 독자 사이의 거리를 좁히는 하나의 방법인 거죠.

책에 관한 책을 편집함으로 독자의 기대에 부응하다

→ **굿즈 이외에도 책을 팔기 위해 노력했던 부분이 있나요?**

먼저 웹 환경을 정비하는 데에 공을 들였어요. 한국의 일반적인 결제 시스템은 이용하기 불편한데 모두 불평하면서도 참고 있었거든요. 그래서 알라딘은 독자들이 보다 결제하기 쉽도록, 변화하는 웹 환경을 적극적으로 수용하고자 했습니다. 조금 이야기가 확장되지만 좀 전에 말씀드렸던 페미니즘 책의 판촉처럼 지금 한국 사회에서 문제가 되고 있는 이슈에 대해서 온라인 서점이 목소리를 내고 참여하는 활동에 대해서 독자의 반응이 좋아요. 알라딘은 물론 기업으로서 자본과 수익의 확대를 목표로 하고는 있지만, 사회적으로 활동하는 알라딘을 보고 독자들은 자유로운 진보를 지향하는 서점으로 생각해주신다고 해요.

다른 온라인 서점과 비교해서 저희가 자부하는 점은 '콘텐츠를 중심에 두고 다양한 기획을 시도한다는 점'이에요. 이 《미리 보는 인문 교양》이라는 책에는 2016년 하반기에 국내에서 출간할 예정인 인문과학서 600권의 리스트가 수록되어 있어요. 말하자면 '앞으로 나올 책'의 카탈로그인 셈인데 2013년부터 알라딘이 독자적으로 만들고 있어요. 출판사 130여 곳에서 다음 반년 동안 출간할 책의 정보를 받아서 정리한 뒤에 책으로 만들고요. 상반기 편과 하반기 편은 각각 12월과 6월에 나옵니다. 이 책도 인문서 분야의 굿즈예요. 전자책은 무료로 다운로드 받을 수 있어요.

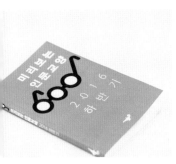

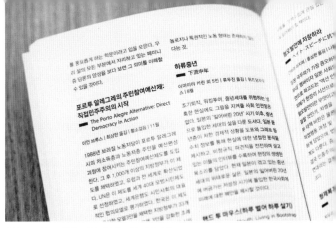

알라딘이 제작한 오리지널 책
《미리 보는 인문 교양》

《미리 보는 인문 교양》에는 일본 번역서도 다수 실려 있다.

→ 영미권 판권 시장에서 볼 수 있는 카탈로그와 비슷한 책 같은데, 직접 제작을 하신다니 멋지네요. 이 책에 실린 예상 출간 도서는 실제로 전부 책으로 나오나요?

이 책에 실린 리스트는 출판사의 목표일 뿐 전부 세상에 나오는 건 아니에요. 인문서에 한해서 목록을 만드는 이유는 경제 도서의 경우 책의 기획이 시의성을 많이 타기 때문이죠. 인문서는 중장기적 출간을 목표로 계획을 세우는 편이어서 6개월 정도의 목록은 미리 정리할 수 있고, 같은 이슈를 다루는 책의 출간 경쟁도 덜한 편이라 출판사들이 정보 공개에도 부담을 덜 느끼는 편이고요. 이 기획은 사람들이 인문서에 더욱 흥미를 갖게 하기 위해 시작했죠. 저희가 더욱 적극적으로 만들었던 콘텐츠를 소개해드릴게요. '철학.책'이라는 프로젝트인데요. 어떤 사람이 니체에 대해 알고 싶어서 어떤 온라인 서점의 검색창에 '니체'라고 입력한다고 해봅시다. 검색 결과로 니체와 관련된 도서 목록이 쭉 나오겠죠. 검색 결과는 판매량이나 발매일 같은 정보로 정렬해서 볼 수 있지만 검색해서 나온 도서가 모두 초심자에게 추천할 만한 책은 아닙니다. 그래서 저희는 유명한 철학자 30인을 선정해서 독자적으로 책 리스트를 만들었어요. 루소에 대해서 알고 싶어서 검색을 하면 여기 보시는 것처럼 추천 도서가 나와요. 그뿐만이 아니라 루소의 인생과 사상을 알 수 있고 다 읽고 나면 그다음은 이 책을 읽으라는 단계적인 북 가이드(물론 클릭 한 번으로 구입 가능)와 이런 분야의 책을 어떻게 읽어야 하는지에 대한 독서법까지 올려두었어요. 이 책을 쓴 사람들은 각 철학자를 전문적으로 연구하는 학자들이에요. 정리한 내용을 종이책으로 만들어서 먼저 굿즈로 드리고 그다음 전자책을 무료로 제공합니다. 철학 분야에 이어서 과학과 역사 분야에 대해서도 같은 서비스를 준비하고 있어요.

덧붙여서 이 책을 소개하고 싶어요. 알라딘이 올해로 창립 17년째를 맞이하여 만든 책으로, 17주년 기념이어서 책 제목이 《열일곱》이에요. '17'을 주제로 해서 1970, 80년대 태어난 한국의 젊은 소설가 17인의 단편 소설을 싣고 있어요. 17년간 산 고양이, 어떤 식당의 17번째 손님, 망한 서점에 있는 17권의 소설 등 다양한 이야기가 담겨 있어요. 이 책도 5만 원 이상 구입하면 받을 수 있는 굿즈예요. 예상하신 대로 전자책은 무료고요(웃음).

→ **다시 말해 알라딘이 책에 관한 책을 편집한 거네요. 그냥 판매해도 될 것 같은데요?**

이런 기획의 목적은 책의 판매가 아니라 독자의 기대에 부응하는 것이에요. 알라딘의 브랜드 이미지가 올라가면 그걸로 된 거죠. 아, 또 하나가 있는데 잊어버리고 있었네요. 홈페이지에서 볼 수 있는 '북 캘린더'와 '책 연표'라는 콘텐츠도 있어요. 북 캘린더에서 오늘 날짜인 7월 26일을 눌러보면 '칼 융과 버나드 쇼 출생'이라는 문구가 보이는데, 내용을 클릭하면 해당 인물에 대한 정보와 관련 도서 목록이 나옵니다. 북 캘린더 화면 오른쪽 위에 보이는 책은 '오늘의 책'이라는 콘텐츠로 작년이나 재작년뿐만 아니라 과거 수십 년 동안의 '오늘'에 출간된 책을 추천하고 있어요.

오늘의 책을 발전시킨 콘텐츠가 '책 연표'

에요. 기원전 9999년부터(웃음) 현재까지의 연표 위에 한국을 비롯한 세계의 문학·정치·경제 분야의 중요한 사건과 인물을 키워드로 정리해 나열했어요. 키워드를 클릭하면 사건의 배경 설명과 관련 도서 목록이 보이고요. 물론 검색도 가능하게 만들어 놨어요. 1950년을 검색하면 먼저 한국전쟁이 나오고 버나드 쇼의 사망이나 일본의 금각사 방화 사건에 대해서도 나와요. 다 해서 1만 건 정도의 데이터가 들어 있어요.

→ **이러한 콘텐츠도 알라딘이 독자적으로 만든 건가요?**

네, 직원이 하나하나 텍스트를 쓰고 있어요. "외부에서 데이터를 사온 거죠?"라는 말도 듣지만 그렇지 않아요. 사건과 관련 있는 책에 대한 지식도 필요하기 때문에 알라딘 직원이 만들 수밖에 없어요. 얼마 전에 토마 피케티의 《21세기 자본(글항아리)》이 화제가 되었는데요. 이 책은 일종의 경제학 논문이라 할 수 있기 때문에 일반 독자가 도전하기에는 어려운 내용일 거라고 생각했어요. 그래서 이 책을 읽기 위한 기초 지식을 정리한 가이드북을 만들었죠. 한국에서 피케티의 책을 읽는 의의라든가 한국의 불평등 실태를 나타내는 인포그래픽도 함께 담았어요. 책의 끝부분에 경제 용어 약 130개를 담은 필수 경제학 용어집을 붙였죠. 이 가이드북도 책을 산 사람만 받을 수 있어요.

《열일곱》은 17주년, 17인의 작가,
17이라는 주제를 의미하는 제목이다.

→ **일본에서는 보통 출판사가 이런 일을 하거든요. 만약에 만든다고 한다면 말이지만요.**

알라딘 내부에서 이런 콘텐츠의 필요성에 대한 이해가 있었고 회사에서 지원도 해주었어요. 저 자신이 편집자 출신이기 때문에 '책을 지원하는 콘텐츠 만들기'라는 방향으로 가게 되는 것 같아요. 생각해보니 이 일도 편집이네요. 편집자에서 온라인 서점 MD로 전직한 사례는 제가 처음이었어요. 당시에는 왜 그런 선택을 했느냐는 말을 많이 들었지만 온라인 서점에도 편집자의 역할이 있으며, 그 역할을 하기에 알맞은 자리가 알라딘에 있다고 생각했어요.

온라인 서점이 오프라인 중고 서점을 시작한 이유

→ **또 하나 놀랐던 점은 알라딘이 오프라인 서점도 운영하고 있다는 사실이었어요. 왜 오프라인 서점도 운영하는 거예요?**

알라딘이 운영하는 중고 서점 말씀하시는 거죠? 물론 매출을 올리기 위해서 하고 있어요. 여기서부터는 제 추측이긴 하지만, 누가 어떤 책을 얼마나 샀으며 어떤 책이 몇 권 유통되고 반품되었는가 하는 데이터, 즉 기존의 중고 서점은 알 수 없었던 다양한 정보를 알라딘은 가지고 있는데요. 그 데이터를 활용해서 새로운 형태의 중고 서점을 만들 수 있겠다고 생각한 것 같아요. 처음에는 알라딘 내부에서도 의견이 갈렸다고 해요. 수익 부분이 논쟁의 중심이었다고 하는데 막상 뚜껑을 열어보니 독자들의 반응이 좋고 중고책 입고도 많이 됐어요. 그래서 오프라인 중고 서점을 늘리고 있죠.

2013년에 서울 종로를 시작으로 지금은 부산과 대구 등 지방 도시로 확산해서 총 28군데에 매장이 있어요. 예스24나 인터파크도 알라딘의 뒤를 잇고 있는데 매장 수는 알라딘이 가장 많아요. 저희는 알라딘이라는 회사가 꽤 알려져 있다고 생각했는데 그건 착각이었어요. 막상 중고 서점을 내고 보니 "알라딘이 뭐예요?"라고 묻는 손님부터 "온라인 서점이 뭐예요?"라고 묻는 손님까지 있었어요. 오프라인 서점을 통해서 알라딘의 신규 회원이 되신 분도 많이 늘어났죠. 책을 판매한 대금을 포인트로 받을 수도 있는데 이러한 구조는 알라딘에서 책을 재구입하는 것으로 이어집니다.

→ **알라딘 중고 서점이 기존의 중고 서점과 다른 점은 뭔가요?**

독자로서의 경험으로 말씀드릴게요. 지금까지 한국의 중고 서점에서는 책의 판매가가 정해져 있지 않았어요. 그래서 좀 더 싸게 해달라고 협상하기도 했죠. 중고책의 매입가도 당연히 가게 주인 마음대로였고요. 이런 가격에 대한 흥정이 사라지게 된 점이 큰 차이예요. 알라딘 중고 서점에서는 데이터를 근거로 책의 매입가와 판매가를 설정할 수 있거든요. 중고책의 매입 기준도 데이터를 통해 알 수 있죠. 스마트폰으로 도서명을 검색하면 알라딘이 매입하는 책인지 아닌지 바로 알 수 있는 시스템이 구축되어 있어요. 사용자 입장에서는 편리하다고 느낄 수 있겠죠.

→ **한국에서 작은 서점이 붐을 이루는 현상에 대해서 어떻게 생각하세요? 왜 지금 젊은이들이 서점을 시작하는 걸까요?**

어려운 질문이네요. 저는 제가 직접 서점이나 출판사를 하겠다고 생각한 적이 한 번도 없거든요. 하지만 그러한 움직임은 아마 한국에서뿐만이 아니라 장래를 보장해주는 일이 점

알라딘에서 운영하는 중고 서점 알라딘 합정점. 서점 안에는 카페도 있으며 무척 밝고 깨끗했다.

단지 책을 파는 공간이 아니라 하나의 플랫폼으로서 기능하는 서점의 모습을 보여주었다.

책 연표에서 1950년을 검색한 결과

점 줄어드는 시대에 나타나는 세계적인 현상인 것 같기도 해요. 즉 회사를 의지하기보다도 자신의 일을 해보겠다고 결심하는 젊은이가 늘어난 것이 가장 큰 이유가 아닐까요? 그러니까 그 선택지는 서점을 비롯해 음식점, 카페, 잡화점 등 전반적으로 늘어나고 있다고 생각해요. 그 선택지 중에서 책은 문화 상품으로서의 매력이 있다는 점이 특징이겠죠. 경영 측면에서 보면 좁은 공간에 상품을 진열만 해놓으면 매장의 형태는 성립되기 때문에 넓은 공간이 필요한 갤러리나 공연장보다 규모 면에서 진입 조건이 높지 않을 테고요. 여기에 더불어 책이라는 상품이 갖고 있는 매력이 더해지는 게 아닐까 싶습니다. 그리고 유어마인드나 더북 소사이어티 같은 독립서점의 선구자가 보여준 가능성이 큰 요인이에요. 단지 책을 파는 공간이 아니라 하나의 플랫폼으로서 기능하는 서점의 모습을 보여준 거죠. 일을 하면서도 일에 매몰되지 않고 자신을 확인하고 확장해가려는 젊은이들에게 긍정적인 방향을 보여줬다고 생각합니다.

→ **그런데 직접 서점을 만들고 싶지는 않으신 거예요?**

저는 이전에는 책을 만드는 회사에서 지금은 책을 파는 회사에서 일하고 있는데, 제가 관심 있는 분야는 출판 정책을 비롯한 문화 정책이에요. 업계 정책 중에서도 출판 정책이야말로 가장 이상과 현실이 동떨어져 있는 분야라고 생각하기 때문에, 출판 전문가로서 출판 행정과 독자 사이의 거리를 좁히는 일을 해보고 싶어요. 보다 역동적인 관점에서 독자의 의식이나 행동에 영향을 주고 싶은 걸지도 모르겠네요. 다만 한국의 온라인 서점은 좋은 평가도 받지만 당연히 나쁜 평가도 받고 있기 때문에 현시점에서 출판 행정을 도모하기에는 어려움이 있어요. 그래서 장기적으로 가져가야 할 큰 목표라고 생각하고 있습니다.

Aladin

4강(强) 구도여서 독자적인 판매 전략이 만들어졌다

→ **전 세계적으로 '종이책의 위기'라고들 하는데요, 한국에서 온라인 서점이 크게 성장한 상황과도 연관이 있을까요?**

이 문제에 대해서는 조금 위화감을 느끼는 부분이 있는데, 책을 종이책과 전자책으로 나누는 사고방식이에요. 한국에서는 전자책이 그리 많이 팔리지 않기 때문에, 전자책 때문에 생기는 '종이책의 위기'라는 말 자체가 성립되지 않아요(종이책과 전자책 매출은 대략 9대1의 비율이다).

현재 활발하게 활동하는 국내 출판사들은 모두 2000년 이후의 온라인 서점과 동반 성장하면서 매출도 급상승했어요. 즉 문제는 온라인 서점의 존재 그 자체에 있다기보다도 집중화로 인해 발생한 출판 시장 안의 다양한 불균형에 있다고 생각해요. 집중화로 인한 문제는 먼저 자본의 집중화에서 발생해요. 대형 온라인 서점은 대대적으로 책을 홍보하거나 서비스를 강화함으로 더욱 크게 성장할 수 있어요. 작은 동네서점에서는 그런 전략이 불가능하죠. 여기에 지역 집중화의 문제도 있어요. 작은 서점이나 독립출판사 역시 지역보다는 서울에 집중되고 있죠. 한국을 대표하는 서점이라고 하면 광화문 앞에 있는 교보문고를 말하는데, 교보문고 광화문점에 가면 전국에서 출간된 책을 직접 손에 들고 읽어볼 수 있다는 이미지가 있었어요. 지금은 재고 관리가 힘들기 때문에 신간 실물을 확인하려면 서점에 직접 주문해야 하는 경우도 있어요. 이러한 문제야말로 모두 함께 고민해봐야 하지 않을까요? 이는 공간의 문제이기도 해요. 한국은 지금 일본의 '츠타야 서점' 붐인데, 다이칸야마 츠타야 서점을 참고한 교보문고는 내부를 리뉴얼해서 책을 진열하는 공간을 줄였어요. 그 결과 많은 책을 보유할 수 없게 되었죠. 출판사도 서점도 비주얼에 신경을 너무 많이 쓰기 때문에 발생하는 악순환의 사례라고 생각해요.

알라딘에서 예술서를 담당했던 최원호 전 MD가 쓴 서평집 《혼자가 되는 책들》. 박태근 MD도 한국의 1인 출판사에 대한 책을 집필할 예정이라고 한다.

알라딘 본사 빌딩. 온라인에서 판매하는 도서의 재고를 관리하고
상품을 기획하는 사령탑이다.

박태근 MD의 자택에는 책이 2만여 권이 있으며, 매월 책을 사는 데에
50만 원을 쓴다고 한다.

→ **그러한 문제에 직면했을 때, 해외의 사례를
참고하기도 했나요?**

지금은 4대 온라인 서점끼리의 경쟁이 너
무 격렬해져서 아무도 해외의 온라인 서점
에 눈을 돌릴 여유가 없는 것 같아요. 그래
서 굿즈처럼 한국의 독자적인 판촉 방법이
만들어진 거라고 생각해요. 이는 특수한 사
례일지도 모르지만, 결국 한국이라는 시장
에 나오는 책에 대해서 홍보가 필요하다면
유통하는 책 자체에 집중하는 편이 좋겠죠.
현시점에서는 해외 사례를 딱히 참고하지
는 않고 있어요.

한국에서는 서점 이외에도 페이스북이나
카카오톡 같은 곳에서 SNS를 운영하는 홍
보 업체가 출판사에서 광고비를 받고 이달
에 나오는 신간 도서를 소개하는 온라인 서
비스를 제공하기도 해요. 판매와 광고라는
측면에서는 이런 매체도 온라인 서점의 라
이벌이죠. 책에 대한 정보를 발신하는 새로
운 채널은 지금도 계속해서 생기고 있고요.

→ **이야기를 듣다 보니 온라인에도 독자와의
접점을 늘리기 위한 다양한 가능성이 존재하는
것 같아요. 앞으로 독자를 늘리기 위해서 개인
적으로 시도해보고 싶은 일은 뭔가요?**

독자의 수를 늘릴 수 있을지는 모르겠지만,
독자와 더욱 긴밀하게 소통하고 싶은 마음
은 늘 가득해요. SNS를 통해 소통하고 있
지만 늘 부족하다는 느낌을 받습니다. 이
런 점에서 최근 한국에서 활발하게 생겨나
는 독서 모임이 긍정적인 모습이라고 생각
합니다. 서점에서 이런 모임을 어떤 방식으
로든 지원할 수 있다면 좋겠고, 실제로 그
런 가능성을 찾아보려 노력하고 있어요. 더
불어 경쟁에 놓인 서점의 관계를 뛰어넘어
서점의 연대도 생각해볼 수 있겠죠. 일본에
는 서점대상이라는 게 있고 그 결과가 시장
에서 큰 효과를 얻기도 하는데요. 한국에서
는 아직 이런 서점 내 소통과 연대가 본격
적으로 이루어지지는 않은 상황입니다. 특
히나 대형 서점 사이에서는 더욱 그렇죠. 최

근 북큐레이션이 화제인데 작은 서점이 아닌 대형 서점도 시장에서 어긋나는, 그러니까 시장 상황보다 서점의 취향과 지향을 담은 선택을 적극적으로 드러내고 알리는 시도를 해야 하고, 이런 부분에서 좀 더 자신감을 갖고 도전하면 좋겠다고 생각합니다. 책을 다루는 MD들도 더욱 앞으로 나서길 바라고요.

→ 마지막으로 생각이 나시는 한에서 여쭤보면, 일본에 있는 서점들을 더욱 재미있게 운영할 수 있는 아이디어가 있을까요?

작년에 도쿄에 갈 일이 있어서 다이칸야마 츠타야 서점 외에도 몇 군데 서점을 보고 왔어요. 그 여정 중에서 세부적인 부분에 눈길이 가더라고요. 츠타야에서는 주인공인 책 이상으로 잡화나 식재료, 의복이 매장에 함께 구성되어 있는데요. 라이프스타일에 대한 시장이 형성되어 있기 때문에 책 옆에 생활용품을 배치함으로써 이야기가 만들어져요. 하지만 한국에서는 일본처럼 소비자 각자의 취미나 취향에 따른 물건을 충분히 갖추고 있지 않기 때문에 츠타야 방식을 그대로 들여오지는 못해요. 어쨌든 저는 취향에 맞는 물건이 있다고 해도 그것이 책의 세계로 나를 인도해주는 문이 될 수 있을지 잘 모르겠더라고요. 보기에는 아름답고 훌륭한데 직접 만져보거나 살펴보면서 그 세계 안으로 들어가고 싶은 느낌은 덜하다고 할까요.

제가 일본 서점에 아이디어를 전할 형편은 아닌 듯합니다. 다만 최근 일본 출판계와 서점의 여러 시도가 한국에 적극적으로 소개되고 있으니, 이 책처럼 한국의 출판계와 서점에서 시도되는 여러 이야기도 일본에 전달이 되어서, 서로 배우고 격려하면서 책의 세계를 넓혀가길 바라는 마음입니다.

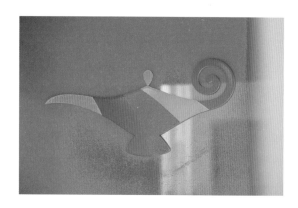

→ Aladin 알라딘
서울시 중구 서소문로26
(주)알라딘커뮤니케이션
1544-2514
aladin.co.kr

Aladin

BOOK ──────────→ → (Bookstore)
←──→ REVOLUTION
→ IN ──────→ SEOUL

14.

온라인 서점이
중고책 판매에도 힘을 쏟다

Aladin

알라딘 중고 서점 합정점

알라딘이 운영하는 중고 서점에 방문했을 때 먼저 무척 깨끗하고 밝다는 인상을 받았다. 홍대입구역에서 지하철로 역 하나 떨어져 있는 합정역에 위치한 알라딘 중고 서점 합정점은 개점한 지 아직 3개월밖에 되지 않았다. 입구에 있는 큰 간판이 '오늘의 커피'는 무엇인지 '오늘 들어온 책(이 날은 1,137권이 들어왔다)'은 몇 권인지 알려준다. 지하로 내려가면 곧바로 알라딘의 명물인 다양한 굿즈―니체 에코백, 윤동주 북커버, 도라에몽 북스탠드 등―를 마주하게 된다. 독자에게 인기가 많았던 물품을 특별히 오프라인 서점과 온라인 서점에서 팔고 있다고 한다.

점장인 서오현(1972년생) 씨는 알라딘에서 일을 시작했다가 도매상으로 이직해서 오랫동안 일했고 직접 중고 서점을 운영해보고자 다시 알라딘으로 돌아왔다. 서오현 점장에게 재고 관리에 대해서 이야기를 들어보았다.

"재고에 압박을 받지 않는 이상 기본적으로 이 매장에서 매입한 책은 이곳에서 판매합니다. 재고가 많아도 한 권이라도 팔린 실적이 있으면 채워놓고요. 알라딘에서 중고 서점을 시작한 지 4년 정도 지났는데 매입량과 판매량의 균형이 좋아서 책이 잘 순환되는 것 같아요. 지금 이 매장에서 자기 책 20권을 판다고 했을 때 책의 매입가는 1초 만에 알 수 있어요. 그만큼 시스템화되어 있죠."

합정점은 200평 규모의 매장으로 매출의 80퍼센트는 책이 차지하며, 알라딘 중고 서점 전체 매장 중에서 매출 순위는 7~8위다. 카페는 2016년부터 시작했는데 카페를 같이 운영하는 매장은 합정점을 포함해 아직 5곳밖에 없다. 20, 30대가 모이는 장소에 위치한 합정점에는 중고 서점 같지 않은 분위기에 이끌려 매일같이 새로운 손님이 방문한다고 한다. 알라딘 중고 서점은 신간 도서를 파는 서점과 경쟁하지 않느냐고 묻자 "새로운 독자를 늘리는 것이 목적이기 때문에 신간 도서를 팔든 중고책을 팔든 상관없어요"라고 단호하게 말한다. 온라인 서점이 일반 서점을 만들어 운영하는 것은 법률로 금지되어 있지만 교보문고처럼 일반 서점이 온라인 서점을 운영하는 것은 합법이라고 한다. 그렇지만 지금은 그런 문제와는 상관없이, 이 중고 서점이라는 실험을 계속해 나가고 싶다고 한다.

→ 알라딘 중고 서점 합정점
서울시 마포구 독막로 5 지하 1층
1544-2514
9:30-22:00 설날(음력) · 추석 당일 휴무

Aladin

BOOK REVOLUTION IN SEOUL

→ (Publisher)

Street H

JUNG JIYEON
JANG SUNGHWAN

BOOK ⟶ → (Publisher)
⟷ REVOLUTION
→ IN ⟶ SEOUL

15. 겹겹이 쌓인 홍대의 시간을 기록해나가는 지역 기반의 무료 잡지

→ (Interview)

정지연

Street H 스트리트 H 편집장

1971년 서울 출생

장성환

Street H 스트리트 H 아트디렉터

1964년 서울 출생

──────→　이 책에 수도 없이 등장하는 거리인 홍대는 예전부터 출판사와 라이브하우스가 많고 서울 전역에 문화적인 활력을 공급해주는 곳이기도 하다. 하지만 이곳에도 다른 나라의 대도시와 마찬가지로 '젠트리피케이션^{gentrification, 도심에 가까운 낙후 지역이 활성화되면서 임대료 상승 등의 이유로 원주민이 쫓겨나는 현상-역주}의 파도가 덮쳐와 큰 문제가 되고 있다고 한다. 홍대를 오랫동안 지켜봐온 로컬 미디어로서 신뢰를 얻고 있는 〈스트리트 H〉를 찾아가서 편집장 정지연 씨와 아트디렉터 장성환 씨에게 이야기를 들었다. 〈스트리트 H〉의 역할은 단순한 지역 기반의 무료 잡지를 뛰어넘는 듯했다.

시간의 측면에서 동네를 기록해나가는 미디어

→ **우선은 〈스트리트 H〉가 만들어지기까지 어떤 과정을 거쳤는지 알려주실 수 있나요?**

장성환(이하 장) 저는 2003년에 '203'이라는 디자인 스튜디오를 설립했어요. 전문 분야는 인포그래픽이에요. 독립하기 전에는 〈동아일보〉 출판국에서 발행되는 몇몇 잡지의 아트디렉터를 했어요. 그리고 정지연 편집장은 〈여성동아〉의 인터뷰 전문 기자였죠. 처음에 〈스트리트 H〉는 둘이서 만들었지만 지금은 편집을 담당하는 직원이 한 명 더 있고 디자인팀은 총 7명 있어요. 아, 저희들은 부부예요. 1999년에 결혼했어요.

정지연(이하 정) 무료 잡지 〈스트리트 H〉는 2009년 6월에 창간했어요. 매월 25일에 배포하고 있으며 현재(2016년 7월) 85호가 최신호예요. 편집과 기획은 제가 하고 아트디렉션은 남편이 하는 분업 체제로 만들고 있어요. 저는 2년 전부터 출판사도 하고 있는데 명함에 있는 '소소북스'가 바로 그 출판사예요. 이른바 1인 출판사죠. 〈스트리트 H〉는 현재 203과 소소북스가 공동으로 발행하는 형태로 내고 있어요.

〈스트리트 H〉를 만든 계기가 되었던 〈카페 탐험가〉

장 《카페 탐험가(북노마드)》라는 책이 〈스트리트 H〉를 만드는 계기가 되었어요. 정지연 씨가 일을 그만두고 재충전을 위해 뉴욕으로 1년 정도 여행을 떠났는데 그때의 경험을 엮은 책이에요. 부제는 '뉴욕에서 홍대까지'. 반은 뉴욕, 반은 홍대에 대한 이야기예요.

정 원고를 쓰면서 홍대의 어느 오래된 카페에 대해 다루려고 했더니 그 카페에 대한 자료가 전혀 남아 있지 않은 거예요. 홍대는 서울 안에서도 문화적으로 중요한 장소로, 카페 같은 요식업 매장뿐만이 아니라 디자인 회사와 출판사도 많이 있거든요. 그럼에도 불구하고 아무것도 기록되지 않는 현실에 깜짝 놀라서 지역 잡지를 만들어야겠다고 마음먹었죠. 이 아이디어의 원점은 뉴욕에서 발견한 〈엘 매거진THE L MAGAZINE〉이라는 지역 잡지였어요.

장 그 잡지를 보니 뉴욕이 부럽더라고요. 그러다 문득 우리가 '홍대의 〈엘 매거진〉'을 만들어보면 어떨까 하는 생각이 들었어요. 저희는 취재와 디자인에는 자신이 있었기 때문에 처음에는 둘이서 잡지를 만들었어요. 지금은 직원이 늘긴 했는데 그때 이야기를 하다 보니 옛 생각이 새록새록 나네요. 취재하려고 했던 오래된 카페는, 안상수 선생님이라고 한국을 대표하는 그래픽 디자이너(안그라픽스 대표. 혁신적인 한글 서체 '안상수체'를 만드는 등 타이포그래퍼 분야

에서 특히 유명하다) 분이 하시는 가게였어요. 미대로 유명한 홍익대에서도 교수를 하셨던 안상수 선생님은 1988년에 한국 최초의 전자 카페 '일렉트로닉 카페**컴퓨터 문화와 예술적 실험 정신이 깃든 공간으로, 채팅이 가능한 모뎀이 설치된 컴퓨터가 있었으며 당시로서는 접하기 힘들었던 애니메이션이나 영화를 상영하는 모임을 개최하기도 했다-역주**'를 열었어요. 오래된 컴퓨터에 전화 모뎀을 연결해서 다양한 퍼포먼스를 했는데 이런 활동을 기록한 것이나 관련 자료는 전혀 남아 있지 않았어요. 겨우 사진 한 장 발견했지만 그마저도 카페 주인은 찍혀 있지 않았죠 (웃음). 카페를 소개하려고 해도 기억에만 의존해서 써야 했어요. 카페가 있던 자리는 부동산이 되었고 지금은 그런 특이한 카페에서 다양한 활동이 있었다는 사실을 아무도 모르죠. 이런 사례를 눈앞에서 보니 무서워졌다고 할까, 이대로는 안 되겠다고 생각한 거예요.

→ 즉 〈스트리트 H〉는 새로운 정보를 소개할 뿐만 아니라, 현재를 기록해가는 문서의 역할도 하는 거네요.

정 맞아요. 〈스트리트 H〉는 지역 정보지가 아니에요. 그래서 광고 제안이 들어왔을 때 구애되지 않을 수 있었죠. 홍대라는 지역 안에 있는 다양한 문화생활자, 예를 들어 뮤지션, 작가, 아티스트 같은 사람들의 활동을 기록하는 매체예요. 〈스트리트 H〉에 지도

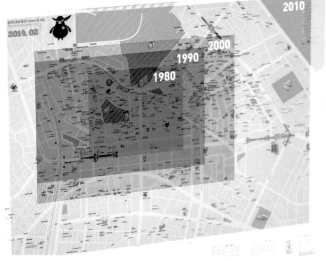

홍대라고 불리는 동네는 1980년에서 2010년 사이에 4배 이상 확대되었다.

를 넣고 있는데 구글이 제공하는 것처럼 단
순히 현재의 '위치 정보'를 보여주기 위해
서가 아니라 과거에 어떤 공간이 있었는가
에 대한 '존재 정보'를 보여주고 싶다는 의
도가 담겨 있죠.

장 예전 지도는 그 시대의 생활상을 보여
주는 귀중한 정보죠. 이 사진(상단 사진)을
봐주세요. 1980년에는 여기 가운데 부분만
홍대라고 불렸어요. 10년마다 측량한 홍대
를 보면 점점 확장되고 있다는 점을 알 수
있어요.

정 젠트리피케이션 때문에 활동 장소를 잃
은 젊은이와 아티스트는 점점 외곽으로 밀
려날 수밖에 없었죠. 이 지도에는 그 흔적
이 나타나 있어요.

장 급격한 변화가 일어나고 있다. 정체성이
약해지고 있다, 기록이 남아 있지 않다. 이
세 가지 걱정이 잡지를 만들어야겠다는 결

심을 하게 했어요. 잡지의 핵심은 홍대라는
동네의 기록이에요. 저희는 매월 홍대를 걸
어다니면서 조사하고 지도를 만드는데 그
렇게 하면 1년 동안 12장의 동네 '레이어
layer'가 만들어져요. 축적된 공간의 레이어
를 시간적으로 비교하는 것만으로도 동네
의 커다란 변화를 파악할 수 있죠.

이건 처음으로 만든 지도(203쪽 사진)인데
요, 먼저 2016년의 지도와는 동네의 범위가
전혀 달라요. 이 주변은 예전에 주택지였어
요. 지금은 가게가 밀집해 있는 지역이지만
그 당시에는 많이 비어 있었죠. 〈스트리트
H〉는 올해로 8년째 출간되고 있는데 이렇
게 지도를 보는 것만으로도 8년 동안 어떻
게 변했는지 알 수 있어요. 경험이 쌓여서
그런지 감도 좋아졌어요. 그래서 저 건물이
곧 없어질 것 같다는 느낌이 들면 일단 세
밀하게 그려서 그림으로 남겨놔요. 한번은

→ **202**

20년이 넘은 오래된 레코드 가게를 그려서 잡지에 실었는데 3개월 후에 폐점한 적도 있었어요. 서촌이나 가로수길도 변화가 빠르지만 아무래도 홍대의 변화가 가장 격렬한 것 같아요.

→ **무료 잡지인데다 광고도 없다는 건 이익을 추구하지 않는다는 의미인가요?**

장 1년에 한 번 창간기념호에는 광고를 싣기도 하지만 일반적으로는 없어요.

정 저희 같은 지역 잡지는 대부분 가게의 쿠폰을 실어주고 작은 광고를 내주면서 발간하는 형태가 많아요. 하지만 〈스트리트 H〉는 페이지 수가 적어서 쿠폰이 여기저기 붙어 있으면 정작 중요한 내용을 읽을 수 없어요. 그래서 광고는 넣지 않는다는 방침으로 발행하고 있어요. 초기에는 마포구의 지원금도 조금 받았고, 네이버에 콘텐츠를 제공해서 수익을 내기도 했어요. 이 콘텐츠 사용료로 잡지 제작비의 30~40퍼센트를 충당할 수 있었어요(2018년 현재 중단). 또 잡지를 보고 디자인이 마음에 든다며 기업이나 지자체 등 다양한 분들이 책자의 디자인이나 광고물 제작을 의뢰해주세요. 이 의뢰가 중요한 수입원이죠. 솔직히 〈스트리트 H〉만으로는 꾸려가기 힘들지만 이에 관련된 다른 일들이 들어오기 때문에 회사가 굴러가요.

장 지금은 아니지만 앞으로라면, 잡지 콘텐츠를 2차로 활용해서 책을 출판하는 등 조금씩 다른 수입을 창출할 계획을 하고 있어요. 만약 지도를 활용한다면, 10년 동안 매월 발행한 지도를 모으면 120장이나 되니 지역의 변화를 추적하는 지도책을 출판해도 재미있겠죠. 일본의 편집자가 가이드북을 만들 때 쓰고 싶다며 저희가 찍은 사진을 구매한 적도 있었어요.

사진 아래가 2009년에 만든 최초의 홍대 지도. 위가 2016년 최신호(당시)의 지도. 지도의 축척 자체가 완전히 다르다.

인포그래픽으로 동네 주민을 시각화하다

→ 〈스트리트 H〉의 콘텐츠로는 지도 이외에 어떤 것이 있나요?

정 잡지의 반 정도는 홍대를 상징하는 다양한 사람들과 했던 인터뷰를 특집으로 싣고 있어요. 땡스북스나 유어마인드 같은 동네 서점의 베스트셀러 랭킹이나 새롭게 생긴 서점을 소개하기도 하고요.

장 '사람 중심'이 〈스트리트 H〉의 특징이에요. 저희도 처음에는 가게를 중심으로 소개했지만 상권의 변화가 격렬하기 때문에 가게는 금세 없어지는 경우가 많았어요. 허무했죠. 물론 공간을 기록하는 일도 중요하지만 장소보다는 사람이 중요하다고 생각하게 되었어요. 가게는 없어져도 가게를 만들었던 사람은 없어지지 않으니까요. 홍대라는 동네의 매력은 그곳에 있는 사람, 그곳에 존재해온 사람만이 증명할 수 있는 거죠.

또 다른 특징이라면 인포그래픽의 활용을 들 수 있어요. 이렇게 말하기는 뭐하지만 지역 잡지는 아마추어가 만든 잡지처럼 되기 쉽죠. 만드는 사람들이 재미있으면 된다는 자기만족에 빠지거나 동인지 같은 느낌으로 만드는 경우가 많아요. 저희는 실제 출판 시장에서 평가 받는 잡지를 수도 없이 만들어온 프로이기 때문에, 독자가 알기 쉽게 정보를 전달하는 커뮤니케이션 방법이 중요하다는 점을 뼈저리게 알고 있어요. 많은 시행착오 끝에 단순히 문장과 사진을 보여주기보다 작은 공간을 활용해 많은 정보를 전달할 수 있는 인포그래픽이 효과적이라고 판단했어요. 20페이지 정도의 얇은 두께 안에 많은 정보를 담으면서도 적은 제작 비용으로 만들고자 하는 〈스트리트 H〉에 안성맞춤이죠. 대형 잡지사에서 나온 잡지에서도 이 정도 퀄리티의 인포그래픽은 찾아보기 힘들 거라고 자부하고 있어요(웃음).

장 이분(205쪽 사진)을 예로 들어보죠. 이분은 홍대에서 오랫동안 자리를 지켜온 라이브하우스 '클럽 빵CLUB BBANG'의 대표이자 일상예술창작센터의 대표이기도 한 김영등 씨인데

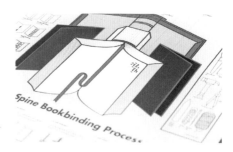

디자인 스튜디오 203에서는 인포그래픽을 사용한 포스터도 많이 제작한다.
사진은 도서의 제본 공정을 도식화한 그림이다.

인물 인포그래픽. 왼쪽이 일상예술창작센터 대표 김영등 씨, 오른쪽이 크래프트 맥주 가게 크래프트원(CRAFT ONE)의 정현철 씨.

요, 주변의 아티스트가 참가하는 프리마켓도 주최하고 있어요. 긴 인터뷰를 통해 그 사람에 대한 이야기를 전달하는 것도 하나의 방법이겠지만 텍스트로 표현하면 양이 많아서 가볍게 읽지 못하죠. 하지만 그 내용을 이렇게 그림으로 표현하면 정보를 압축할 수 있어요. 그 사람의 복장만이 아니라 소지품이나 소중하게 여기는 물건, 하루 스케줄 같은 것을 보여주면서 그림으로 표현하니 그 사람의 캐릭터가 보이는 것 같지 않나요?
인포그래픽으로 표현하는 인물은 뮤지션부터 작은 가게 사장까지, 유명한지 아닌지에 상관없이 취재할 의미가 있으면 선정해

요. 인터뷰는 먼저 구글 독스Google Docs에 저장해둔 질문을 인터뷰이에게 보내서 사전에 메일로 답변을 받아요. 그다음 인터뷰이가 보내준 답변을 바탕으로 이번에는 실제로 만나서 취재를 하는데, 이 방법은 3년 전에 자리를 잡았어요. 홈페이지에서는 인터뷰 영상도 볼 수 있죠.

→ **홈페이지도 굉장히 알찬 내용으로 가득하던데요.**
장 온라인 쪽은 2013년에 시작했어요. 소셜벤처 지원금을 활용해서 만들 수 있었죠.
정 홈페이지에는 지도 콘텐츠를 중점적으로 싣고 있어요. 예를 들면 가게 지도를 업

홍대라는 동네의 매력은
그곳에 있는 사람,
그곳에 존재해온 사람만이
증명할 수 있다.

땅값과 가게 폐점과의 관계를 나타낸 지도. 노란색 점은 카페가 있는
장소를 나타내는데, 폐점한 카페(보라색 점)와 땅값이 높은 지역
(빨간색 점)이 겹친다.

종별로도 볼 수 있어요. 카페도 오리지널 카
페, 아트 카페, 북카페, 디저트 카페, 테마
카페처럼 많은 카테고리로 나뉘어 있어요.
식당은 한식, 중식, 일식 등으로 나눴고요.
특정 시기를 설정해서 이 카테고리를 조회
하는 것도 가능하죠.

장 이런 테마 지도(상단 사진)도 있어요.
창간 7주년을 기념하여 전시하려고 만든 지
도로 지금은 온라인에서 볼 수 있어요. 토지
가격과 가게의 상관관계를 보여주고 있죠.
빨간색 점은 땅값이 높은 장소이고 보라색
점은 가게가 문을 닫은 장소로, 커서를 움직
여서 2009년부터 2016년까지의 변화를 볼
수 있어요. 홍익대학교를 중심으로 표현한
지도인데 땅값이 높은 곳일수록 폐점하는
가게도 많죠. 젠트리피케이션이 얼마나 마
을을 망쳐놨는지 알 수 있어요.

정 저희가 이러한 정보를 고집스럽게 모으
는 이유는, 홍대의 침체가 정말 위기를 느
낄 만한 수준이 되었다고 생각하는데 이러
한 위기감을 독자와 공유하고 싶기 때문이
에요. 홍대에 있는 개성적인 카페라는 것

은 라이브하우스와 함께 서울의 문화를 이
끌고 있는 존재예요. 〈스트리트 H〉를 창간
할 때 20여 곳을 소개했는데 7년이 지난 지
금은 거의 폐점하거나 이전해서, 같은 장
소에 남아 있는 가게는 9곳밖에 없어요. 임
차료가 비싸져서 거의 홍대 밖으로 쫓겨났
죠. 그 결과 홍대에는 노래방 같은 유흥 시
설이나 저렴한 술집만 남아 있어요. 저희는
홍대가 가지고 있는 문화적인 분위기가 좋
아서 잡지를 만들기 시작했기 때문에 서울
의 다른 지역과 구분되는 홍대만의 독자적
인 문화의 개성이 유지되기를 바라죠. 시간
이 너무나도 빨리 흐르는데 그 흐름을 조금
늦추고 싶어요.

→ **그러한 격렬한 변화의 한편에서는 작은 서
점이 많이 생기고 있던데요.**

정 그게 또 재미있는 점이죠. 다만 최근의
서점 붐을 보며 조금 걱정이 되는 이유는 이

서점 붐이 마치 7년 전의 카페 붐을 보는 것 같은 기분이 들기 때문이에요. 그때는 자신의 카페를 여는 게 젊은이들의 로망이었어요. 돈을 벌면서 문화적인 활동도 할 수 있다고 생각했기 때문인데 지금은 그 대상이 서점으로 바뀐 것 같아요. 분명 홍대는 예전부터 출판사도 많고 책을 좋아하는 사람이 모이는 지역이어서 특히 이 주변에 서점이 많이 생기는 것이겠지만, 그중에는 조금 안이하게 생각하는 사람도 있는 것 같아요.

서점 붐은 최근 2~3년 사이에 나타난 현상으로, 땡스북스나 유어마인드는 붐이 일어나기 이전에 오픈해서 5년 이상 계속 해오고 있지만 최근에 생긴 서점이 5년을 넘길 수 있을지는 의문입니다. 그렇다고는 해도 서점 붐을 부정적으로 보는 건 아니에요. 카페는 커피나 공간에 흥미를 가지는 매우 폭넓은 층 다시 말해 누구나 시작할 수 있다면, 서점은 아무래도 누구나 시작할 수 있는 일은 아니죠. 실제로 지금 새롭게 서점을 시작한 사람 중에는 출판업계에서 일한 경험이 있는 사람도 많으니까요. 새로운 도전은 새로운 독자를 만든다고 생각하고 있어요.

젠트리피케이션에 대항하려면 먼저 동네를 이해해야 한다

장 세월이 지나면서 변한 게 몇 가지 있어요. 우선 라이브 공연에는 사람이 많이 가지만 CD를 사는 사람은 줄었어요. 마찬가지로 작가와의 만남 같은 이벤트에 오는 사람은 많지만 실제로 책을 사는 사람은 줄어들었죠. 요즘 젊은이들은 체험을 중시해요. 책을 끝까지 읽는 데는 시간이 많이 걸리지만 토크 이벤트에 가면 한 시간 만에 책을 쭉 훑을 수 있죠. 그래서 이벤트가 늘어나고 있는 거예요. 유어마인드가 주최하는 독립출판물 축제인 언리미티드 에디션도 말 그대로 사람들이 넘쳐나요. 일본도 비슷한 경향이 있다고 생각해요. 젊은이들이 자기를 표현할 수 있는 무대를 직접 만들어내는 움직임도 동시에 있죠. 상수동에 있는 이리 카페는 예전부터 젊은 아티스트가 자신의 작품을 공개하는 장소로 인기 있었는데, 그렇게 대표적인 카페나 공간은 벌써 여러 군데 생겼어요.

→ 일본에서는 시모키타자와 같은 지역에서 홍대에서 일어나는 일과 비슷한 현상들이 나타나는 것 같아요. 임차료 상승으로 동네가 변하는 현상에 저항하려는 움직임도 있나요?

정 최근에는 '맘편히장사하고픈상인모임'을 줄인 '맘상모'라는 조직의 활동이 조금씩 성과를 보이고 있어요. 퇴거 예정이었던 사람들이 임대차 기간을 연장받기도 했어요. 좀 전에 말씀드렸던 이리 카페는 벌써 2번이나 이전했지만 최근에도 건물주가 바뀌어서 임차료가 올라갈 것 같다고 하더라고요. 거기에도 상수동 점주 모임이 결성되어 임차료를 올리지 말아달라는 편지를 쓰는 운동을 했어요. 이리 카페 같은 상징적인 장소의 임차료가 오르면 주변 가게에도 영향이 가기 때문에 동네 전체의 문제가 되는 거죠. 다른 지역에 있는 단체와 정보를 공유하면서 활동을 넓혀가고 있어요.

→ **일종의 시민운동 같기도 하네요.**

정 물론 이러한 운동은 건물주 개인의 재산권에 관한 문제이기도 해서 억제하기만 하면 안 되겠지만 장사를 하는 입주자들이 문제의식을 공유하는 건 무척 중요해요.

장 이건 바로 얼마 전에 한겨레신문에 제공한 자료인데요. 2009~2016년 사이에 상수동을 중심으로 나타난 변화를 보여주고 있어요. 노란색 점이 카페고 분홍색 점이 식당이에요. 여기(하단 오른쪽 사진) 보시면 2009년에는 주택이었던 곳이 2016년에는 거의 가게로 바뀌었죠. 이렇게 되면 임차료는 올라가게 됩니다. 결국 주거하는 사람은 거의 사라졌어요.

정 한국에서 가게를 경영할 때 부딪히는 가장 큰 문제는 임차 계약 기간이 너무 짧다는 거예요. 대체로 2년마다 갱신하죠. 만약

2009년부터 2016년에 걸친 홍대의 상권 확대를 표시한 지도. 카페는 166곳에서 2,131곳으로, 식당은 305곳에서 2,818곳으로 급격하게 증가했다.

장성환 아트디렉터는 홍대에 30년 가까이 살고 있는 홍대의 만물박사다.

건물주가 바뀌거나 2년 후에 임차료가 올라가면 가게 주인은 투자한 금액을 회수하기 어려워져요. 연남동에 있는 '어쩌다 가게(242쪽)'라는 건물은 젠트리피케이션의 성공적인 대안으로 꼽히는데, 성공 요인은 임차 계약 기간이 5년이라는 점에 있어요. 그리고 서로 업종이 다른 가게를 입주시켜서 경쟁하지 않고 공존하는 공간을 만들었어요. 병원, 꽃집, 카페, 서점, 싱글몰트 위스키 바 등이 들어가 있어요. 그러다 보니 어쩌다 가게라는 브랜드 자체가 힘을 얻게 되어서, 여기에서 15분 정도 떨어져 있는 망원동에는 2호점이 생겼어요. 2호점 1층에도 서점이 있죠.

→ **어제 어쩌다 가게 2호점에 가봤어요. 프렌치토스트 가게와 맥주 가게 등 다양한 개인 가게가 입점해 있더라고요. 요즘 한국에서는 서점 이외에도 개인이 운영하는 특색 있는 가게가 늘어나는 경향이 있는 건가요?**

장 취직이 어려워졌기도 하고, 혼자서도 시작할 수 있는 것이 있다면 해보고 싶다는 사람들이 늘어나는 것 같아요.

정 미국에서 유행하는 것처럼 푸드트럭으로 가게를 시작하는 경우가 한국에도 늘어나고 있어요. 상수역 근처에 있는 인기 있는 라면집 '라멘 트럭'은 얼마 전까지 일본의 포장마차처럼 트럭에서 장사를 했고, '수염 맥주'라는 가게도 트럭에서 시작했어요. 그 외에

쇼콜라티에가 시작한 가게도 있고요. 도쿄 같은 해외의 도시를 보면서 부럽다고 생각하는 점은 변화의 속도예요. 물론 그 도시들도 변하기는 하지만 어느 날 갑자기 가게가 우후죽순으로 생겨나지는 않잖아요. 서울의 속도는 너무 빠르다는 생각이 들어요.

→ **일본인인 제가 보기에는 오히려 한국의 속도나 에너지에 배울 점이 있다고 생각해요. 도쿄라면 2년 안에 투자금을 회수하기는 어렵기 때문에 애초에 그런 조건으로 가게를 시작하려는 사람이 없을 것 같지만요.**

정 한국인은 어쨌든 해보는 거죠. 양국 간의 차이에는 분명히 좋은 점도 나쁜 점도 있을 거예요. 서울은 활기가 넘치지만 그만큼 망하는 가게도 많아요. 한국인은 '빨리빨리'라는 말을 엄청 자주 쓰거든요. 성급한 국민성과도 연관이 있겠지만, 저성장 시대에 들어서면서 취직이 어려워졌고(한국 대졸자 취업률은 50~60퍼센트라고 한다) 그 결과 대학을 졸업한 청년이 고를 수 있는 선택지가 줄어들었어요. 특히 이 홍대는 그러한 청년들이 모여드는 장소 같아요. 하지만 가게를 내기 전에 그 지역을 이해할 필요가 있어요. 바로 얼마 전까지는 홍대에서 가게가 성공하면 곧 비즈니스를 확대할 수 있다고 보았지만, 지금은 홍대 중심부에서 가게를 하려면 막대한 자금이 들기 때문에 시작하는 것조차 힘들죠. 본격적으로 가

게를 시작하려는 사람들이 동네를 살펴보다가 결국 외곽으로 향하게 되는 거예요. 지금 망원동 근처에 가게를 낸 사람들은 고민에 고민을 거듭해 위치를 선정한 거죠. 초기 비용을 줄였기 때문에 실패해도 타격이 적어요. 반대로 지금 홍대에서 가장 번화한 지역에 가게를 내려고 하는 사람이 있다면, 홍대를 잘 모르는 거예요.

로컬 미디어의 역할은 대안적인 존재를 응원하는 것

→ **정지연 편집장님의 출판 활동도 그러한 〈스트리트 H〉의 문제의식과 이어져 있는 건가요?**

정 소소북스에서 두 번째로 출간한 책의 제목이 마침 《홍대 앞에서 장사합니다》예요. 아무런 준비도 노력도 없이 시작해서 바로 망하는 가게를 너무나도 많이 봐왔던 저자가 제대로 된 생각을 가지고 홍대에서 영업하는 작은 가게를 취재해서 정리한 책이죠. 저자인 양진석 씨 본인도 홍대에서 막걸리 바를 운영하는데 다른 업종의 가게 주인들은 어떠한 의지와 아이디어로 어떻게 준비해서 가게를 시작했는지 묻고 있어요.

장 제가 아트디렉터로 일하는 소소북스에서는 홍대에 한정 짓지 않고 지역이나 장소에 관련된 책을 만들어가고자 해요. 소소북스에서 처음으로 출간했던 《집밥 인 뉴욕(천현주 지음)》이 바로 그런 책이죠. 외식 문화가 발달한 뉴욕에는 근사한 레스토랑이 많은데, 반면 집에서 뉴요커는 어떤 음식을 어떤 식으로 먹는 걸까 하는 의문에서 시작됐죠. 즉 뉴욕의 '집밥'을 탐색한 책인데, 도쿄는 어떤지 궁금하네요. 소소북스에서 세 번째로 출간할 책은 지금 준비 중이에요(세 번째 책 《0부터 100까지 런던 101(최은숙, 지니 최 지음)》은 2017년 12월에 출간되었다).

→ 카페나 서점을 비롯해 폭넓은 문화 활동을 하고자 하는 홍대의 젊은이들에게, 두 분이 미디어로서 해줄 수 있는 역할은 뭐라고 생각하세요?

정 〈스트리트 H〉는 돈을 들여서 멋지게 인테리어를 한 가게보다는 작은 규모여도 의미 있는 공간을 소개하려고 해요. 장성환 아트디렉터는 언제나 이전에 했던 직업이 중요하다고 말해요. 그 가게의 주인이 전에는 무슨 일을 했는지 그 '사람'에 주목하는 것이 매우 중요하다고 말이죠. 서점이 두 군데 있다고 가정해봅시다. 한 군데는 넓고 고급스러운 서점이고 또 다른 곳은 작고 소박한 서점이에요. 작고 소박한 서점의 주인이 전직 편집자이거나 작가 지망이거나 매력적인 스토리를 갖고 있는 인물이라면 저희는 그쪽을 취재합니다. 대형 미디어가 주목하지 않는 대안적인 존재를 주축으로 소개하는 일이야말로 저희 같은 로컬 미디어의 역할이니까요.

조금 전에 말씀드렸듯이 〈스트리트 H〉는 네이버에도 콘텐츠를 제공했기 때문에, 이 채널을 통해서 지금까지 지역 정보에 접근할 수 없던 사람들에게도 작지만 개성적인 가게 등 다양한 정보를 전달할 수 있었어요. 실제로 이렇게 주목을 받은 가게도 많죠. 이런 방식이 저희가 응원을 하는 하나의 형태라고 생각해요.

장 그다음으로 다양한 가게의 주인들에게 'Why 홍대?' 즉 '왜 당신은 홍대를 선택했는가'라는 질문을 계속 던지고 있어요. 이에 대한 다채로운 대답을 표로 만들고 싶어요. 교통 같은 인프라, 문화, 집객력(集客力)손님을 모으는 힘-역주, 인파, 분위기 등 다양한 대답이 나오는데, 당연하지만 많은 사람들이 각기 다른 이유로 홍대를 선택하고 있어요. 이러한 정보를 가시화하는 작업을 해보고 싶네요.

홈페이지에서 가게를 소개할 때도 규칙이라고 할까, 저희만의 스타일이 있어요. 몇 년도에 오픈했는지가 아니라 오픈해서 몇 년째인지를 표시하고 있어요. '2006년 오픈'이라고 써놓으면 올해로 몇 년째 가게를 하고 있는 건지 단번에 알지 못하죠. 몇 년째 계속 가게를 하는지 쉽게 파악할 수 있도록 표기하고 있어요. 일반적으로 임대차 계약 기간이 2년이기 때문에 개업 3, 4년째

→ **211**

홍대를 걸으며 거리를 살펴보았다. 오른쪽 사진은 장성환 아트디렉터가 '반지하 거리'라고 부르고 있는 지역. 1층이 반지하로 되어 있는 건물들은 예전부터 있어왔는데, 살기가 불편한 만큼 임차료가 싸다. 젊은이들이 그곳에 가게를 여는 경우가 늘어나고 있다고 한다. 그러나 최근 이러한 장소의 임차료도 오르고 있다.

에 접어든 가게에는 분명 무언가 계속할 수 있는 이유가 있을 것 같았거든요. 이런 점을 넌지시 보여주고 있습니다. 새로움이 아니라 계속성에 주목하는 거죠. 물론 주인의 전 직업도 싣고 있어요. 여기 실린 가게 주인은 전직 영화감독이네요.

→ **저희도 전직 영화감독이 하는 그 가게 가봤어요. '나물 먹는 곰'이라는 한국음식점 맞죠? 무척 맛있었어요.**

장 그러셨군요. '계속성'과 '전 직업'의 의미에 대해서 조금 더 이야기해볼게요. 예를 들어 홍대를 전혀 모르는 남성이 여자 친구와의 데이트를 위해 북카페에 가려고 검색을 하면 10군데 이상 정보가 나와요. 모두 예쁜 사진을 올려놓기 때문에 어디로 갈지 정하기 어렵죠. 그때 〈스트리트 H〉의 홈페이지에 가보면 가게 주인은 어떤 이력을 가지고 있고 가게는 몇 년째 계속하고 있는지 다양한 정보를 알 수 있어요. 두 군데 중 고민이 될 때에는 이제 시작한 가게인지 3년 이상 계속되어온 가게인지가 하나의 판단 기준이 되기도 하죠.

가게 주인의 전 직업이 특이해서 그 가게에 가보는 사람도 있을 거예요. 가게를 찾아가는 길에 여자 친구에게 '우리가 갈 곳은 전직 영화감독이 하는 가게고 몇 년 정도 역사가 있다'

소소북스에서 나온 두 번째 책 《홍대 앞에서 장사합니다》. '곱창전골', '달고나' 등 가게 9곳의 주인을 소개한다.

〈스트리트 H〉의 가게 소개는 주인이 주축이다. 'Why 홍대?'라는 질문을 통해 홍대를 선택한 이유를 묻는다.

고 사람과 가게에 대한 스토리를 말해줄 수 있죠. 이 점이 야후나 네이버 같은 대형 포털사이트와 저희의 차이예요. 저희는 스스로를 '동네 포털'이라고 부르고 있어요. 네이버 담당자에게도 말한 적이 있지만, 홍대 지도 중에서는 저희가 만든 지도가 우주에서 가장 빠르고 정확하다고 생각해요. 대형 포털에서는 지도를 갱신하는 빈도가 수개월 내지 반년에 한 번 정도일 테니까요. 저희는 한 달에 한 번은 갱신하고 있어요. 네, 자랑이죠(웃음).

→ **지도의 정보를 갱신하는 작업은 어떻게 하고 계세요?**

장 우선은 평소에 매일 다른 길로 다니고, 새로 생긴 가게가 있으면 늘 사진을 찍어둬요. 한 달에 한 번씩 일주일에 걸쳐서 지난달 지도에 있던 가게가 여전히 영업하는지 그 외에 새로운 가게가 생기지는 않았는지 홍대의 모든 골목을 다니면서 확인해요. 홍

대 지역 전체를 네 개로 나눈 다음 네 명이서 각각 한 구역씩 맡아서 작업하는데, 정말 힘들어요(웃음). 처음에는 자전거를 타고 다니기도 했는데 아무래도 걷는 게 가장 좋더라고요.

참, 꼭 같이 가주셨으면 하는 장소가 있어요. 앞서 말씀드렸던 상수동의 이리 카페 지하에 '팩토리PACTORY'라는 공간을 만들고 있거든요. 다음 달에 오픈하려고 준비 중이에요. 활판인쇄, 리소그래프, 금박 등의 작업을 할 수 있는 기계를 들여놓았죠. 아날로그 인쇄를 하는 공간이에요. 지금부터 홍대 거리를 걸으며 팩토리로 함께 가보시죠.

→ Street H 스트리트 H
서울시 마포구 독막로 92-3 태원빌딩 3층
02-323-2569
street-h.com

16.

마을 연합의 역할을 하는
소규모 생산 실험 공장

PACTORY

팩토리

〈스트리트 H〉의 장성환 아트디렉터와 함께 원래는 공장지대였던 상수 지구를 걷는다. 오래지 않아 커다랗게 'P'라고 쓰여 있는 오렌지색 간판이 보인다. 이곳은 소규모 생산 실험 공장 '팩토리PACTORY'다. 취재 당시에는 준비 중이었고 2016년 8월 20일에 오픈했다. 계단을 내려간 우리에게 건네준 가게의 명함도 이곳의 활판인쇄기에서 인쇄한 것이라고 한다. 이전에는 플라스틱 공장이었는데 〈스트리트 H〉의 7주년 전시회 때 활용한 뒤에 전면적으로 리모델링했다. 오프셋, 리소그래프, 실크스크린 프린팅 등의 인쇄기 외에 재단기, 제본기도 있고 벽면을 따라 늘어선 수납장에는 팬시페이퍼 등 1,500여 종의 다양한 종이가 있다. 팩토리에서 책 제작의 모든 과정이 일어나는 것이다.

"이곳은 일반인에게도 개방하고 있어요. 이 주변에는 미술을 하는 학생도 독립출판 관계자도 많으니까요. 흔히 말하는 진ZINE 같은 얇은 책자뿐만 아니라 일반적인 단행본도 만들수 있어요. 그렇다고는 해도 1천 부 이상이 되면 단가가 비싸지기 때문에 최대 500부 정도로 인쇄하죠. 뭐, 대량 생산이 목적이 아니기도 하고요. 적은 비용으로도 책을 제대로 소량 제작할 수 있도록 하는 것이 목적이에요. 이런 곳이 홍대에 있으면 좋겠다, 하는 장소를 만든 거죠."

이 공간을 활용해 제본 워크숍도 진행한다. 그러기에 충분한 넓이다. 곳곳을 살펴보니 재봉틀로 중철한 책 같은 제품 샘플도 많이 있고, 우치다 양행**사무용 기기부터 정보 시스템까지 폭넓게 다루는 일본의 종합상사·역주**의 등사기까지 두고 있다. 다양한 금속활자를 보는 것만으로도 재미있다. 장성환 아트디렉터를 보자 득의양양한 미소를 짓는다.

"예전에는 무언가를 소유하는 것에 그다지 흥미가 없었어요. 하지만 이렇게 사람들이 동네에서 점점 쫓겨나자 주민끼리 연대해서 저항할 필요가 생겼죠. 팩토리는 그런 문화적인 연합을 위한 거점이에요. 지금은 장소를 빌려서 운영하지만 언젠가는 공간을 사서 길게 운영해나가고 싶어요. 이익보다는 의미를 추구하는 의식 있는 건물주가 동네에 10곳, 20곳 건물을 소유하고 있다면 변화의 흐름 속에서 다리 같은 역할을 할 수 있겠죠."

→ PACTORY 팩토리
서울시 마포구 와우산로3길 27 지층
02-324-2788
평일 10:00~19:00 토요일 10:00~17:00 일요일 · 공휴일 휴무
pactory-h.com

17.

'미스터리로 둘러싸인 서점'이라는
꿈을 이루다

MYSTERY UNION

미스터리 유니온

《탐정사전》의 삽화에 묘사된 추리소설의 탐정들

시집 서점 위트 앤 시니컬이 있는 신촌에, 위트 앤 시니컬과 거의 같은 시기에 전문 서점
이 하나 더 생겼다. 이번에는 무려 미스터리만 다루는 서점으로, 그 이름도 미스터리 유니
온MYSTERY UNION이다. 알전구가 외따로 빛나는 서점의 입구를 지나 안으로 들어가면 나무
로 만든 책장과 벽으로 둘러싸인 내부가 나타난다. 런던 뒷골목에나 있을 법한 분위기다.
2016년 7월 5일에 오픈해서, 취재차 방문했을 때는 아직 한 달이 채 지나지 않았을 때였다.
광고대행사에서 20년 넘게 일했던 유수영(1965년생) 대표는 일을 그만두고 나면 책방을
하겠다고 결심하고 있었다. 그것도 자신이 가장 좋아하는 미스터리만으로 둘러싸인 서점
을. 퇴직하기 전부터 조금씩 준비하면서, 도쿄의 서점을 소개한 책을 한 손에 들고 모리오
카 서점, 카우북스, B&B 등 여러 서점을 둘러보았다고 한다. 책장에 진열된 미스터리는 다
해서 1,500권 정도. 그래도 아직 부족하다며 공간이 한정되어 있어서 고민이라고 한다. 책
이 한 권 팔리면 팔린 책을 다시 채우는 것이 아니라 새로운 책을 구입하고 있다. 90퍼센트
이상은 도매로 구입하며, 계약서상 가능하기는 하지만 반품을 한 적은 아직 없다. 어떤 책

한국의 미스터리 전문잡지 《미스테리아》

유수영 대표가 추천하는 한국 미스터리 작가는 도진기 씨라고 한다.

이 팔리는 걸까.

"히가시노 게이고 작가의 책이 정말 잘 나가요. 물론 히가시노 게이고의 책은 대형 서점에서도 베스트셀러지만요. 저희 서점에는 미스터리 마니아도 많이 오시는데, 의외로 고전적인 책을 구매하시기도 해요. 하지만 마니아가 아니어도 저희 서점에 우연히 들렀다가 미스터리에 흥미를 가지게 된다면 정말 좋을 것 같아요. 큰 서점에는 없지만 미스터리 유니온에는 있는 책이라는 새로운 발견을 제공해드리고 싶어요. 이곳에서 다루는 책을 통해 서점의 이름이 돋보이도록 말이죠."

서점 이름이 달라도 베스트셀러만 진열해둔다면 그 서점의 본질은 대형 서점과 다를 바 없다. 한국에서는 미스터리가 간혹 증쇄되고 대부분은 바로 절판이 된다고 하는데, 절판된 책도 서점에 들여놓고 싶다고 한다. 독자의 새로운 '발견'을 위해 나라별·작가별 책장 외에 매월 바뀌는 테마 책장을 만들었다. 이번 달의 테마는 '책과 작가와 책방'이고, 다음 달은 '테이스트 앤 미스터리'다. 각 책장에 표지가 보이도록 진열해두면 신간·구간에 관계없이 발견의 기회는 늘어날 것이라고 말한다. 앞으로는 셜록 홈스, 유카와 마나부(湯川学)**일본의 인기 추리소설 작가 히가시노 게이고가 쓴 탐정 갈릴레오 시리즈의 주인공-역주** 등 탐정별로 꾸민 책장을 만들 생각도 하고 있다. 그러고 보니 곳곳에 탐정을 그린 그림이 놓여 있다.

"《탐정사전(김봉석, 윤영천, 장경현 지음, 프로파간다)》이라는 책의 삽화예요. 한국 작가가 그렸고요. 서점을 오픈할 때 프로파간다 출판사에서 그림을 액자에 끼워 선물해주셨어요."

어디선가 들어본 것 같아 기억을 더듬어보니 프로파간다(324쪽)의 김광철 대표는 유수영 대표의 남편이었다. 남편이 무언가 도움을 주었느냐고 묻자 "남편도 작은 출판사를 운영하다 보니 작은 서점의 사정을 잘 알고 있어요. 하루에 손님이 한 명도 안 오더라도 실망하지 말라고 말해주었죠(웃음). 서점에 관련된 강의와 인테리어 업자도 소개해준 덕분에 제가 만들고 싶은 서점을 그대로 구현할 수 있었어요."라며 웃는다.

서점의 길과 출판사의 길은 각각 다르지만, 같은 방향을 바라보며 하고 싶은 일을 추구하는 부부의 연대가 그곳에 있었다.

→ **MYSTERY UNION 미스터리 유니온**

서울시 서대문구 이화여대길 88-11

02-6080-7040

수요일~금요일 13:00~21:00 주말 12:00~20:00

월 · 화요일 휴무

www.instagram.com/mysteryunionbook

BOOK REVOLUTION IN SEOUL

$\longrightarrow$ (Bookstore/Book director)

sajeokin
bookshop

JEONG JIHYE

sajeokin bookshop

BOOK ——————→ → (Bookstore/
←——→ REVOLUTION   Book director)
→ IN ——————→ SEOUL

18. 한국과 일본의 출판을 연결하는
북 디렉터가 만든 서점

→ (Interview)

정지혜

sajeokin bookshop 사적인서점 대표

1988년 포항 출생

───────→ "나하에 있는 울랄라_{일본 오키나와의 나하에 있는 헌책방-역주}에도 다녀왔어요"라며 큰 안경에 웃는 얼굴로 말을 꺼내는 여성의 이야기에 놀랐다. 북에서 남까지 일본 곳곳에 있는 서점을 둘러보고 있다고 한다. 이 사람은 한국에서 '북 디렉터'로 활동 중인 정지혜 대표다. 우리가 만났을 때는 서점을 시작할지 말지 고민하고 있었지만, 그로부터 3개월 뒤 서점을 열었다. 여기에 실린 인터뷰는 서점을 시작하기 조금 전의 이야기로, 한 명의 젊은이가 한국에서 서점을 열기까지의 생생한 기록으로 읽어주셨으면 좋겠다.

일본을 여행하며 서점에 대해 배웠다

→ 지혜 씨와는 여러 번 만났지만, 이 기회에 자세한 경력을 다시 듣고 싶어요. 처음에는 땡스북스의 점원으로 일했던가요?

땡스북스에서 일하기 전에 에세이나 실용서, 자기계발서를 내는 출판사의 편집자로 2년 정도 일했어요. 기획서를 만드는 건 제 성향과 잘 맞아서 재미있었지만 밤늦게까지 일을 해서 체력의 한계를 많이 느꼈어요. 다른 출판사로 이직할 것인가 아니면 책과 관련 있는 새로운 일을 시작할 것인가 고민할 즈음 땡스북스의 구인 광고를 보게 되었어요. 땡스북스는 디자이너가 만든 서점이기 때문에 제가 가서 땡스북스에 편집 감각을 보완하면 좋을 것 같았고, 한편으로 저는 디자인과 브랜딩을 배울 수 있지 않을까 하는 생각이 있었죠. 그래서 2012년 11월에 땡스북스에서 일을 시작하게 되었어요.

책을 만드는 쪽에서 파는 쪽으로 바뀌면서 이전에는 독자가 어떤 기획에 매력을 느낄지를 고민했지만 이번에는 완성된 콘텐츠를 어떻게 하면 재미있게 전달할지 그 방법을 연구하게 되었는데 하다 보니 점점 재미있더라고요. 제가 편집자 시절에 만든 책을 손님이 들고 계산대로 걸어올 때, 이전에는 막연하게 느꼈던 독자의 윤곽이 선명해져서 신선하다고 느꼈던 감각을 지금도 기억해요.

→ 땡스북스에서는 어떤 일을 하셨나요?

매니저로 일하면서 주로 거래처 관리를 하고 책의 납품과 진열을 맡아 했어요. 땡스북스에서 다루는 책은 모두 출판사와 직거래로 입고했는데, 입고할 책을 고르고 책의 진열 방법을 정하고 책을 선별해서 코너를 만드는 일을 했죠. 도서관이나 호텔에 들어갈 책장을 꾸릴 때는 책을 골라서 납품하기도 했고요. 책도 사람도 무척 좋아하는 저에게는 직거래라는 방식이 정말 잘 맞았어요. 출판사 직원들과 함께 책의 진열이나 판매 방법, 이벤트를 고민하는 작업이 무척 즐거워서 피로가 싹 사라지는 느낌이었죠. 그래서 '어쩌다 책방'을 오픈할 때도 땡스북스에서 관계를 맺었던 출판사에 연락해서 직거래를 했어요.

→ 그럼 땡스북스를 그만두고 독립하려던 계기는 뭐였나요?

2014년 하반기부터 한국에서는 작은 서점이 늘어나기 시작했어요. 저도 언젠가는 제 서점을 만들고 싶은 생각이 있었는데, 서점이 하나둘 생기는 상황을 보니 나만의 서점이 꼭 먼

(Bookstore/Book director)

정지혜 대표가 일했던 땡스북스

정지혜 대표가 디렉터로서 참여했던 '비 라운지(현재 어쩌다 책방)'는 2016년 7월 망원동에 오픈했다.

미래의 일은 아니겠다는 생각이 들었어요. 30~40평 정도의 넓은 장소가 아니고 혼자 운영할 수 있는 작은 공간이면 괜찮지 않을까 하는 생각이 든 거죠. 땡스북스는 직원 한 명 한 명이 드러나기보다는 시스템으로 움직이는 서점이었기 때문에, 손님과 직접적으로 소통하는 일이 그렇게 많지 않았어요. 땡스북스와 어반북스의 컬래버레이션 독서회를 담당하고 있던 저는 손님에게 직접적으로 책의 재미를 전하고 싶은 욕구가 많았기에 그러한 독자와의 교감을 저만의 공간에서 해보고 싶었어요. 2016년에 저의 서점을 시작하기로 결심하고 2015년 마지막 날에 퇴사했어요.

→ **자신의 서점을 준비하면서 참고한 롤모델이 있었나요?**

제가 땡스북스에서 막 일하기 시작했을 때만 해도 한국에서는 주인의 개성이 드러나는 소규모 서점을 찾아보기가 어려웠어요.

잡지나 참고서를 주력으로 판매하는 서점이 대부분이었으니까요. 더군다나 땡스북스는 전문 서점인이 운영하는 서점이 아니었고, 서점 공부를 하고 싶어도 한국에서는 서점원을 위한 업무 교육이나 참고 도서 등이 거의 없었기 때문에 혼자서 일본 서점의 사례를 찾아보며 배웠어요. 일본에는 서점에 관한 책이나 서점원이 쓴 책이 많이 출판되어 있으니까 참고가 되었죠. 가장 감명 깊게 읽었던 책은 이시바시 다케후미 씨의 《서점은 죽지 않는다(시대의 창)》였어요. 땡스북스에 입사하고 반년 뒤에 한국에서 번역 출간되었는데, 일본의 서점 장인들의 서점 이야기는 정말 많은 공부가 되었어요.

2014년 6월에 일본으로 서점 순례를 떠나게 된 계기가 있었어요. 땡스북스에서는 1, 2년에 한 번 해외여행을 지원해주는 개인 워크숍 제도가 있어요. 이 워크숍 제도를 통해 이기섭 대표님이 참고하셨다는 교토의 게이분샤 이치조지점과 오사카의 스탠다드 북스토어에 가봤죠. 서점의 도서 진열 방법이나 서비스에 자극을 많이 받았는데 그때를 시작으로 개인적으로 일본 서점 순례를 하게 되었어요. 다음 해 봄부터는 일본어 공부를 본격적으로 시작했고 5월에는 B&B, 카모메북스, 써니보이북스SUNNY BOY BOOKS 등 도쿄의 개성적인 서점 열다섯 곳을 방문했어요. 우치누마 씨의《책의 역습》도 이때 알게 되었죠. 일본의 서점인 중에 저의 롤모델이 세 분 계세요. 우치누마 씨를 포함해서 미시마샤의 미시마 구니히로 씨, 그리고 현재 세이코샤를 운영하는 호리베 아쓰시 씨에요. 세 분 모두 책을 파는 일에 대해 새로운 비전을 보여주셨어요.

우치누마 씨는 B&B를 통해 서점은 단순히 책을 파는 일 이외에도 매일 개최하는 이벤트를 통해 새로운 메시지를 발신할 수 있는 장소라는 것을 보여주고 계세요. 책에 기획을 더해서 서점 이외의 장소에서도 판매하고 있죠. 미시마 씨는 출판사를 운영하는 한편 교토 출판사 사무실 1층에 가정식 서점을 만들어 출판에 새로운 모델을 도입하고 있어요. 제가 전직 편집자여서 그렇게 느끼는 것인지 몰라도, 두 분 모두 기획력으로 돌파하는 점이 재미있어요. 호리베 씨는 게이분샤에서 오랫동안 일했다는 점호리베 아쓰시는 교토의 유명한 서점 게이분샤 이치조 지점에서 20여 년을 일했다—역주 자체도 인상적이었지만, 얼마 전에 한국에 오셨을 때 강연(2016년 6월 프로파간다가 주관했던 '탐방서점'에서의 강연)을 듣고 이분은 문화적 메시지를 발신하는 스페셜리스트라고 생각했어요. 장인처럼 일하시는 업무 방식에 좋은 영향을 받았죠.

개점 준비 중에 계속했던 공기 책방과 북 디렉터의 일

→ **다음 단계가 구체화되기 전에 일을 그만둔 것 같은데 그 후에는 어떤 준비를 하셨나요?**

땡스북스를 그만두고 바로(2016년) 1월에 한 달 동안 일본의 '책이 있는 장소'를 여행했고, 2월에는 B&B에서 '한국과 일본의 서점 정보 이모저모'라는 테마로 우치누마 씨와도 토크 이벤트를 했죠. 그곳에서 생각을 정리하고 돌아와서 바로 저의 서점을 시작할 예정이었어요. 서점 콘셉트도 정한 상태였고요. 하지만 딱 맞는 공간을 찾을 수 없었어요. 그러던 차에 비파크B:PARK에서 불러주셔서 일을 하게 되었어요. 서점에서 일했기 때문에 서점 경영이 쉽지 않다는 점을 잘 알고 있었고, 더 좋은 장소를 찾을 수 있을지 임차료나 도매상과의 거래는 어떻게 풀어갈지 고민이 많아서 일단 보류해두기로 했죠. 책을 다루는 새로운 공간에서 일주일에 세 번 일을 하면서 서점 개업을 대비하여 조금 더 경험을 쌓자고 생각했어요.

비파크 부지 안에는 이런 야외 도서관이 네 군데 있다.
이곳은 '생각과 책 도서관'

비파크의 야외 도서관 중 '몸과 책 도서관'

→ **비파크에서는 어떤 일을 하신 거죠?**

비파크의 콘셉트는 '책으로 새로운 실험을 한다'예요. B는 '북BOOK'과 '비욘드BEYOND'를 의미하죠. 질병관리본부가 있었던 부지를 활용한 문화시설인 서울혁신파크 안에 있는데, 이곳에는 야외 도서관과 팟캐스트 방송국이 있고 강좌나 강연회 등의 활동이 이루어지고 있어요. 저의 주요 업무는 야외 도서관 네 곳의 기획과 운영이에요. '생각과 책 도서관', '다른 삶과 책 도서관', '몸과 책 도서관', '숲과 책 도서관'이라는 도서관 테마에 맞춰서 3개월마다 책의 진열을 바꾸고 있어요. 더불어서 일주일에 한 번씩 '도서관지기'로서 테마를 정해서 매주 다양한 책을 소개하는 메일을 보내고 있어요. 도서관 업무는 책의 판매를 촉진한다기보다는 효과적으로 책을 소개하는 방법을 고민하는 일이에요. 도서관에 오는 사람도 아이에서부터 연배가 있으신 분까지 실로 다양해요. 땡스북스의 주요 손님인 문화적 관심이 높은 20~30대 여성과는 또 다른 다양한 사람들에게 책을 전하는 방식을 배울 수 있었죠.

→ **비파크에서 했던 일이 북 디렉터를 하게 된 계기였나요?**

비파크의 일과 병행해서 우치누마 씨가 하시는 것같이 북 디렉터로서의 일, 그러니까 책과 사람의 만남을 만드는 일을 하며 개업을 준비했어요. 저자와 독자가 만나는 토크 이벤트를 기획하거나 어반북스와 코스메틱 브랜드 이솝이 함께 운영하는 북클럽의 진행을 맡아서 해나갔고요. 그리고 또 하나, 《책의 역습》에 나오는 이카분코 같은 공기 책

> **책의 존재를 알리는 것은
> 물론이고 독서의 재미를
> 전하는 일을 하고 싶다.**

로 시(時)태그를 ... 위해서 서울 ...
시 눈을 딴 대로 돌리기 위해서 ...
... 눈을 딴 대로 돌리기 위해서 서울 ... 자연계
... 아니었습니다. 그녀는 저에게 "너는 하루 종일 자연계
... 도 아니었습니다. 시간을 얼마나 보내고 있느냐?"란 질문을 다시 한 번
... 있는 시간을 얼마나 보내고 있는 것은. 그것도 누가 시켜서가 아
... 미가 있는 시간을 얼마나 보내고 있는 것은. 그것도 누가 시켜서가 아
... 게 했습니다. 한 권의 책을 읽는 것은. 하지 않아도 되는 것을 스
... 보게 했습니다. 한 권의 책을 직접 골라서 읽는 것은, 하지 않아도 되는 것을 스
... 나라 내 손으로 직접 골라서 읽는 것은, 바로 거기 자신을 키워 보는 생생하게
... 스로 '굳이' 해 보는 경험입니다. 바로 거기 자신을 키워 보는 생생하게
... 스로 '굳이' 해 보는 경험입니다. 나를 키우는 시간은 내가 한 인간으로 생생하게
... 험입니다. 나를 키우는 시간은 내가 한 인간으로 생생하게
... 있다고 느낄 만한 시간입니다. 생생하게 산다는 것은 어떤 철학까
... 요? 뒤에서 곧 다시 이야기하겠습니다.

'#책 속의 포스트잇'의 예시. 정혜윤의 《삶을 바꾸는 책 읽기(민음사)》의 한 구절에 밑줄을 그어서 인스타그램에 올렸다.

방오프라인 매장이 없는 가상의 서점으로, 오프라인 서점의 **책장을 빌려 판매하는 이벤트를 한다–역주**을 저도 시작했어요. 실제 서점 공간이 없어도 온라인으로 소통하고 책을 보낼 수 있기 때문에 인스타그램을 통해서 하고 있어요.

세 가지 테마로 해시태그를 붙여서 인스타그램에 올리면 세 가지 책 코너가 만들어지는 거죠. 첫 번째 해시태그는 '#오늘 산책'이에요. '내가 오늘 산 책'과 '책을 산책하다=독자가 새로운 책과 만나다'라는 중복된 의미를 담고 있죠. '산책'은 '산보하다'라는 의미도 되고 '구입한 책'이라는 의미도 되니까요. 오늘 자신이 구입한 책에 코멘트를 붙여서 올리고 다른 사람들에게 보여주는 거예요. 두 번째는 '#책 속의 포스트잇', 즉

책갈피예요. 책을 읽으며 밑줄 그은 부분을 사진으로 찍고 감상과 함께 올려요. 세 번째는 '#침대맡 독서'예요. 자기 전에 침대에서 읽은 책을 올리는 거죠. 하루에 적어도 한 번은 이 세 가지 중 하나의 해시태그로 글을 올리는데 댓글이 달리면 기분이 좋아요. "지금까지 전혀 책을 읽지 않았는데 소개하신 책을 계기로 한 달에 1~2권 정도는 읽게 되었어요." 같은 댓글을 읽으면 특히요. 제가 하고 싶은 일은 책의 존재를 알리는 것은 물론이고 독서의 재미를 전하는 일이에요. 서점 직원이었을 때 해왔던 일을 SNS를 통해 확장했는데, 계속하다 보니 책과 관련되거나 일본 서점과 관련된 다양한 제안과 업무가 자연스럽게 들어오게 되었어요.

(Bookstore/Book director)

지금 이야기하고 있는 어쩌다 가게라는 복합 빌딩의 2호점 1층에 서점을 만들어보지 않겠느냐는 의뢰도 그중 하나죠. 바로 '비 라운지(이후에 어쩌다 책방으로 이름을 바꾸었다)'를 만드는 일이었어요.

→ **그 서점 만들기는 어떤 과정을 통해 의뢰받으신 거예요?**

건물 1층 라운지에 서점을 만들고 싶지만 어떻게 해야 될지 몰라서 곤란해 하던 공무점(어쩌다 가게를 기획하고 운영하는 회사)의 대표님이 제가 땡스북스를 그만뒀다는 소식을 듣고 연락을 주셨어요. 처음에는 매니저를 제안해주셨지만 그때 저는 제 서점을 만들 계획을 세우며 비파크의 업무를 하고 있어서 사양했는데, 북 디렉터로서 일하도록 방향을 조정해주셔서 맡을 수 있었어요. 출판사와 하나하나 연락을 하며 조율해갈 때는 정말 제 서점을 시작한 기분이었죠. 비 라운지의 콘셉트는 '어쩌다'라는 건물 이름과 마찬가지로 '우연한 만남'에 있어요. 사려고 마음먹은 책을 찾기보다는 이 서점에 와서 재미있는 책을 발견하셨으면 하는 바람으로 책을 골라서 진열하죠. 그리고 광고나 유명 작가에 의존하지 않고 매달 '어쩌다 책방 주인'을 선정하여 별도 코너를 운영하고 있어요. 작가나 아티스트 같은 사람들에게 애장 도서나 추천 도서 20권의 목록과 함께 추천사를 보내달라고 한 다음 서점에서 판매합니다. 한 달 후에는 또 다른 '주인'에게 부탁하죠. 한국에는 일본처럼 구매한 책에 북커버를 씌워주는 문화가 없어서 일본에서 아이디어를 빌리기도 했어요. 매달 '어쩌다 책방 주인'과 관련된 북커버를 제작해서 그 기간 중에 책을 구입하시는 분들께는 북커버 서비스를 무료로 제공하고 있어요. 새로운 북커버를 받고 싶으면 매달 서점에 와야 하죠.

참, '오늘 기쁜 소식이 있다'고 말씀드렸는데 드디어 올해 9월에 저의 서점을 시작하게 되었어요!

비 라운지에 방문했을 때의 '어쩌다 책방 주인'은 그림 그리고 글도 쓰는 건축가 오영욱 씨였다. 별명은 '오기사'. 특별 제작한 북커버도 본인이 그렸다.

sajeokin bookshop

비 라운지(어쩌다 책방)에 진열된 책은 정지혜 대표가 골랐다.

→ **와, 축하해요! 장소가 정해진 거군요. 그럼 지금 하고 있는 일은 쉬는 건가요?**

고맙습니다. 장소는 유어마인드(이전 전)와 가까운 곳이에요. 다른 일도 계속 병행할 거예요. 새롭게 시작하는 서점은 조금 특이한 콘셉트이기 때문에 같이 해나갈 수 있을 거라고 생각해요.

→ **지난달에 만났을 때에는 고민되는 점이 많아서 조금 시간을 두고 생각해보려고 한다고 말씀하셨죠. 서점을 시작할 결심을 하게 된 이유는 뭔가요?**

서점 오픈은 반드시 올해 안에 하겠다고 마음먹고는 있었지만, 주저했던 건 장소 문제 외에도 내가 정말 서점을 경영할 수 있을까 하는 걱정이 컸기 때문이었어요. 최근 많이 생겨나는 작은 서점을 보면서 저 스스로가 가능성을 확신할 수 없어서 조금 더 기다려볼까도 생각했어요. 하지만 비 라운지에서 일을 시작한 첫 번째 날 서점에 들어섰을 때 '역시 나는 내 서점을 해야 하는 사람이구나' 하는 걸 확실히 자각했어요. 비 라운지가 제 손으로 기획하고 준비한 서점이었기 때문에 그렇게 생각했을지도 모르죠.

단 한 명을 위한 상담 서점을 열다

제가 처음에 생각했던 콘셉트는 '책 처방'이에요. 일반적인 서점에서는 손님이 직접 책을 고르고 도움이 필요할 때만 직원을 부르죠. 하지만 제 서점에서는 손님이 가게에 들어오자마자 말을 걸어 대화를 이어가고 자연스러운 흐름에 따라 손님에게 어울리는 책을 골라드리고 싶었어요.

→ **232**

그런 아이디어를 생각하던 올해 7월에 마침 셀렉트숍에서 의뢰를 주서서 '책 처방' 콘셉트로 한 달 동안 팝업스토어를 열었어요. 매주 토요일에 한 사람만 신청을 받아서 한 시간 동안 상담을 하고 그 사람이 지금 읽었으면 하는 책, 읽으면 좋을 것 같은 책 한 권을 골라서 일주일 후에 배송했어요. 상담을 하며 나누었던 대화를 바탕으로 그 사람이 공감할 법한 책 속의 문장에는 밑줄을 그어서 드려요. 요금은 한 시간 동안의 상담료와 음료대, 장소를 제공한 셀렉트숍의 캔들에 책 한 권과 배송료를 포함해서 4만 원이었죠. 손님은 누군가에게 책을 선물받은 것 같은 느낌으로 캔들에 불을 켜고 책을 읽을지도 몰라요.

그 전까지 머릿속으로만 생각하던 일을 구체화해서 실현해보니 참가자의 만족도도 무척 높아서 용기를 얻었어요. 마침 그때 "서점을 할 만한 공간이 있는데 한 번 보지 않을래?"라는 지인의 권유로 지금의 서점 장소에 가게 되었는데 한눈에 반해버렸어요. 그 장소로 바로 정했죠. 팝업스토어를 하면서 느낀 부분은 서점이라고 해서 반드시 재고가 있어야 하는 것은 아니라는 점이었어요. 재고에 대해 걱정하게 되면 어딘가에서 수익을 내려고 하면서 문제가 발생하죠. 책이 아닌 다른 곳에서 수익 구조를 찾으려고 해도 한 사람이 운영하는 작은 규모로는 한계가 있어요. 그래서 계속 고민을 하던 중에, 팝업스토어를 통해 한 시간 상담을 해서 책을 고르고 발송하는 일련의 행위에 새로운 콘텐츠 요소가 있다는 것을 깨달았어요. 카페 운영이나 이벤트를 하지 않아도 수익을 낼 수 있는 가능성을 발견한 거죠. 그래서 제가 이제부터 하려는 서점도 같은 콘셉트로 운영하려고 해요. 상담은 전부 사전 예약제로 하고 상담 후에는 책을 보내주는 시스템이에요.

→ **그럼 그 서점에 책은 없는 거예요?**

네. 기본적으로는 책이 없는 서점으로 운영하려고 하고 있어요. 한 사람당 한 시간씩 상담을 하는 '책 처방'과 함께 책을 배달하는 서비스도 생각하고 있어요. 책을 읽고 싶지만 어떤 책을 읽어야 하는지 알지 못하는 사람, 책을 고르는 것이 귀찮은 사람들에게 한 달에 한두 권 책을 보내주는 서비스죠. 또 써니보이북스나 카모메북스 등 제가 좋아하는 일본 서점과 자매결연을 체결하거나, 한 달에 두 번 정도는 예약 없이도 서점에 올 수 있는 오픈 데이를 만들려고 생각하고 있어요. 책 처방과 책 배달, 오픈데이 이러한 세 가지 콘셉트로 서점을 운영하며 제 개인 작업실로도 활용할 예정이에요.

제가 지금 하고 있는 다양한 일을 하나의 장소에 모으고 그 공간에서 독자와 만나면 에너지가 차곡차곡 쌓이지 않을까 하고 생각해요. 지금 한국에서 활성화되고 있는 작은 서점 커

작은 서점 커뮤니티의 배경에는 사람들은 모두 자기 이야기를 하고 싶어 한다는 점이 전제되어 있다.

뮤니티의 배경에는 사람들은 모두 자기 이야기를 하고 싶어 한다는 점이 전제되어 있는 것 같아요. 친구와 나눌 수 없는 이야기들도 같은 취미나 관심사를 가진 사람에게는 자신의 고민이나 꿈에 대해 이야기할 수 있어서 대화가 잘 이어지죠. 팝업스토어에서 책 처방을 해보면서 그렇게 실감했어요.

→ **상담한 다음에 보내는 책은 어떻게 구매할 계획이세요? 상담 요금도 팝업스토어를 열었을 때와 같나요?**

도매상을 통해서 매입하려고 생각하고 있어요. 한국의 도매는 한 권 단위여도 발송해주고, 어떤 책을 처방하게 될지 알 수 없기 때문에 출판사와 직거래를 하는 것보다 도매상을 통해 구매하는 쪽이 편리해요. 서비스 요금은 5만 원을 받고 싶지만 3만 원으로 내릴지도 몰라요. 책의 평균 정가를 15,000원 정도로 잡으면 입고가가 11,000원 정도이니 음료와 배송비를 포함하면 책처방에 필요한 원가는 대략 15,000원 정도라고 생각해요. 5만원으로 요금을 책정할 경우, 순수익은 35,000원 정도 나는 거죠. 보통 일반적인 서점이라면 정가 15,000원의 책을

8~9권 팔아야 하는 금액이에요.(일본 서점의 순수익은 도서 정가의 22~23퍼센트 정도). 여기에 제가 큐레이션한 책을 신뢰하는 손님들의 추가 구매가 더해지겠죠. 작은 서점에서도 이렇게 손님과의 대화를 통해 책을 팔면 경쟁력이 생긴다고 생각해요.

→ **요금은 조금 높게 책정해도 좋지 않을까요? 앞으로 무척 인기가 많아지게 될 경우를 생각해서라도 말이죠.**

아직 시작도 하지 않았기 때문에 꿈만 같은 이야기네요. 솔직히 요금은 어떻게 책정해야 될지 고민이 많아요. 더 올려도 좋을 것 같기도 하고 너무 비싼 것 같기도 하고. 지금 생각하는 건 첫 회 요금은 조금 높게 받고 재방문 가격을 내리는 방법이에요. 작가에게 상담을 맡기는 이벤트를 열어서 추가 요금을 받는 방법도 있을 거예요. 제 목적은 즐겁게 책을 소개하는 것이기 때문에 가능하면 손님이 방문하기 쉬운 가격으로 하고 싶어요. 이러한 사례가 한국에는 없었기 때문에 가격이라는 벽이 너무 높으면 사람들이 접근하기 어려워하지 않을까 하는 걱정도 있어요.

→ **반대로 처음에는 3만 원으로 시작해서 손님이 늘어나면 양해를 구하고 4만 원으로 올리는 방법도 있겠죠. 아니면 홈페이지에 달력을 만들어 해당 날짜의 상담을 경매하는 방식도 있겠고요.**

(Bookstore/Book director)

직접 홈페이지를 만들기는 어려워서 기본적으로는 지금 제가 쓰고 있는 인스타그램 등 SNS를 기반으로 공지나 광고를 하려고 해요. SNS의 이점은 책에 그다지 관심이 없는 사람도 저의 취향이나 라이프스타일에 호감이 있으면 제 SNS를 계기로 책에 흥미를 가지게 된다는 점이에요. 제 일본어 선생님이 지혜 씨의 주변에는 마스다 미리 씨의 만화를 좋아하는 사람이 많으니 그 책으로 일본어 스터디를 해보면 어떻겠느냐고 제안해주셔서 SNS에서 스터디를 같이할 사람을 모집했더니 반응이 무척 좋았어요. 이 수업은 새로 열 서점에서도 저희 서점만의 고유 콘텐츠로 지속적으로 이어가려고 해요.

서점 이름을 정하는 일은 어렵다

→ **그런데 서점 이름은 정하셨어요?**
'책 처방'에서 따와 '북 파머시book pharmacy'로 하려고 했는데 알아보니 작년에 법이 바뀌어서 약제사 면허가 없는 사람이 상호에 '처방'이나 '약국'을 쓰는 것이 금지되었다고 하더라고요. 그래서 다른 이름을 생각해야 돼요. 무척 고민되네요(웃음).

→ **앞으로 서점이 새로운 방향으로 전개될지도 모르니까 넓은 의미의 이름으로 정하는 편이 낫지 않을까요? 예를 들어 자신의 이름인 '정지혜 서점'으로 한다든가.**
친구들은 "네 별명이 다람쥐니까 '다람쥐 문고', '도토리 책방' 같은 건 어때?"라더라고요. 제 명함에 책을 읽는 다람쥐 그림이 있거든요(웃음).
서점을 시작할 장소는 홍대에서 조금 떨어진 창전동에 있는 빌딩의 4층에 있어요. 공간은 40평이고, 일러스트레이터와 북디자이너 등이 함께 사용하는 작업실이어서 공간 분위기가 무척 좋아요. 방은 4인실과 2인실이 각각 한 개씩 있는데 서점으로 쓸 공간은 6평 정도 되는 2인실 공간이에요. 일러스트레이터, 북디자이너 분들과 같이 무언가를 할 수 있지 않을까 여러 가지로 생각하고 있어요. 오픈할 9월이 무척 기대돼요.
아, 공용 키친도 있어요. 제 남편이 요리사여서 다양한 이벤트도 할 수 있을 것 같네요. 영화 '카모메 식당'의 주인공을 했던 여배우(고바야시 사토미)가 주연한 일본 드라마를 좋아해요. '빵과 스프, 고양이와 함께하기 좋은 날'이란 드라마인데요. 서점에서 이벤트를 진행할 때 참고해보고 싶어요.

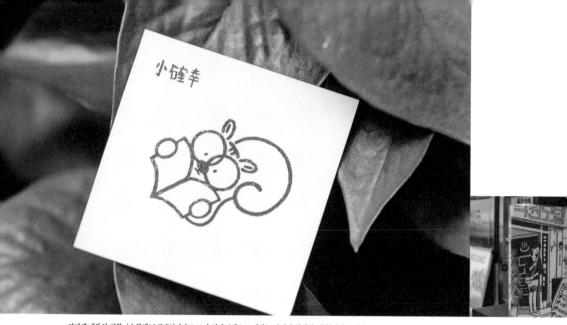

정지혜 대표의 명함. '소확행(小確幸)'이라고 쓰여 있다. '책으로 전하는 작지만 확실한 행복'이라는 의미로,
무라카미 하루키의 《작지만 확실한 행복(문학사상사)》에 나오는 말이라고 한다.

→ **그 드라마는 일본에서 WOWOW**일본의 위성
방송 채널 중 하나 - 역주에서만 방송되었던 것 같네
요. 전혀 몰랐어요.

제 주변에는 이 드라마를 좋아하는 사람들
이 많은데 대체로 땡스북스의 손님과 겹쳐
요. 이런 분들이 방문해주실 것 같은 서점
을 만들고 싶어요. 이 드라마를 본 남편이
상담을 시작할 때 준비한 스프를 내어놓는
것도 좋지 않겠느냐는 아이디어를 주었어
요. 그렇게 되면 가격이 조금 올라가겠지만
요⋯⋯. 정말 신기해요. 땡스북스를 그만두
기 전부터 '책 처방'이라는 아이디어는 있
었지만 실현할 수 있을지 없을지 몰라 불안

하기도 했거든요. 하지만 그 후 7개월에 걸
쳐서 비파크나 비 라운지에서의 일, 북 파머
시 팝업스토어, 일본 서점과의 교류 등 폭넓
은 경험을 쌓아왔고, 지금이야말로 직접 가
능성을 시험할 수 있는 최적의 시기라고 판
단하게 되었어요.

→ **한국과 일본의 서점을 잇는 일에 지혜 씨만**
큼 적합한 분은 없는 것 같은데요. 앞으로는 이
런 일을 어떻게 해나가고 싶으세요?

한국과 일본 양국의 서점을 잇는 일, 그건
제가 가장 하고 싶은 일 중 하나예요. 제가
일본 서점을 둘러보기 시작한 건 서점에 대

(Bookstore/Book director)

해 공부하고 싶다는 극히 개인적인 이유에서였어요. 일본어도 제대로 못하는데 일본 서점들에 '가서 만나 뵙고 싶어요!'라고 일일이 메일을 보냈죠. 놀랐던 점은 실제로 만난 서점 주인 분들이 "정지혜 씨처럼 한국에서 연락을 해온 사람은 지금까지 한 명도 없었어요"라고 말씀하셨다는 거예요. 한국 출판계에는 일본어를 잘하는 사람도 많고, 참고 삼아 일본을 방문하는 분들도 많죠. 하지만 저처럼 일본 서점원에게 직접 연락을 해서 만난 사람은 없었던 거예요. 의외라고 생각하면서도 이런 면은 저만의 강점이라는 생각도 들었어요. 그래서 일본어 공부도 일본 서점 순례도 본격적으로 하고 있는 거예요.

실제로 이런 시도를 통해 맺어진 인연 덕분에 우치누마 씨가 2016년 2월에 B&B에서 했던 토크 이벤트에도 불러주셨죠. 나오기를 고대하던《책의 역습》이 한국에서 출간되는 일을 도와드리기도 했어요. 한국에서 출간했을 때 우치누마 씨를 한국으로 초청해서(세이코샤의 호리베 아쓰시 씨도 초청한 서점 관련 강연) 2박 3일간의 강연도 함께했고, 아야메 씨와 함께 서울의 서점과 출판사를 안내했죠. 그러한 일들이 쌓여서, 이번에는 이렇게 일본에서 한국의 서점과 출판에 관한 책이 나온다기에 무척 놀랐어요.

머지않아 미시마샤의 대표이신 미시마 씨의 책《좌충우돌 출판사 분투기(갈라파고스)》**2016년 8월에 한국어판이 출간되었다-역주**가 한국에서 출간되는데, 미시마샤에 여러 번 방문했던 저의 경험담을 책에 싣게 되었어요. 교토에 있는 미시마샤의 서점을 방문했을 때 SNS에 정보를 올렸는데 그걸 본 한국 출판사에서 연락을 준 거죠. 좀 전에 서점에 관련된 분 중에 제가 좋아하는 분을 세 분 꼽았는데, 기존에 책이 나왔던 우치누마 씨와 미시마 씨뿐만이 아니라 호리베 씨의 책도 곧 출간될 예정이라고 들었어요.**《거리를 바꾸는 작은 가게(민음사)》가 2018년 2월에 출간되었다 -역주** 지금 한국의 독립 서점들은 일본의 서점에서 많은 자극과 영감을 받고 있다고 생각해요. 다음 달(2016년 8월) B&B에서 개최되는 한국 독립출판물 페어**B&B KOREAN BOOKS FAIR** 준비를 도와달라는 연락을 받고 쎄 프로젝트**SSE Project**와 6699프레스라는 한국의 개성 있는 소규모 출판사를 일본에 소개하게 되었어요. 각 대표님들을 일본에 초대해서 토크 이벤트도 개최하죠. 제 서점의 오픈 데이 때에도 자매결연을 체결한 일본 서점을 소개하는 이벤트를 하려고 생각하고 있어요. 우선은 규모나 특징이 비슷한 도쿄의 써니보이북스부터 해보려고요. 다음 달 일본에서 서점 주인인 다카하시 씨와 논의를 해요. 이러한 일들은 모두 처음에는 작은 개인 활동에서 시작했지만 점차 확장되고 있는데, 앞으로 더욱 선명하게 그려가고 싶어요. 한일 양국의 서점과 출판 사이에 다리를 놓는 일을 지속적으로 해나가고자 합니다.

2016년 8월 B&B에서 개최한 한국 독립출판물 페어

한국 독립출판물 페어에서는 6699프레스의
이재영 대표도 토크 이벤트를 위해 일본에 방문했다.

한국과 일본의 서점을 잇는 일의 장래

언젠가 일본 서점에 대해 책을 쓰고 싶어요. 한국에서는 도쿄의 서점과 북카페 가이드인《도쿄의 서점》,《도쿄의 북카페》라는 책이 많은 사랑을 받았어요. 다만 그 책은 4년 전에 출간되어서 지금은 없어진 곳도 많죠. 한국에서는 최근 일본 서점에 대한 관심이 무척 높아져서 그러한 가이드북을 준비하는 저자도 있을 거예요. 하지만 일본 서점의 주인이나 직원과 직접 만나 지속적으로 교류하고 있는 사람은 저밖에 없을 거라고 생각하기 때문에, 그러한 장점을 살려서 쓰고 싶어요.

→ **지혜 씨의 경험을 써주신다면 무척 재미있을 것 같아요. 그런데 훗날 업무의 범위가 확장되었을 때 서점과 다른 업무를 어떻게 양립해나갈 생각이세요?**

비파크 일은 2016년 말까지 해요. 서점이 자리 잡을 때까지 이 일에서 자금을 충당하고 일이 끝나면 상담 예약을 받을 수 있겠죠. 비 라운지 업무는 한 달에 한 번 가게 안에서 북페어 기획이나 이벤트를 진행하는 일에 한정되어 있어서 괜찮고요. 다른 이벤트도 단발성 일이기에 조정할 수 있겠죠. 책과 관련된 다양한 제안이 계속 들어오는 건 정말 감사하지만, 내년에는 제 서점에 집중하려고 해요. 다양한 일이 저의 서점을 지탱해주는 것은 분명하지만 땡스북스에서 쌓아온 경험, 그러니까 제가 고른 책을 통해서 독자와 소통하는 일은 서점 안에서 만들어져요. 저에게는 그 일이 소중하기 때문에 서점이 먼저예요.

(Bookstore/Book director)

→ 중간에 조금 비는 시간이 있다고 해도 작년 마지막 날에 일을 그만두고 9개월 만에 서점을 오픈한다니 무척 빠르네요. 물론 제도적·사회적인 요인이 있다고는 해도, 일본에서는 서점을 시작하고 싶어 하면서도 선뜻 발을 떼지 못하는 사람이 많은 것 같아요. 지혜 씨라면 그 사람들에게 어떤 조언을 해주시겠어요?

제가 땡스북스에서 일하며 느낀 건 일반적인 방법으로 책을 팔아서는 서점을 유지하기가 쉽지 않다는 것이었어요. 아무리 책을 좋아해서 서점을 하고 싶다 해도, 현재의 온라인·오프라인의 유통 구조 등을 포함하여 종합적으로 지속 가능성을 생각하면 지금까지의 해왔던 방식을 답습하는 것만으로는 살아남기 어려운 거죠. 일본도 한국과 마찬가지라고 생각하지만요. 제가 가장 힘들었던 점도 그러한 지속 가능한 수익 구조를 발견하지 못했던 거였어요. 한국에서 늘어나고 있는 작은 서점을 둘러보아도 같은 걱정을 하고 있어요. 저 역시도 다양한 경험을 통해 겨우 '책 처방'이라는 아이디어

에서 단서를 발견하여 '이제부터 서점을 시작할 수 있겠군!' 하고 생각했죠.

사람이나 서점에 따라 경쟁력은 완전히 달라져요. 예를 들어 B&B는 매일 개최하는 이벤트나 맥주를 마시며 책을 즐기는 서점이라는 데 강점이 있어요. 물론 책만 팔아서 서점을 유지할 수 있다면 가장 좋겠지만 요즘 같은 상황에서는 어렵죠. 그래서 자신만의 경쟁력을 만드는 게 중요하다고 생각해요. 한국에 새롭게 생긴 서점 중에 눈에 띄는 위트 앤 시니컬은 시인이 직접 운영하는 서점이에요. '시인이 주인'이라는 것만으로도 임팩트 있지 않나요? 서점에서는 시집만 팔고 시인을 초청해 낭독회도 하고 있어요. 지금까지 이야기했듯이 저는 책이 좋은 만큼 사람이 좋아요. 그래서 누군가의 이야기를 진심으로 듣고 그 사람을 위해서 책을 고르는 일은 제가 가장 저답고 즐겁게 할 수 있는 일이라고 생각했어요. 물론 책을 골라주는 행위 자체는 다른 사람도 가능하겠죠. 하지만 저는 그 일을 사랑하고, 그렇기 때

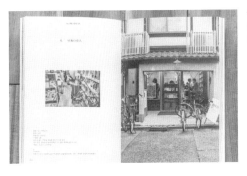

어반북스에서 만든 《어반 리브》 가이드북 시리즈의 '교토&오사카' 편 취재에도 북 디렉터로 참가했다. 세이코샤 등 교토, 오사카에 있는 개성적인 가게를 한국에 소개하고 있다.

자신만의 경쟁력을 만드는 것이 중요하다.

문에 잘 해낼 수 있고 계속할 수 있다고 생각했어요. 그래서 그 방면으로 저의 경쟁력을 확장해가기로 한 거죠. 자신이 좋아하면서 잘 해낼 수 있다고 생각하는 일, 그 일과 책이 연결되는 지점을 찾아가는 것이 중요하다고 생각해요.

그 후 정지혜 씨는 자신의 서점 '사적인서점'을 2016년 10월에 오픈했다. 서점은 구상한 대로 실현한 것일까? 다시 서울에 가서 근황을 들었다.

서점 이름은 '사적인서점'으로 정했어요. 말 그대로 사적인 서점이라는 의미죠. '사적인'이라는 단어는 영어로 말하면 'private(사적인)'와 'personal(개인적인)'의 뜻이 포함되어 있는데, 혼자서 시간과 공간을 제공받는 사적인 서점이자 한 사람을 위해 맞춤 책을 처방하는 개인 맞춤 서점이라는 중의적인는 의미를 담고 있어요.

오픈하고 나서 4개월 동안 서비스 비용(상담과 책 대금 등)은 구상했던 대로 3만 원으로 했어요. 이러한 시도는 한국에서 처음이기도 하고, 온라인 서점에서 책을 사면 최대 10퍼센트 할인, 5퍼센트 적립에 배송료도 무료거든요. 그래서 솔직히 예약이 한 건도 들어오지 않을 수도 있다고 각오하고 있었어요. 하지만 막상 시작해보니 손님이 굉장히 많이 와주셔서 지금은 1개월 전에 예약이 거의 찰 정도예요. 연령층도 10대부터 50대까지 폭이 넓고 재방문율은 10퍼센트 정도죠. 감사하게도 한두 달에 한 번씩 정기적으로 이용해주시는 단골도 생겼어요.

서점을 운영하고 손님의 니즈와 만족도를 파악하게 되면서 '이 가격이면 이용해주실까'가 아니라 '이 프로그램이면 적어도 이 정도 가격을 받아야 한다'라는 생각으로 전환해야 한다는 점을 알게 되었어요. 서점 운영의 지속성을 생각해서 2017년 2월부터는 서비스 비용을 5만 원으로 인상했어요. 이용했던 분의 입소문을 듣고 방문해주시는 신규 손님도 있고, 친구에게 책 처방 프로그램을 선물 받아 상담하러 오시는 분도 무척 많아요.

조금이지만 서점 안에도 책을 두게 되었어요. 처음에는 30권만 두

책 처방을 받으러 가면 처음 20분은
준비한 독서 차트를 바탕으로
건강 진단을 하듯이 이야기를 나눈다.

(Bookstore/Book director)

2016년 10월 정지혜 대표는 자신의 서점 '사적인서점'을 오픈했다.

고 도서를 바꿔가며 진열할까도 생각했지만 그렇게 해서는 서점인지 상담소인지 구분이 안 되겠더라고요. 그래서 개점할 때 책을 300권 정도 진열해두었어요. 지금은 500권까지 늘어났고요. 상담 후에 책장을 보다가 책을 사서 돌아가는 손님도 있고, 매주 토요일에 열리는 오픈 데이에만 오셔서 일반 서점을 이용하듯이 책을 구경하거나 사가시는 분도 제법 있어요(오픈데이는 2018년 1월 끝으로 더 이상 운영하지 않는다). SNS에 올린 책 소개를 보고 온라인으로 주문해주시기도 하죠. 책 배달 서비스는 아직 시작하지 못했지만, 이런 방식으로 지금은 책 처방을 제외하고 한 달에 평균 250권 정도 책이 팔리고 있어요.

서점 밖에서는 계속 북 디렉터로 일을 하고 있어요. 2017년 6월에는 서울국제도서전에서 작가에게 일대일로 책 처방을 받는 이벤트를 준비하고 있고, 5월에는 오사카에서 개최되는 아시아 북마켓 ASIA BOOK MARKET에 출점자로 참가해요. 카모메북스와 함께 일러스트레이터 야마우치 요스케 씨의 전시와 이벤트도 기획하고 있어요. 이런 식으로 책과 관련된 일이 점점 확장되고 있어서 앞으로가 더욱 기대돼요.

→ sajeokin bookshop 사적인서점
서울시 마포구 서강로9길 60 4층
100퍼센트 예약제
www.sajeokinbookshop.com

BOOK ——————→ → (Complex)
←——→ REVOLUTION
→ IN ——→ SEOUL

19. 작은 개인 전문점이
시너지를 만들어내는 공간

어쩌다 가게

서점 비 라운지(현재 어쩌다 책방)가 입주해 있는 곳이 바로 복합 빌딩인 '어쩌다 가게'이다. 어쩌다 가게의 2호점은 2016년 5월 망원동의 주택가에 오픈했다. 세계 병맥주, 프렌치토스트, 캔들, 수공예품 등 11곳의 개성적인 전문점을 비롯해 사무실도 5곳이 들어가 있다. 2014년에 동교동에 문을 연 1호점에는 9곳의 가게가 들어가 있다고 한다. 어쩌다 가게의 기획과 운영을 맡은 설계 사무소 '공무점'의 안군서(1968년생) 대표에게 이야기를 들었다.

"설계 사무소도 서점과 마찬가지로 요즘은 무척 힘들어요. 그래서 직접 기획해본 것이 이 건물이에요. 2호점은 SNS에서 입점 모집을 받았더니 응모 건수가 모집 건수의 3배나 되었죠. 한국은 땅값이 무척 비싸서 여러 문제가 발생하는데, 이 건물에서는 다양한 자영업 가게가 함께 공간을 공유할 수 있도록 설계했어요. 회의실과 20평 정도 되는 지하 공간도 공유해요. 전시회나 워크숍을 통해 임차료를 충당하죠. 임차료를 5년 동안 동결해서 입주자가 중기적인 계획을 세울 수 있도록 하고 있어요."

개인이 운영하는 재미있는 가게가 동네를 활성화시켜도 건물주가 갑자기 임차료를 올리면 쫓겨나고 그 자리에 프랜차이즈가 끼어든다. 전에 홍대에서 유명한 카페를 운영했던 임태병 씨도 이러한 젠트리피케이션 문제에 통감하여 행동에 나섰다. 지인과 함께 어쩌다 가게 1호점을 만들자 소문이 많이 났다고 한다.

"저희의 슬로건은 '개별적으로 그리고 함께'예요. 개인이 독립적으로 존재하면서 협업도 한다는 거죠. 건물 안에 서점을 만든 것도 서점이 있으면 입주자뿐만 아니라 동네 주민도 들를 수 있는 편한 라운지가 될 것 같기 때문이에요. 여러 사람이 머무는 공간, 그게 목표예요."

한국에서는 최근 야시장이 유행하고 있다는데, 어쩌다 가게에서도 건물과 주차장 공간을 활용해서 '어쩌다 야시장'을 열고 있다. 앞으로 계속 이런 장소를 늘려갈 것이라고 한다. 동네에 어쩌다 가게 같은 거점이 늘어나면 독립적인 가게의 태동이 서점계뿐만 아니라 더욱 넓은 곳에 영향을 미쳐 큰 결실을 맺을 것이다.

→ 어쩌다 가게 망원점(2호점)
서울시 마포구 월드컵로19길 74
02-3144-7147 / 070-5121-5627
영업 시간은 매장별 상이
www.facebook.com/uhjjuhdah

어쩌다 가게

BOOK → REVOLUTION → SEOUL
→ IN →

⟶ (Cafe/Writer)

雨乃日珈琲店

SHIMIZU HIROYUKI

20.

한국어로 책 쓰는 일본인이 운영하는
문화 향기 가득한 커피집

→ (Interview)

시미즈 히로유키

雨乃日珈琲店 아메노히 커피점 점장

1976년 일본 시즈오카 현 출생

(Cafe/Writer)

───────→ 여기에서 일본어로 대화하고 있자니 순간 일본으로 돌아간 것 같다. 서울에 카페는 많아도 '커피점'은 이곳뿐이다. 점장인 시미즈 히로유키 씨는 무려 한국어로 책도 썼다. 주제는 한국 각지에 있는 타워라고 한다. 한국의 언더그라운드 문화에도 정통한 만큼 평온해 보이는 표면과 다채로움 사이의 갭이 가게에 깊이를 더하고 있다. 저자로서 겪은 한국의 출판 사정과, 문화 중심지 홍대와 함께 바뀌어 가는 한국 문화에 대해서도 들었다.

아메노히 커피점

서울에 거점이 되는 공간을 만들다

→ 주신 커피도 케이크도 무척 맛있네요. 원두는 어디서 로스팅한 거예요?

감사합니다. 노토 반도 일본 이시카와 현 북부의 반도-역주에 있는 니자미 카페의 로스팅이에요. 케이크도 전부 저희 부부가 직접 만들고 있어요. 아메노히 커피점은 2010년 11월에 시작해서 이제 5년이 넘었네요. 5년 넘게 가게를 하고 있다는 건 일본에서는 흔한 일이지만 가게의 변화가 극심한 홍대에서는 드문 일이에요. 저희는 길게 하고 있는 편이죠. 한국은 3년 안에 음식점의 70퍼센트가 폐점한다는 데이터가 있는데 특히 홍대에서는 1~2년 정도 지나면 가게가 없어질 확률이 매우 높아요. 게다가 공사하는 속도도 무척 빨라서 가끔 1주일 동안 일본에 다녀오면 완전 새로운 가게로 바뀌어 있기도 하죠. 여기에 살고 있는 저조차도 '여기에 이런 가게가 있었나?' 할 때가 자주 있으니까요.

가게를 2년 운영하고 그만두면 가게에 투자한 초기 비용은 물론 회수하지 못해요. 하지만 한국은 부동산 계약이 기본적으로 2년이고 계약을 갱신할 때 임차료를 엄청 올리기도 해요. 그래서 가게를 접는 경우가 많아요. 오히려 일본처럼 임차료가 올라가지 않으면 그게 놀랄 만한 일이죠. 이곳 홍대 지역은 땅값이 계속 올라가는 데다 가게가 나가도 바로 다음 가게가 들어오기 때문에 건물주도 강경하게 임차료를 올리는 거예요. 저희 같은 경우 계약을 갱신할 때마다 임차료 상승 폭이 버티지 못할 정도로 크지는 않아서 어떻게든 해나가고 있어요. 이 가게를 따라 내려가면 나오는 길(경의선 숲길)에서 지금 다리를 만드는 공사를 하고 있는데, 그 때문에 유동 인구의 흐름이 바뀌어서 땅값이 오르지는 않을지 조금 걱정이에요.

커피는 니자미 카페에서 로스팅한 원두를 사용한다.

잡지 〈수카라〉에 시미즈 점장도 연재를 했다.

네팔과 한국 공동 작업으로 만들어진 '티미 세라믹스(THIMI CERAMICS)'

메뉴는 모두 5,000~6,000원 선에서 판매한다.
맥주나 하이볼 같은 술도 제공한다.

→ **처음에 어떤 과정을 통해 한국에 오게 되신 거예요?**

제가 한국에 온 건 2006년 즈음으로 욘사마를 좋아하는 일본인 관광객이 아직 많을 때였어요. 처음에는 어학 공부하러 반년 동안 있을 예정이었는데, 그게 길어져서……. 그전에는 이시카와 현 가나자와 시에 있는 출판사에서 일하다가 그만둔 뒤에 반년 정도 아시아를 여행했어요. 일본에 돌아와서 자유기고가로 일을 시작했는데, 나만의 특기 분야가 있는 편이 좋겠다고 생각했을 때 특별한 이유도 없이 한국어에 흥미가 생겼어요. 아시아를 돌아다니다 보면 한국인 여행객과 자주 만나게 되는데, 친구가 되었을 때 중국인이나 인도인에 비해 일본인과 가깝다고 느껴서일지도 모르겠네요. 예를 들면 길을 건널 때 신호를 잘 지킨다든가 하는 점이 비슷하거든요. 결정적으로 한국어와 일본어 문법이 비슷해서 배우기 쉽다는 말에 가벼운 마음으로 공부하기 시작했어요. 참고서를 한 손에 들고 독학을 하다가 점점 재미있어져서 유학까지 가게 되었던 거죠. 당시에는 〈수카라〉라고 한류뿐만이 아니라 한국 문화를 소개하는 훌륭한 잡지가 일본에서 발행되고 있었어요(2015년에 휴간되었다). 그곳에서 일해보고 싶어서 한국으로 떠나기 전, 도쿄에 있는 편집부에 갔더니 지금은 인력이 충분하다고 하더라고요. 하지만 여기 홍대에 있던 서울 편집부에서 받아주어서, 편집이나 기사 쓰는 일을 했어요. 그 시절에는 한국어 실력이 형편없었지만 무모하게 인터뷰를 하러 가서 한국어로 취재하고 일본어로 기사를 썼어요. 솔직히 상대가 무슨 말을 하는지 100퍼센트 이해하지 못했지만(웃음), 어찌 되었든 "네, 그렇군요." 하고 맞장구를 치면서 인터뷰를 마치고, 인터뷰를 녹음한 테이프를 가지고 돌아와 몇 번이고 반복해서 듣는 나날이었어요. 지금 생각해보면 무척 좋은 공부법이었던 것 같아요.

그 사이에 '겨울연가'로 시작된 최초의 한류 붐도 점차 가라앉았고 〈수카라〉는 계속 발간했지만 서울 편집부가 문을 닫게 되었어요. 그 이후로는 계속 프리랜서로 글을 쓰고 있어요. 일본 출판사에서 한국 취재를 의뢰받는 경우가 많아요. 그 외에 유학 시절부터 병행한 대로 근처에 있는 라이브 바에서 일을 거들기도 해요. 일본인 아티스트가 와서 공연하기도 하는 곳이죠.

→ **계속 홍대와 관련된 일을 하고 계신 거네요.**
관련된 일을 한다기보다는 순전히 제가 좋아하는 것을 가지고 함께 논 것 같은 느낌이에요. 유학을 오기 전에도 한국에는 와본 적이 있는데 처음 왔을 때부터 홍대는 재미있는 지역이라고 생각하고 있었어요. 이제는 모습이 많이 바뀌었지만 당시에는 작고 개성적인 가게가 더 많았거든요. 이곳은 미대로 유명한 홍익대학교 근처여서 예술을 하는 사람들이 만든 바와 카페도 있고 아틀리에도 많아요. 거리를 걷다 보면 금세 친구와 마주쳐 인사를 주고받는 느낌인 거죠. 라이브 공연장이나 술집에 가면 친구가 생기고 그 친구가 또 누군가를 소개해주고, 이런 식으로 자연스럽게 사람과 사람이 이어져요. 걸어서 한 바퀴 돌 수 있는 '작은 마을'이라고 할 만한 규모여서 무척 마음이 편해요. 한국에 오고 나서는 계속 이 근처에서 살고 있어요.

→ **당시 이 근처에 정착했던 일본인 아티스트는 없었나요?**
그렇게 많이 알려지지는 않았지만 재미있는 사람은 많이 있었어요. 기타리스트인 하세가와 요헤이 씨는 1990년대 후반에 한국에 와서 '뜨거운 감자', '산울림', '장기하와 얼굴들'이라는 록 밴드에서 활동했는데, 지금은 유명인이 되었죠. 그 시절의 일은 하세가와 씨가 직접 《고고! 대한 록 탐방기(북노마드)》라는 책에 썼어요. 록 뮤지션인 사토 유키에 씨도 하세가와 씨와 같은 시기에 홍대에 정착해서 '곱창전골'이라는 밴드를 결성했는데, 사토 씨는 좀 더 언더그라운드 느낌으로 폭넓게 활동하고 계세요. 모두 저보다 윗세대인데 길에서 우연히 마주치면 "라이브 들으러 와" 하고 말을 걸어주시는 식으로 친해지죠.

→ **커피점은 어떻게 시작하게 되셨어요?**
아무래도 자신의 거점 같은 공간이 있으면 자유롭잖아요. 저희 가게에서도 가끔 라이브 공연을 하는데 그렇게 좋아하는 아티스트를 부를 수도 있고 전시도 할 수 있어요. 그리고 이건 커피점을 하고 나서 알게 된 사실이지만, 다양한 사람이 모이다 보니 새로운 인연도 생겨요. 가게를 열 즈음에 마침 지금 아내와 결혼 이야기가 되어서 함께 커피점을 시작하게 되었죠. 아내도 원래는 한국과 전혀 인연이 없는 사람이었지만 결혼을 계기로 정착했어요. 서예도 하고 있어서 간판을 제작한 것도 아내고 인테리어며 그릇도 아내가 고른 것이 많아요. 일반적으로 한국 사람과 결혼해서 한국으로 이주하는 일본인이 많기 때문에 일본인 부부는 드물다는 소리를 많이 들었죠.

한국에 오기 직전에는 커피를 내리거나 디저트를 만드는 방법을 배우고 한국에 있는 카페에서 아르바이트를 한 적도 있었지만 경영에 대해서는 전혀 몰랐어요. 홍대에는 그런 사람이 많아요. 아티스트도 많이들 그렇게 하는데 경험이 없어도 무작정 가게를 시작하고 보는 거죠. 홍대 사람뿐만이 아니라 한국인 전체가 그런 기질을 갖고 있는 건지도 모르겠어요. 한국인에게는 행동력이 있어서 저희 일본인의 시각으로 보면 너무나도 간단히 일을 시작합니다. 저도 그런 면에 동화된 부분이 있는 것 같아요. 시작해보면 어떻게든 되지 않을까 하고 말이죠. 이런 식으로 지금 여러 가지 일을 어떻게든……해내고 있네요(웃음).

다행히 커피도 디저트도 맛있다는 평가를 받고 있는데 여기에는 일본 음식이 흔하지 않다는 이유도 있는 것 같아요. 말차 가토 쇼콜라가 특히 인기 있고 커피 젤리 같은 건 한국에서는 드문 디저트여서 입맛에 맞으면 또 방문해주시기도 하죠. 결과적으로 이런 면에서 일본인이라는 메리트는 있어요.

아무래도 자신의 거점 같은 공간이 있으면 자유롭잖아요.

→ **하지만 '일본'을 판매하시는 건 아니죠?**
저희는 우리가 먹고 싶은 음식을 제공하고 우리가 좋아하는 것을 할 뿐입니다. 굳이 '일본'을 전면으로 내세우지는 않아요. 가게 안에서 일본 그릇도 팔지만 진열해둔 골동품 중에는 한국 것이 많고 사용하는 식기도 일본 것만 쓰지는 않아요. 지금 입구 쪽에서 판매하고 있는 그릇은 한국 도예가가 네팔 장인에게 의뢰한 물품이에요. 네팔에는 도자기를 만들 수밖에 없는 카스트의 하위 계층 사람들이 있는데 이들은 아주 가난하지만 대대로 전해지는 기술은 훌륭해요. 다만 디자인은 현대적이지 않죠. 그래서 김혜정 씨라는 도예가가 몇 년에 걸쳐서 네팔을 오가며 형태를 잡은 도자기가 바로 여기 있는 상품이에요. 마을 사람들의 생활이 조금이라도 나아지도록 여기서 판매하고 있죠. 많은 물건으로 장식하기보다는 물건이 돋보이는 공간을 만들고 싶어서 벽도 하얗게 칠했어요. 개점했을 때부터 이렇게 아무것도 없는 간소한 느낌으로 운영하고 있어요.

한국어로 써서 한국에서 출판한 책

→ 저자로서 한국에서 책을 내신 거죠? 당연한 이야기지만 전부 한국어로 쓰여 있어서 놀랐어요.

맞아요. 2015년에 《한국 타워 탐구생활》이라는 책을 냈어요. 유어마인드라는 서점이 운영하는 출판사에서 나왔죠. 한국에서 타워라고 하면 서울 타워와 부산 타워 정도가 있다고 생각했는데, 어느 날 지방에 취재를 갔다가 시골 풍경과 어울리지 않는 엄청나게 거대한 타워와 만났어요. 묘하게 신경이 쓰이기에 조사를 해보니 전국에 타워가 상당수 있다는 사실을 알게 되었죠. 책에는 50개 정도 소개하고 있지만 실제로는 더 많이 있어요.

일본에는 타워 마니아가 있어서 '타워 책'도 몇 권이나 나왔지만 한국 사람들은 한국의 타워에 대해서 잘 몰라요. 그 사실을 알고부터 타워의 목록을 만들고 2008년 즈음부터 하나씩 찾아다니며 전국을 돌아다녔는데, 아직 전부 돌아보지는 못했어요. 전부 돌아보는 것에 집착하는 건 완벽주의 때문이죠(웃음). 한국의 타워는 지자체의 자금으로 만들어져서 훌륭한 타워가 많아요. 파주 출판도시도 그렇지만 한국은 종합 건설 회사가 강점인 나라이기 때문에 공공시설에 돈을 쏟아붓는 정책이 나오기 쉽죠. 이명박 전 대통령이 건설 회사 출신이었던 영향이 있을지도 모르고요. 그러한 호화로운 건축물이 땅끝 같은 황량한 대지에 솟아 있는 곳도 있는데 그 갭이 무척 재미있어요. 쓸모없음의 미학이라고 할까요. 타워를 세우면 관광객이 늘어날 거라고 생각한 것인지는 의문이지만요. 타워 건설은 현재 진행형이라는 점이 놀라워요.

→ 2015년에 출판하기까지 7년간의 타워 연구가 있었던 거네요. 출판하게 된 계기가 있었나요?

원래는 한국의 〈페이퍼PAPER〉라는 잡지에서 4년 정도 여행기를 연재했어요. 〈페이퍼〉는 편집자 마음대로 만드는, 일본에서 전에 간행되던 〈릴랙스relax〉 같은 잡지죠. 제 테마는 여행이라는 것 이외에 딱히 제한

《한국 타워 탐구생활》에는
50여 개의 타워를 소개하고 있다.

이 없어서, 이번 호에는 지하철역 하나를 골라 걸어가보고 다음 호에는 지방에 가는 등 '자신이 생각하는 여행'을 쓰기만 하면 되었죠(웃음). 그러다가 취재하러 가는 곳마다 타워가 있어서 자주 보다 보니 제 안에서 타워에 대한 마음이 부풀어 올라 결국 책으로 정리하게 되었어요. 〈페이퍼〉는 매번 한국어로 원고를 썼기 때문에 한국어로 글을 쓰는 스킬은 꽤 발전했죠. 의뢰받은 원고는 지금도 대부분 일본어로 쓰지만 한국인을 대상으로 한국에서 나오는 책은 당연히 한국어로 쓰고 있어요. 그리고 한국어로 글을 쓰면 의도치 않은 곳에서 반응이 오는 점이 재미있어요. 일본어로는 자주 쓰는 표현을 한국어 직역 투로 옮기면 신선한 언어가 되기도 하고요. 한국인 편집자가 교정해주어서 어떻게든 잡지에 실을 수 있었어요. 유어마인드는 아메노히 커피점 바로 앞에, 저희보다 조금 빨랐지만 같은 해(2010년)에 생겼는데 개점한 이래 서점 주인인 이로 씨 부부가 자주 오셨어요. 그 이후로 계속 친구처럼 지내다가, 음악 하는 친구가 〈페이퍼〉에 연재했던 저의 글을 이로 씨에게 추천하면서 《한국 타워 탐구생활》의 출판이 결정되었죠. 그 전에 원고를 일본 출판사에 가져간 적이 있었는데 너무 마니아스럽다는 말로 돌려서 거절하더라고요(웃음).

→ 한국에서 책을 출판하면서 특이하다고 생각했던 점이 있나요?

어느 편집자가 제가 연재하던 여행기를 책으로 만들고 싶다고 제안해서 출판 계약도 맺고 원고료도 받았는데 그 기획이 흐지부지되어버렸어요. 일본에서는 이해할 수 없는 이야기죠(웃음). 원고를 넘기고 1년 정도 소식이 없다가 갑자기 생각난 것처럼 교정한 원고를 주기에 읽어봤더니, 교정한 내용이 제가 생각했던 방향과 아주 달라서 빨간 펜으로 꽤 많이 고친 다음 편집자에게 넘겼는데 그 이후로 또 연락이 없네요……. 한국에서는 책을 집필하기 전에 제대로 계약서를 써서 교환하고 계약금도 지불하는 것이 보통인데, 원고료를 지불

했음에도 저자가 원고를 쓰지 않아서 문제가 되기도 해요. 그 외에 특이점으로 진행이 경이로울 정도로 빠르다는 것을 꼽을 수 있어요. 출판사에서도 1년 걸려서 완성한 교정 원고를 1주일 안에 봐달라며 건네주기도 해요. 절대 불가능하죠(웃음). 기획을 하고 나서 3개월 만에 책이 나오는 경우도 있어요.

음악과의 접점도 이 동네를 선택한 이유 중 하나

→ 저희도 한국 분들께 "지금 취재해서 내년에 출간한다니 너무 늦지 않나요?"라는 말을 들었으니까요(웃음). 유어마인드가 동네서점의 선구자라고 생각하는데, 최근 2년 사이에 서울에 작은 서점이 많이 생겨나고 있어요. 이런 현상에 대해 어떻게 생각하세요?
바로 얼마 전까지 '작은 서점'이라고 하면 유어마인드나 땡스북스, 그 외에는 독립출판물을 다루는 서점이 몇 군데 있는 정도였지만 최근에는 급격한 상승세를 보이고 있어요. 말하자면 붐인 거죠. 솔직히 임차료를 마련하기는 쉽지 않으리라 생각해요. 아마 다른 일과 병행해서 서점을 유지하고 있겠죠.

CD는 음반 회사와 직거래로 구입해서 진열하고 있다.
코가손(왼쪽 끝)도 인기 밴드로, 멤버 중 한 명은 홍대에서 레코드 가게를 운영한다.

이야기의 순서가 바뀌었지만 서점뿐만이 아니라 책을 만드는 일에 흥미를 가진 사람도 많아요. 한국 인구(약 5천만 명)에 비해 일반 서점에 진열되는 책은 무척 다양한 것 같아요. 북페어에 나오는 개인 제작자가 늘어나고 있고 책 만들기에 뜻을 둔 사람의 비율이 무척 높다는 인상을 받았어요. 좀 전의 이야기와 이어지는데 한국인은 가게를 하고 싶다고 생각하면 바로 가게를 시작하고, 책을 만들고 싶다고 생각하면 바로 책을 만들죠.

그러한 속도와 힘에는 국민성의 영향도 있겠지만 젊은이들이 책을 텍스트라기보다 잡화로 보는 점도 영향을 끼치는 것 같아요. 그래서 작고 귀엽고 합리적인 가격의 책이 팔리죠. 저에게는 서점이 어떤 의미로 잡화점 같은 기능을 하는데, '서점' 하면 만드는 사람과 파는 사람과 사는 사람이 모이는 이미지가 있어요. 책의 구입뿐만 아니라 지금 한국에서 문화 소비를 적극적으로 개척하고 있는 쪽은 여성이라고 생각해요. 라이브하우스에도 여성 손님이 많고요.

→ **아메노히 커피점도 여성 손님이 더 많나요?**
압도적으로 많아요. 80퍼센트가 여성이거든요. 애초에 한국에서 카페에 가는 사람은 대부분 여성인 것 같아요. 커피 마니아나 카페 창업에 관심 있는 남성은 저희 가게에도 자주 오시기는 하지만요. 혼자 카페에서 책

을 읽고 커피를 마시는 남성이 예전에 비해서 많아졌다고는 해도 아직 소수죠.

→ **가게에 가져다 놓은 잡화나 CD는 잘 팔리나요?**
유리 제품은 그중에서도 특히 인기 있어요. 앤티크 제품도 그렇지만 유리로 작업하는 작가 자체가 적어서 그런지 잘 팔리죠. CD는 그다지 안 팔리지만 여기에서만 살 수 있는 음반도 있기 때문에 일부러 오시는 분도 있어요. 랜턴 퍼레이드나 소노베 노부카즈모두 일본의 뮤지션-역주 씨의 CD는 잘 팔리는 편이에요. 가게에 두는 음반은 다른 사람의 추천을 받기보다는 제가 마음에 든 음반을 음반 회사에서 직접 구매하는데, 팔고 싶은 것과 팔리는 것 사이에는 좁힐 수 없는 차이가 있어요. 원래 제 취향은 요란한 록이지만 손님들은 조용하고 감각적인 계열의 음악을 좋아하시는 것 같거든요(웃음).

음악에 대해서 말씀드리면, 서울에서 홍대 외의 다른 지역에 라이브 공연장이 있는 곳은 드물어요. 있다고 해도 띄엄띄엄 존재하는 느낌으로 이 홍대 지역에만 클럽 빵이나 스트레인지프룻STRANGE FRUIT 같은 작은 공연장이나 라이브 카페가 밀집해 있어요. 그래서 일본에서도 많은 뮤지션들이 이 근처에 자주 공연을 하러 오죠. 최근에는 아오바 이치코 씨나 자이니치 펑크도 왔고요. 실은 음악과 연결되고 싶다는 마음이 홍대에 가

게를 열게 된 이유 중 하나예요. 개점하기 전에는 이미 카페 붐이 엄청나게 일어나서 홍대는 카페로 포화 상태였어요. 그런 상황에서 카페를 시작하기까지 망설임도 많았지만 음악과의 접점을 만든다면 홍대밖에 없지 않을까 하는 생각을 한 거죠. 뭐, 홍대라고는 해도 이곳 동교동은 변두리인데다가 그 당시는 지금만큼 번화하지도 않았기 때문에 이 지역으로 정한 거지만요.

그 후 6년 동안 거리의 모습이 정말 많이 바뀌었는데, 변화의 특징으로는 작은 가게가 급격하게 줄고 대신 나이키 같은 체인점이 우후죽순 생기고 있다는 점을 꼽을 수 있어요. 저는 저희 가게가 있는 이 장소가 무척 마음에 들어요. 홍대 중심부의 떠들썩함에서 벗어나 있고 유어마인드 같은 재미있는 가게도 근처에 있어서 무척 편한 분위기예요(그 후 유어마인드는 연희동으로 이전했다).

푸딩을 비롯해 가게에서 내는 디저트는 모두 시미즈 점장 부부가 직접 만든다

옆 동네에 가는 느낌으로 한국에 들러보면 어떨까

→ **음악 문화에서도 한국과 일본의 차이를 느끼시나요?**

제 마음대로 만든 이미지일지도 모르겠지만 일본의 뮤지션은 앞으로 음악으로 먹고살 것을 목표로 하는 것 같고 실제로 그렇게 사는 사람도 있어요. 그런데 한국 특히 홍대의 뮤지션은 음악으로는 절대로 먹고살 수 없다고 단정 짓고 음악을 하는 것처럼 보여요. 처음부터 큰 음반회사에 소속되지 않는 이상 자신이 좋아하는 음악을 묵묵히 계속해나가는 사람은 일반적으로 음악으로 먹고살 수 없죠. 그저 좋아하는 길을 걸어간다는 순수한 마음으로 하는 거예요.

그들은 회사원이나 아르바이트를 하면서 그야말로 먹고사는 일을 계속하면서 음악 활동을 유지하고 있어요. 하지만 지켜보고 있노라면 뮤지션은 회사를 금방 그만두는 것 같아요(웃음). 계절노동처럼 잠간 일했다가 회사를 그만두고 반년 동안 음악에 집중하고 다시 일할 회사를 찾는다, 이러한 사이클인 거죠. 학력이나 기술이 연관되어 있을지

시미즈 점장이 직접 만든 독립출판물 〈아메노히 통신〉 제1호. 개점 전후의 일기와 함께
가게 이야기가 실려 있다.

상품 중에는 유리 제품이 잘 팔린다.

도 모르지만, 한국에서는 최저임금이 낮고 취업이 힘든 것에 비해서는 이직률이 높아요. 쉽게 그만두는 건 홍대 주민이라서 그럴지도 모르지만요.

거기에 놓여 있는 CD를 만든 이랑이라는 싱어송라이터는 재미있는 사람이에요. 음악뿐만이 아니라 영화도 만들고 만화도 그리고 글도 쓰고 책도 출판하면서 홍대를 기반으로 다방면에서 활약하고 있어요. 바로 얼마 전(2016년 6월)에 발매한 두 번째 앨범 '신의 놀이'는 책의 형태로 만들어졌는데 이랑 씨가 쓴 장편 에세이도 수록되어 있어요. 음악을 다운로드할 수 있는 코드도 붙어 있어서 책을 읽으면서 음악을 들을 수 있는 일종의 오디오북처럼 만들었죠. 실은 제가 쓴 타워 책이 완성될 즈음 유어마인드에 다리를 놔준 사람이 이랑 씨예요. 덧붙여 올해 9월에 일본에서 발매하는 앨범(스위트 드림스 프레스Sweet Dreams Press에서 발매)에 있는 이랑 씨의 글은 제가 번역을 맡았어요. 일본에서도 가끔 라이브 공연을 하는데 이 앨범의 발매를 기념해서 일본 투어도 한다고 해요. 창작에 관한 강의를 할 때도 있다고 하더라고요. 이랑 씨처럼 창작 활동만 해서 먹고사는 예외적인 경우도 있기는 해요.

→ 가게에는 일본에서 온 여행객도 많이 찾아오나요?

당연하지만 손님은 현지인인 한국 분들이 주로 오시고 일본 분들은 생각만큼 많지 않아요. 하지만 가끔 일본에서 찾아와 CD를 찬찬히 둘러보시는 분, 왠지 음악을 좋아할 것 같은 분에게는 지금 근처에 이런 라이브 공연이 있다며 정보를 드리기도 해요. 제가 배낭여행을 하던 시절에 여행지에서 그런 정보를 알려주는 가게 직원이 무척 고마웠기 때문이죠. 여행자에는 크게 두 종류가 있는데 사전에 인터넷으로 철저하게 조사한 다음 체크리스트를 만들

아메노히 커피점

**이 커피점이 우연한 만남과 발견을
이어주는 장소가 되었으면
좋겠다는 희망이 있다.**

어서 하나씩 지워가며 여행하는 사람이 있는가 하면, 아무런 준비도 하지 않고 가벼운 마음으로 와서 재미있어 보이는 방향으로 흘러가는 사람도 있어요. 저는 우연한 만남이나 발견이 있는 후자 쪽이 재미있다고 생각해요. 이 커피점이 그러한 만남과 발견을 이어주는 장소가 되었으면 좋겠다는 막연한 희망이 있어요.

→ **서울에서 다른 일본인이 경영하는 음식점이 또 있나요?**

저희 가게에서 조금 떨어진 곳에 일본인이 운영하는 '아오이토리'라는 빵집이 있는데 아주 성공한 가게예요. 일본풍의 부드러운 빵이 많이 있는데 메론빵이나 야키소바빵이 인기죠. 최근 한국은 빵 붐인데요, 일본의 빵은 수준이 높다는 인식이 있는 것 같아요. 일본의 수준에 대해 말이 나와서 생각났는데 나중에 한국에서 일본의 식품용 랩을 팔면 좋겠다고 아내와 농담처럼 말했어요. 한국의 랩은 자르기 어렵고 한 개에 4,000원 정도 하거든요. 일본 상품이 싸고 성능도 좋아요.

그런 의미에서는 일본의 상품을 한국에 소개할 여지는 아직 있다고 생각해요. 하지만 "일본의 우수한 물건을 가지고 왔다"고 상대를 내려다보는 태도로 해서는 안 되고, 한국 문화를 존중하는 마음을 갖는 것이 중요하다고 생각해요. 입맛 하나만 봐도 일본인에게는 맛있는 음식이 반드시 한국에서 통한다고는 하지 못하죠. 한국에서는 아주 매운 음식을 먹은 다음에 아이스크림이나 단 커피를 먹는 등 차이도 있거든요.

최근에 일본 요리점이 많이 늘어났지만 싱거워서 뭔가 부족하다는 느낌도 들어요. 건강에는 좋겠지만 '일본 요리는 싱겁다'는 해석이 자리 잡겠죠.

→ **일본의 서점 순례를 좋아하는 사람은 한국의 서점 순례도 분명 재밌다고 생각할 거예요. '이런 것에 관심이 있다면 한국이 재미있다' 하고 추천해주실 부분이 있을까요?**

조금 이상한 이야기처럼 들릴지도 모르지만, 이곳에 살아보니 서울은 일본의 지방과 그렇게 다르지 않다는 느낌을 받았어요. 거리의 풍경도 규칙도 큰 차이가 없고 언어가 조금 다를 뿐이죠. 물론 물리적인 거리가 가까운 것도 있겠지만요. 일본의 지방 도시에 가서 관광을 하겠다며 가이드북에 실려 있는 관광 명소를 열심히 돌기보다는, 일상의 연장선상에서 미술관이나 서점 순례를 하는 편이 익숙함 속에서 새로움을 발견할 수

이랑 씨의 두 번째 앨범 '신의 놀이(왼쪽)'와 첫 번째 앨범 '욘욘슨(오른쪽)'

있어서 더 재미있다고 생각해요. 일본과 땅이 이어져 있다는 느낌으로 해외에 가는 부담감 없이 서울에 와보면 재미있을 것 같아요. 실제로 한국에 와보면 일본에서 보도되는 것과 전혀 다르다고 느끼실 겁니다. 좀 더 편한 마음으로 놀러올 수 있는 곳이에요.

→ 雨乃日珈琲店 아메노히 커피점

서울시 마포구 와우산로 168
070-4202-5347
평일 15:00~22:00 주말 13:00~22:00
화요일, 첫째 · 셋째 주 수요일 휴무
amenohicoffee.com

BOOK ⟶ → (Book cafe)
⟷ REVOLUTION
→ IN ⟶ SEOUL

21. 대형 출판사에서
북카페를 열다

cafe comma 2page
카페 꼼마 2페이지

(Book cafe)

책은 모두 10퍼센트 할인+5퍼센트 포인트 적립으로 판매하고 있다.

의자에는 문학동네의 세계문학 전집 《노인과 바다》에서
인용한 문장이 인쇄되어 있다.

한국의 초대형 출판사 문학동네가 경영하는 북카페가 있다. 바로 카페 꼼마다. 2호점이어서 카페 꼼마 '2페이지'라고 한다. 1호점도 홍대에 있는데 2호점은 지하철 홍대입구역 출구에서 나오면 바로 있어서 입지가 무척 좋다. 물론 와이파이나 콘센트도 완비되어 있다. 무엇보다 아침 일찍부터 열기 때문에 아이패드를 챙겨와 오늘의 계획을 세우기 좋다. 폐점은 밤 12시. 책상 위에 노트북이나 스마트폰, 각종 자료나 참고서를 펼쳐놓고 오랫동안 자리에 앉아서 자신의 사무실처럼 활용하는 사람들도 제법 눈에 띈다.

입구에는 잡화와 함께 무라카미 하루키와 마스다 미리의 책이 진열되어 있는데, 일본 번역서 중 가장 인기 많은 책 두 종이 문학동네에서 나왔다는 사실에서도 이 출판사가 매우 크다는 점을 알 수 있다. 앞쪽에 있는 큰 유리창에서 천장이 높고 널찍한 매장 안으로 햇빛이 비쳐든다. 실내는 2층 구조로 되어 있고 벽의 한쪽 면은 전부 책장으로 만들어졌다. 책장에는 세계문학 전집을 비롯해 문학동네의 도서가 쭉 진열되어 있어서 문학동네의 도서관 같다. 물론 이곳에 있는 책은 모두 구입할 수 있다. 게다가 10퍼센트 할인까지 된다.

의자의 등받이를 자세히 보면 책에서 인용한 문구가 적혀 있다. 이 카페에서 문학동네 책의 출간 기념 이벤트 같은 행사도 진행하는데, 최근에는 2017년 5월 대선의 후보자 토론회도 열렸다고 한다. 출판사로서는 자사 브랜드를 홍보할 수 있는 거대한 부스가 거리에 항상 있는 셈이다. 일본에도 출판사가 운영하는 북카페가 더 많이 생겼으면 좋겠다.

카페 꼼마 2페이지는 현재 잠정 휴업 상태입니다.

BOOK ──────────→ → (Bookstore)
←───→ REVOLUTION
→ IN ──────→ SEOUL

22.

회원제로 책을 빌리는
펑키한 책방

책방 탐구생활

책방이 있는 '어쩌다 가게' 1호점. 지하철 홍대입구역에서 가깝다. 2017년 7월 책방 탐구생활은 마포구 성산동 성미산 마을로 이전했다.

홍대의 동교동에 있는 복합 빌딩 '어쩌다 가게(242쪽)' 1호점에도 서점이 있다. 아메노히 커피점에서도 비교적 가까운 이곳에 빌딩이 생긴 것은 2014년. 이 빌딩에는 'chaegbang(책방)'이라고 쓰여 있는 간판이 달린 책방 탐구생활이 있다. '탐구생활'이란 초등학교 방학 기간에 선생님이 숙제로 내주시는 공포의 책 이름으로 일본으로 치자면 《여름방학의 친구》같은 책이라고 한다. 서점에 들어서니 아무도 없다. 책상에는 '주인 외출 중'이라는 메시지만 덩그러니 놓여 있다. 그때 "어떻게 오셨어요?" 하고 시장을 다녀온 듯한 여성이 재빠르게 매장 안으로 들어온다. 엄청나게 자유로운 이 느낌은 대체 뭘까?

서점 주인인 모소영(1989년생) 씨는 사진을 전공했는데 학교에 다니면서 책방을 시작하고 싶다는 생각을 했다고 한다. 그때 마침 어쩌다 가게의 입주 모집 소식을 듣고 연락을 해보니 "마침 좋은 곳이 비어 있어요"라는 말에 시작하게 되었다. 책장을 둘러보니 시집이며 외서도 눈에 띄고 다양한 장르의 책으로 구색을 갖추고 있다. 책이 몇 권 있는지 물으니 "뭐, 5천 권은 있지 않겠어요?"라고 답한다. 이 펑키한 가게의 더욱 놀라운 점은 대여도 하는 서점이라는 것이다.

"먼저 회원 등록을 하고 가입비로 1만 원을 받아요. 대여료는 14일 기준으로, 정가 1만 원 이하 도서는 천 원, 정가 1만 원 이상 2만 원 이하 도서는 2천 원입니다. 대여료와 정가의 차액을 지불하면 책을 살 수도 있고요. 올해(2016년) 2월에 오픈해서 지금까지 반년 동안 200분 정도가 회원으로 가입하셨어요. 책을 빌려가서 반납하지 않은 사람은 지금까지 한 사람도 없었어요. 연체하면 연체료는 하루에 200원 받지만요."

책을 대여해주고 이익을 취하는 것은 법률적으로 문제가 없는지 물어보자, 한국에서는 1997년 IMF 경제 위기로 어려웠을 때 정부가 책 대여점을 포함한 자영업을 장려했다고 한다. 당연히 도서 대여만으로 수익을 내기란 어려워서 서점 앞 정원을 활용해 일주일에 한 번 정도 책에 관한 이벤트를 개최하고 디자인 작업도 하면서 생계를 유지하고 있다.

"클럽활동 같아서 재미있어요. 하지만 평소에는 책방에 제가 없을 때가 많아서 손님들이 무인 서점 이용 서식을 작성하고 책을 빌려가요. 여러분도 책 좀 빌려가실래요?"

책방 탐구생활의 회원 카드로, 여기에 이름, 주소, 아이디, 비밀번호,
은행 계좌, 전화번호 등을 기입한다.

처음에는 가지고 있던 책으로 책방을 시작했는데 지금은 도매를 통해
도서를 매입하고 있다.

→　책방 탐구생활
서울시 마포구 성미산로7안길 43
070-8956-1030
주 2회 비정기 개점,
개점일은 SNS(인스타그램)를 통해 공지
chaegbang.com

⟶ (Publisher)

booknomad

YUN DONGHEE

23. 출판과 학교를 하나로 만든 책의 엔지니어

→ (Interview)

윤동희

booknomad 북노마드 대표

1972년 광주 출생

─────→　서울의 서점을 순례할 때 참고한 책 중 하나로《우리, 독립책방(북노마드 편집부 지음, 북노마드)》이 있다. 이 책에는 29곳이나 되는 독립서점과 서점 주인의 이야기가 소개되어 있다. 이 책의 출판사 북노마드 booknomad는 대형 출판사 문학동네의 계열사에서 독립했다고 한다. 임프린트 및 계열사 제도에 관한 재미있는 이야기를 들을 수 있겠다는 기대를 가지고 만난 윤동희 대표의 입에서는 '출판과 하나가 된 학교', '책의 엔지니어', '마이너스 출판'이라는 생소한 아이디어가 끊임없이 나왔다.

'미술학교' 안에서 책을 만들어내다

제가 혼자서 운영하고 있는 북노마드는 올해(2016년) 1월에 한국 최대 출판사 중 하나인 문학동네에서 독립한 출판사예요. 원래는 문학동네의 계열사 중 하나였죠. 최근에는《우리, 독립책방》이라는 제목의 책을 만들었어요.

→ 그 책 가지고 있어요. 한국 서점을 순례할 때 무척 도움이 되었죠. 듣자 하니 워크숍을 통해 만들어졌다고 하던데요.

이 책은 지금 한국에 많이 생기고 있는 독립서점 29곳을 선별해서 서점 주인과 인터뷰한 것을 엮은 책이에요. 주제는 제가 정하지만 서점을 선택하거나 질문 항목을 작성하고 사진을 찍고 교정을 하는 일은 편집자 지망생과 편집자 강의 수강생들이 했어요. 그 결과물을 정리하고 디자인해서 책으로 만드는 일은 북노마드에서 하지만, 출간 전에 최종적으로 수강생이 다시 확인을 한 뒤에 책으로 완성하죠. 이 프로젝트는 주제를 바꿔서 계속 이어지는데 두 번째 책은《우리, 독립출판(2016년 10월에 출간)》, 세 번째 책은《시인, 목소리(2017년 7월에 출간)》, 네 번째 책은《우리, 독립공방(2017년 12월에 출간)》을 제작할 예정이에요. 저는 출판 일과 병행해서 대학에서 강의도 하고 있어요. 교단에 선 지 20년 가까이 됐는데 가르치고 배우는 일에는 계속 관심이 있어요. 미술대학의 학생들에게 예술철학을 가르치며 책도 함께 만들다가, 출판도 학교 형식으로 운영하면 좋지 않을까 하는 생각이 들었죠. 그래서 외부에서는 방금 말씀드린 것처럼 강의를 하고 여기에서는 '북노마드 미술학교 에이스쿨a.school'을 운영하면서 갤러리도 하고 있어요. 북노마드는 궁극적으로 학교를 지향하며 학교에서 배운 내용을 책으로 출판하는 게 목표예요.

《공동수련(안소연, 윤동희, 임영주 지음)》이라는 책도 북노마드 미술학교의 수업과 전시 작품을 엮은 거예요. 북노마드 미술학교는 올해로 3년째에 접어들어요. 이전에는 합정, 이태원 경리단길, 서촌에 강의 공간과 갤러리가 있었는데, 지금은 저 혼자 하게 되어서 이 사무실의 거실에서 운영하고 있어요(그 후 다시 이전했다). 이 〈데뷔debut〉라는 무크지 시리즈에서는 그 이름대로 데뷔를 눈앞에 둔 젊은 작가나 미대생들이 강의하고 전시한 것을 책으로 정리해서 내고 있어요. 편집, 즉 작가를 선정하고 취재해서 비평을 쓰는 일까지 제가 하고 있죠. 왜 '미술학교'라고 하느냐면 제가 원래 〈월간미술〉이라는 잡지 기자를 했기 때문이에요.

→ **그때부터 북노마드에 이르기까지 어떤 과정이 있었나요?**

1990년대 후반에 대학을 졸업하고 나서 미술 기자로 일하고, 그 후 안그라픽스라는 디자인 회사에서 편집을 시작했어요. 디자인과 여행 장르를 중심으로 책을 만들었죠. 책을 만들면서도 미술 전문지 편집위원과 미술대학에서 미술 이론과 예술철학을 강의하는 일을 병행했어요. 그러다가 2007년 문학동네에서 북노마드라는 임프린트를 시작했어요. 2009년 《최강희, 사소한 아이의 소소한 행복(최강희 지음)》, 《소울 트립(장연정 지음)》 등의 반응이 좋아서 계열사로 승격하고, 2016년 1월에 독립했어요. 말하자면 1인 출판사인 거죠.

문학동네 계열사 때에도 책에 대한 재량은 대표인 저에게 있었어요. 지원하되 간섭하지 않는 방식이었어요. 그때도 실질적으로 1인 혹은 소규모 출판사였지만, 그래도 대형 출판사의 지원이 있었기에 일반적인 독립출판사나 소규모 출판사와는 사정이 달랐다고 봅니다. 1인 출판사가 출간하는 책은 규모가 작다고 생각하지만, 북노마드는 지금(2016년)까지 170여 종의 책을 출간했고, 독립 후에도 한 달에 2권씩 신간을 내고 있어요. 메이저한 것도 마이너한 것도 다루죠. '북노마드'라는 이름이 이제 더 이상 메이저와 마이너의 경계는 없다, 고급과 저급의 경계도 없다, 세상에는 오직 고질(高質)의 콘텐츠와 저질(低質)의 콘텐츠만 있다는 저의 생각을 반영한 거예요. 음악에 비유하자면, 자신이 좋아하는 프로그레시브 록과 대중이 좋아하는 아이돌 노래를 동시에 다루는 프로듀서 같은 입장이라고 할까요.

→ **문학동네 안에는 임프린트 및 계열사가 많이 있다고 들었어요.**

큰 틀에서 보면 문학동네는 임프린트에 많이 관여하지 않아요. 한국 출판계에 임프린트라는 형태가 만들어진 것은 2005~2007년 즈음으로, 같은 시기에 디자인 업계에도 독립한 소규모 디자인 사무실이 많이 생겼죠.

북노마드 미술학교에서 초기에 만들었던 〈데뷰〉 시리즈

대규모 디자인 에이전시의 시대는 저물고 소규모 스튜디오들이 디자인 플랫폼의 새로운 가능성을 열었어요. 한국의 출판계와 디자인계에 새로운 생태계가 도입된 시기예요. 그 전까지는 당연히 출판사에서 일하다가 자신의 출판사를 세우는 경우가 대부분이었어요. 2000년대 중반부터는 대형 출판사 안에서 독자적인 브랜드를 만드는 임프린트 형태가 늘어났어요. 물론 한국 출판계의 임프린트 시스템 실험은 실패했다고 봅니다. 임프린트가 성장해 자기 주식을 가진 계열사가 되어 지속 가능한 방식으로 운영되는 곳은 문학동네 한 곳밖에 없거든요. 결국 책을 만드는 편집자들이 선택할 문제예요. 직원의 형태로 고용되어 책을 만들 것이냐, 대형 출판사의 지원 아래 편집 등 핵심 업무에 집중할 것이냐, 출판에 관련된 모든 일을 겪으며 자율적으로 살아갈 것이냐를 결정하는 거죠. 임프린트 및 계열사 방식이 맞는 편집자도 있고, 상극인 경우도 있겠죠. 실제로 독립하고 나니 일의 양이 상당히 늘어났어요. 기획 편집은 물론 주문, 반품 관리, 제작, 마케팅, 회계 경리 등 모든 일을 해야 하니까요. 그런데 시간이 해결해주더라고요. 처음 한두 달은 버거웠지만, 출판 메커니즘을 이해할 수 있는 소중한 시간이었습니다. 미술 기자부터 편집자까지 19년 정도 일해오며 늘 독립을 생각했는데, 실제로 독립 후 반년 동안 더 많은 것을 배웠습니다. 정신적 측면에서도 비로소 독립했다고 할까요.

제작 과정을 즐기는 '책의 엔지니어'로 존재하고 싶다

출판에 대한 확고한 사상이나 계획은 처음부터 없었고 솔직히 말해서 지금도 없어요(웃음). 그러니까 저는 스스로를 그저 편집과 디자인에 흥미를 가지고 있는 '책의 엔지니어'라고 생각해요. 편집자라고 해도 지향하는 바는 다양한데 저는 책을 만드는 엔지니어링(제작 과정 그 자체)에 관심이 있어서 책을 만들고 있어요. 어떤 아이템이든 상관없이 편집하고 디자인하고 싶은 마음이 들면 책으로 만들고 있어요.

예를 들어《음악의 기쁨》은 작곡가이자 음악평론가인 롤랑 마뉘엘이 제2차 세계대전 당시 프랑스에서 송출되었던 클래식 음악 라디오방송에서 나눈 대화를 엮은 책이에요. 오래된 책이지만 훌륭한 내용이라고 생각했고 만들고 싶은 마음이 들어서 출간했죠. 더불어 동시대에 활약하고 있는 젊은 작가들의 책도 만들고 싶어요. 독립해서 처음으로 만든 책은 알라딘의 예술서 MD인 최원호 씨의 서평 에세이《혼자가 되는 책들》이에요. 학교에서 철학자인 알랭 바디우에 대해 강의하면서 원서로 수업하기는 어려우니까 번역서를 내기도 하고, 마음이 편해지는 여행 에세이를 만들기도 하는 식으로 정해진 방향이나 치밀한 계획이 있지는 않아요. 무계획이 저의 계획이죠(웃음).

→ **'책의 엔지니어'란 구체적으로 어떤 개념인가요?**

일반적으로 출판사를 경영하고 책을 만든다고 하면 기획 회의나 시장조사를 하죠? 하지만 북노마드는 흔히 말하는 기획 회의가 없어요. 결점일 수도 있지만 자신의 직감, 다시 말해 정말 자신이 만들고 싶은 책인지, 자신이 읽고 싶은 책인지를 중요하게 생각하고 있어요. 편집과 디자인에 집중하고 제작 과정을 즐기는 데 초점을 맞추는 거죠. 물론 출판사도 회사니까 지속 가능한 경영을 위해 팔리는 책을 만드는 데에도 관심을 둡니다.

《음악의 기쁨》은 단행본 4권을
양장본 2권으로 새로 출간했다.

저는 출판을 주제로 강의하거나 외부 세미나 등에 참석할 때마다 늘 '작은 책'이라는 주제로 이야기합니다. 2000년대 이후 출판계가 주목한 편집과 디자인은 대부분 '작은' 출판사에서, '작은' 시장 사이즈에서, '작은' 판형과 '작은' 이야기로부터 나왔거든요. 사회에 반향을 일으키고 시장을 선도하는 베스트셀러들이 제작비 손실을 고려한 기본 판형과 독자의 예상을 벗어나지 않는 제목, 구성, 문장, 편집, 디자인, 마케팅의 공식을 벗어나지 못하는 데 반해, '작은' 책들은 '예쁘다', '이것도 책이 될 수 있구나'라는 반응과 갸웃거림을 이끌어내고 있어요. 그러한 '작은' 책의 편집-디자인 실험은 출판과 디자인을 병행하는 스튜디오형 출판과 곳곳에 생겨난 독립서점을 수놓는 독립출판으로 옮겨갔죠. 아이러니하게도 그사이 출판은 지속적으로 '작아지면서' 거의 모든 책들이 '작은' 시장을 염두에 두고 제작되고 있어요. 바야흐로 '작은' 책의 시대가 온 거죠.

북노마드는 또 다른 '작은' 책을 준비하고 있습니다. 출판의 새로운 흐름으로 자리 잡은 독립출판의 상황을 다양한 각도로 바라보면서, 그 안에서 제대로 된 '작은' 출판을 만들어나간 소수의 작가들과의 협업을 시도하려 합니다. 그들이 갖는 고유한 자율성과 마이너리티적 의미를 지키되, 독립출판과 기성 출판 '사이'에 놓이는 책을 만들고자 해요. 디자인이 책을 넘어 출판사의 '정체성identity'을 가늠하는 리트머스가 되었다는 것을 알면서도 디자인을 중심으로 시스템을 꾸리지 않는 출판사, 책을 만들어 파는 것도 모자라 커피와 빵까지 팔고 있는 출판사, 시류와 다른 문화 콘텐츠에 영합하거나 따라가는 것을 '기획'이라 부르는 출판사가 되지 않기 위해서는 제대로 된 '작은' 책을 만드는 수밖에 없다고 믿습니다.

《선과 모터사이클 관리술》을 지은 로버트 M. 피어시그는 한국에서 성벽을 바라보면서 그 아름다움은 "노련한 지적 기획 때문도, 작업에 대한 과학적 관리 때문도 아니라 그 성벽을 쌓는 일을 하던 사람들이 대상을 바라보는 나름의 독특한 방식을 소유하고 있었기 때문"이라고 적고 있어요. 좋은 책은 기획과 관리를 넘어 그것을 바라보는 독특한 방식을 소유한 사람들이 만드는 것이죠. 만약 좋은 편집과 북디자인이라는 게 있다면, 그것은 어떤 스킬로 이루어지는 결과가 아니라 그것을 바라보는 독특한 방식을 소유한 사람들이 행하는 과정이라고 해야 할 겁니다. '책의 엔지니어'라는 개념은 여기에 바탕을 두고 있어요.

→ 《사소한 아이의 소소한 행복》은 대표님이 만들고 싶었던 책이라기보다는 매출을 위해 만든 책이었을지요……?

어떤 책이든 모두 제가 만들고 싶어서 만들

《사소한 아이의 소소한 행복》은
베스트셀러가 되었다.

었어요. 이 책은 2009년에 나왔는데 그때까지만 해도 유명인의 책이라고 하면 전부 비슷비슷해서 정신적인 자기계발서나 스캔들에 얽힌 연예인, 정치인, 경영인의 자전적인 이야기를 담은 책밖에 없었어요. 저는 이 책을 통해서 유명인의 책이어도 감각적인 포토에세이를 만들 수 있다는 걸 보여주고 싶었어요. 지금이야 이런 책은 많지만요.

'느슨한 커뮤니티'이기 때문에 배움이 생겨난다

→ 좀 전에 말씀하셨던 '북노마드 미술학교'에서 책을 만드는 작업은 문학동네에서 독립한 이후에도 계속하고 계신 건가요?

네, 바로 옆 공간에서 하고 있어요. 강의 기획은 전부 제가 하고 북노마드에서 책을 낸 저자가 강사로 와주시기도 해요. 작가나 번역가, 큐레이터 분들의 강의 내용을 책으로 만든 것도 있어요. 강의와 책 중에 어느 쪽이 먼저라고 하기는 힘들고, 앞으로 강의와 책이 상호작용해서 계속 책을 만들 수 있는 방법을 연구 중이에요. 갤러리에서 전시한 작가들의 책도 계속 내고 싶어요. 앞으로 새롭게 사무실을 마련할 때가 오면 좀 더 학교에 적합한 장소를 찾을 생각이에요.

몇 가지 예시를 보여드릴게요. 이건 《어떤 날》이라는 여행 무크지인데요, 시인이 북노마드 미술학교에서 시에 대해 강의했던 것이 계기였어요. 그림을 그리는 사람도 시에 대해서 알아야 한다고 생각해서 수업을 기획했죠. 수업을 하다가 문득, 여행을 떠난 시인은 어떤 글을 쓰는지 궁금하다는 이야기가 나왔고 출판으로까지 이어졌어요. 수강생과 만드는 책도 이런 과정을 통해 세상에 나와요. 아까 말씀드렸던 《공동수련》은 미술학교 학생이 수업의 성과로 만든 작품이에요. 그러한 학생의 전시를 북노마드가 지원해서 책으로 정리하는 경우도 있어요. 저는 현대 일본의 미술과 디자인 사상에 관심이 많은데, 여기 책장에 꽂혀 있는 나쓰메 소세키 등의 일본 문학, 동일본 대지진 이후, 일본 사회의 변화에 대해 쓴 책, 동양 미학에 대한 책 등을 학생들과 함께 읽기도 해요.

→ 북노마드 미술학교는 얼마나 자주 열리나요?
제가 담당하는 '프라이데이 시어리Friday Theory'라는 클래스는 일주일에 한 번 진행하는데, 다른 강의나 특별 강의는 그때그때 달라요. 많을 때는 일주일에 강의가 5개나 있어서 다른 공간을 빌리기도 하죠. '프라이데이 시어리'는 매주 금요일 밤에 이 사무실의 거실에서 일본의 현대사상이나 한국의 현대미술에 대해 이야기하는 강의인데 3년 동안 단 한 번도 쉰 적이 없어요. 이 클래스는 학기제도 아니고 그저 매주 강의를 계속할 뿐 특별히 수강생을 모집하지도 않아요. 그런데도 3년 동안 계속 다니는 사람도 있고, 반면에 2개월 만에 그만둔 사람도 있죠. 올지 말지는 각자의 자유예요. '느슨한 커뮤니티' 같은 거죠.

저는 사람들을 가르치고는 있지만, 제가 배우기 위해서 가르치고 있어요. 선생이나 멘토가 되고 싶지는 않아요. 그런 존재는 자본주의 안에서 금세 소비되기 때문이죠. 선생이나 멘토가 존재하지 않기 때문에 필연적으로 결속이 약한 공동체가 됩니다. 정해진 학기도 커리큘럼도 없어요. 배우고 싶은 사람은 언제든지 환영하며, 전시를 하고 싶은 사람에게는 갤러리를 빌려주죠. 물론 책을 만들 수도 있고요. 지원은 하지만 전부 학생의 자유에 맡기고 있어요.

강사를 초대하는 경우에는 그때마다 수업료를 받고 있어요. 강사에게 사례가 필요하기 때문이죠. 제 강의에도 일단 수업료(한 달에 15만 원)는 있지만 참가자의 경제 사정을 고려해 받지 않았을 때도 있어요. 작가의 강의를 기록해서 책으로 출판하는 '특별 강의'인 경우에는 책을 출간하는 출판사의 사례를 받아서 무료 강의를 할 때도 있고요. 다만 북노마드가 완전한 독립 출판사가 되고 난 이후에는 제 강의만 계속하고 있어요. 좀 전에 말씀드렸듯이 선생으로 불리는 사람이 세상에 너무 많은 것이 마음에 들지 않기 때문이죠(웃음). 저와 함께 공부하고 싶은 사람은 언제나 환영한다는 마음으로 올해부터는 수업료를 받고 있지 않아요.

→ **앞으로 북노마드 미술학교를 어떤 식으로 만들어가고 싶으세요?**

3년쯤 전에 미술학교에서 한강 씨의 소설을 텍스트로 활용해서 수업한 적이 있어요. 올해 한강 씨의 《채식주의자》가 맨부커 국제상을 수상해서 화제가 되었죠(《채식주의자》는 2016년 도서 판매 1위). 일반 미술학교라면 드로잉 같은 기술이나 미술사 같은 학문을 철저하게 가르치겠지만, 북노마드 미술학교에서는 소설이나 다른 작품 등 예술 전반을 미술과 연결 지으면서 가르치고 있어요. 제가 공부한 내용을 학교에서 공유하는 느낌으로 말이죠. 유목민을 뜻하는 '노마드'라는 이름처럼, 미술이 아닌 것을 통해 미술을 이야기하고 출판이 아닌 곳에서 출판에 관해 이야기하고 싶어요. 궁극적으로는 그런 학교를 만들어가고 싶습니다.

→ **북노마드는 미술학교를 통해 무엇을 얻는 걸까요?**

정확한 메커니즘이 있다기보다는 전부 자연스럽게 흘러가 결과를 맺는 것 같아요.

저는 일주일의 반 정도는 출판사를 경영하는 편집자, 나머지 반은 대학에서 미술을 가르치는 교육자였어요. 결국 어느 쪽도 포기하지 못하고 병행하다 보니, 젊은 미술가가 편집자인 저에게 제작이나 전시 관련해 고민 상담을 하러 오기도 했죠. 그 과정이 일종의 대화 형식의 수업인 거예요. 제가 아니더라도 북노마드의 저자들에게 요청하면 강의를 해주시는데 그곳이 곧 학교가 되는 거고요. 이런 식으로 학교에서 배운 것이 책의 형태로 완성되는 겁니다. 제가 이렇게 하려고 미리 구상한 건 아니고 출판(편집)과 미술(학교)이라는 두 가지의 일이 자연스럽게 섞인 결과예요. 북노마드와 북노마드 미술학교, 이 두 가지는 이미 혼연일체가 되어서 나눌 수 없어요. 이상적인 이야기지만 출판도 서점도 학교도 이벤트도 모두 하나로 합쳐서 시부야 퍼블리싱 앤 북셀러즈SPBS, 책을 편집하고 도서와 잡화를 판매하고 광고물을 제작하고 학교를 운영하는 등 다양한 활동을 하는 기획 편집 회사-역주 같은 공간을 만들 수 있다면 좋겠다고 생각하고 있어요.

'북노마드 미술학교'는 윤동희 대표의 사무실에서 운영한다고 한다 (그 후 목동으로 이전했다).

시인의 강의에서 만들어진 《어떤 날》은 총 8권이 출간되었다.

→ **279**

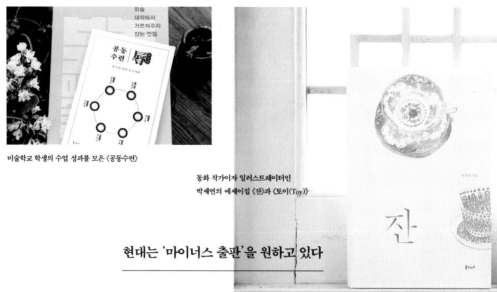

미술학교 학생의 수업 성과를 모은 《공동수련》

동화 작가이자 일러스트레이터인
박세연의 에세이집 《잔》과 《토이(Toy)》

현대는 '마이너스 출판'을 원하고 있다

덧붙이면 지금은 명확히 구분하는 것이 어려운 시대라고 생각해요. 편집자인 우치누마 씨
도 지금은 저널리스트로서 저를 인터뷰하고 있죠. 이러한 일이 새로운 관계 형성의 시작점
이 됩니다. 그건 한국도 일본도 마찬가지죠. 분야와 분야, 장르와 장르, 세대와 세대를 구분
짓고 자기 것만을 가르치려는 고집은 버리고 새로운 관계를 만들어갈 때죠. 이런 시대에도
대형 출판사들은 플러스, 플러스, 플러스만을 목표로 운영해갈 수밖에 없어요. 반대로 언
제부터인가 저는 마이너스, 마이너스, 마이너스를 지향하게 되었죠. 하지 않아도 되는 일은
하지 않도록 하고 있어요. 대학 강의도 처음에는 일주일에 4~7개 수업을 맡았지만 지금은
한두 개만 하고 있어요. 책도 예전에는 1년에 30~40권을 만들었지만 현재는 10종 미만으로
만들고 있어요. 지금 저는 '마이너스 편집'이라는 개념을 실험하고 있어요.

세상에 있는 것, 특히 출판은 마이너스를 지향해야 한다고 생각해요. 저희가 아무리 책을 열
심히 만들고 그림을 그리고 공부를 해도 세월호 사건 같은 참사나 동일본 대지진 같은 재해
앞에서는 무력하다고 느끼죠. 그 찰나 같은 시간 속에 살면서 뭔가를 해보겠다고 열심을 내
는 것이 부끄러워졌어요. 그러니까 '무언가를 하지 않는다'라는 생각으로 옮겨가면서 출판
도 혼자 하고 강의도 작은 공간에서 하는 방향으로 바꾸고 있죠. 그러한 '마이너스 사고'에
대해서 날마다 생각하고 있어요.

→ 보통 '마이너스'라고 말하면 부정적인 의미가 되죠. 하지만 대표님이 말씀하시는 '마이너스 출

(Publisher)

판'에는 긍정적인 의미가 포함되어 있군요.

요즘은 세상이 불안정하죠. 그래서 자신의 능력으로는 역부족인 일을 하려고 하거나, 하지 않아도 되는 일을 하거나, 다른 사람의 흉내를 내는 이들이 있는 것 같아요. 얼마 전까지는 저도 계속 성장하는 것, 플러스를 더해가는 것이 좋다고 생각했지만 되돌아보면 그 시도는 전혀 플러스가 아니었어요. 가장 중요한 것은 책을 만들고 있는 저 자신이 무리하지 않고 행복해지는 거죠. 노력하면 할수록 회사가 행복해질 뿐이었거든요(웃음). 그래서 혼자서 출판사를 하고 내 능력의 범위 안에서 최선을 다하자고 생각을 바꿨어요. 이 점이 저의 '마이너스'예요. 지금까지는 다른 사람이 시킨 일을 해왔다면 이제부터는 제가 저에게 시킨 일을 해나갈 거예요.

'마이너스'의 의미를 조금 더 구체적으로 말씀드려볼게요. 첫 번째는 비교하지 않는 것. 북노마드와 다른 출판사를 비교하지 않고 내가 만든 책과 다른 사람이 만든 책을 비교하지 않는 거죠. 비교하면 열등감이 생길지도 모르니까요. 두 번째는 형식을 신경 쓰지 않는 것. 지금 북노마드는 일반 주택에 사무실을 냈는데, 출판사는 이래야 한다든가 주식회사는 이 정도 규모가 되어야 한다는 점을 고려하지 않은 거죠. 세 번째는 무리하게 계획을 세우지 않는 것. 네 번째는 자신을 특별하다고 생각하지 않는 것. 무언

이제부터는 제가 저에게 시킨 일을 해나갈 거예요.

가 특별한 것을 만들어야 한다는 사고방식으로부터 거리를 두는 거예요.

→ **하지만 사람들이 특별하다고 생각하는 책을 만드는 쪽이 좋지 않나요?**

자신이 엄청난 일을 한다고 생각하지 않도록 마음을 지키는 것이 좋다는 의미예요. 이건 다른 사람도 할 수 있는 일이라고 생각하는 거죠. 한때는 저도 특별한 책을 만들고 싶다, 내가 하는 일에는 특별한 가치가 있다고 굳게 믿었던 적이 있어요. 하지만 생각해보면 대단한 일이 아니거든요(웃음). 제가 만든 책을 전 국민이 읽는 것도 아니고, 애초에 제가 가진 능력도 평범하고요. 하지만 10년 후, 20년 후에도 여전히 제가 책을 만들거나 강의하고 있다면 결과적으로 특별한 사람이 되어 있을 겁니다. 현시점에서 특별한 것을 하려고 생각하지 않고 평범한 것을 지속 가능하게 할 수 있다면 좋은 거죠. 예를 들어 이 책, 아사오 하루밍 씨의 《3시의 나》를 2013년에 번역 출판한 것은 '오후 3시에 자신이 하는 일을 365일 내내 기록하다'라는 콘셉트에 감명을 받았기 때문이에요. 이거야말로 '지속 가능'의 의미 그 자체 아닌가요? 매일 3시에 하는 행동은 사소하

아사오 하루밍 《3시의 나》는 땡스북스에서 가장 잘 팔리는 책에 꼽힌다.　　　　독서하면서 여행하는 작가 이희인의 《여행의 문장들》

지만 그 궤적을 뒤에서 따라가면 의미가 만들어지는 거예요. 이 《홋카이도 보통열차》라는 책은 한국의 뮤지션 오지은 씨가 쓴 홋카이도 여행기예요. 이 책도 인상적이었어요. 일단 열차에 타고 여행길에 오르면 도중에 나쁜 일과 만나기도 하겠지만 언젠가는 원래 있었던 자리로 돌아가게 돼요. 어두운 터널도 언젠가는 빠져나가고요. 20년 정도 일을 하다 보니 잘 팔리는 책이 있으면 전혀 팔리지 않는 책도 있었어요. 하지만 일회일비하지 않아요. 지금 팔리지 않아도 언젠가 팔릴 때가 온다는 거죠. 열차에 타고 있는 한 터널을 빠져나갈 날이 오는 거예요. 완전히 독립한 지금은 논의할 직원도 없기 때문에 판단은 모두 저 혼자 하고 책임도 전부 저에게 돌아와요. 책이 팔리지 않으면 다음을 기약할 수 없기 때문에 요즘에는 잠이 잘 오지 않네요(웃음). 하지만 지금은 단지 터널 안에 있는 거라고 생각해요. 이것도 '마이너스 출판' 사고방식이죠.

→　**강의의 결과물로 만들어진 책은 제목에 '독립'이라는 단어가 들어가 있네요. 지금 '독립'이라는 단어에 어떤 의미가 있다고 생각하세요?**

이제는 부모 세대가 가지고 있던 '열심히 하면 반드시 성공할 수 있다'라는 말의 신뢰가 무너졌어요. 하지만 저성장시대니까, 보상이 적으니까 하면서 손 놓고 있을 수는 없죠. 그렇다고 세상을 향해 큰일을 하겠다며 나서기도 어렵고요. 정직원이 되는 것도 힘들죠. 그래도 무언가를 해보려고 하는 사람들이 있는데, 그중에는 문화에 흥미를 느끼는 젊은이도 있어요. 그 젊은이들은 그림을 그리고 싶지만 안정적인 일을 못 얻고 책을 만들고 싶지만 출판사에 들어가지 못해요. 기존의 회사나 시스템은 앞 세대들이 버티기에도 힘들기 때문이죠.

그럼에도 변화되어간다고 느끼는 것은, 이전에는 도전하려던 젊은이도 그만두라는 말을 들으면 단념했지만 지금은 설령 반대를 해도 도전하겠다는 흐름이 한국에 생겨나고 있기 때문이에요. 비주류 문화 안에서 자신이 하고 싶은 작은 일을 조금씩 해보겠다는 움직임이 싹트고 있죠. 그래서 저도 '독립'에 주목하는 거예요. 재미있는 건 언제부터인가 동네의 독립서점에서도 북노마드의 책을 다루기 시작했다는 점이에요. 이런 현상을 보고 앞서 말씀드렸던 독립서점, 독립출판 등의 '독립' 시리즈 책을 만든 측면도 있어요.

'출판의 미래'는 미래 세대에게 넘기자

→ **서점이나 출판사도 한국이 일본보다 독립심이 강한 것 같아요. 적은 인구의 영향인지, 국민성에 의한 것인지……. 그 이유를 뭐라고 생각하세요?**

우선 한국의 독립성에는 미디어 환경의 변화가 전제되어 있다고 생각해요. 스마트폰이 등장한 이래로 사람들은 책을 읽지 않게 되었지만 SNS 등을 통해 한층 더 많은 텍스트를 접하게 되었어요. 오에 겐자부로 씨의 《읽는 인간(위즈덤하우스)》까지 언급할 필요도 없이, 어떤 의미에서는 어느 때보다도 많은 시간을 '읽는' 것에 할애하는 시대라고도 할 수 있어요. 한편으로 대학을 졸업해서 기업에 들어가고 가정을 이루고 안정된 생활을 한다는 노선을 걷기 어려운 시대가 되었어요. 모두 직접 자신만의 작은 일을 찾아야 해요. 소규모 자본 투자로 가능한 작은 일은 작은 가게나 사업을 하는 거죠.

힘든 시절을 거치며 큰 틀의 자본주의 자체에도 의문의 눈길이 향하게 되었어요. 모두 똑같이 일해도 부는 이미 부를 가진 사람에게 집중되고 축적되죠. 이러한 구조적인 문제가 보이기 시작한 거예요. 그렇다면 다른 사람이 시키는 일을 한 결과물을 그 사람이 가져가게 하기보다는, 작은 일이어도 내가 스스로에게 일을 시켜서 돈을 벌고 소득의 범위 안에서 생활하는 게 낫다고 생각하는 거죠. 이런 의식의 전환은 자연스럽게 생겨났어요. 그중에서 진입 장벽이 낮은 분야 중 하나가 독립서점이나 독립출판이에요. 그러한 의미에서는 지금 한국과 일본은 같은 경험을 하고 있는 것 같아요.

다만 문제는 한국에 많이 생겨난 작은 서점들이 비슷해지기 시작했다는 점이에요. 지금은 모두가 스마트폰을 가지고 네이버에서 같은 것을 검색해서 같은 결과를 봐요. 그 사람이 하는 일의 업종과 관계없이 모두 그렇죠. 그래서 막상 '독립적'인 가게에 가보면 비슷비슷한 경우도 있는 거예요. 저 개인적으로는 비슷한 것들이 재미없기도 하고, 출판사를 하고 있는 입장에서는 고민이 돼요. 아주 특별할 필요는 없지만 완전히 똑같아도 안 되니까요. 거리를 다니다 보면 한국의 카페나 디저트 가게는 일본 가게를 복사한 것 같기도 해요.

올해 가을에 아즈마 히로키 씨의 《약한 연결》한국어판(2016년 12월 출간)을 저희가 출간할 예정인데, 이 역시 제가 느꼈던 위화감이 계기예요. 현대인은 스마트폰이나 회사의 인간관계에 너무나도 강하게 연결되어 있어요. 하지만 이제부터 필요한 것은 약한 연결이라고 아즈마 씨는 말해요. 여행을 통해 한국인은 한국에서 나가보고 일본인은 일본에서 나가봐야 해요. 우치누마 씨가 한국에 와서 한국의 독립출판에 관한 이야기를 듣고 재미있는 서점을 보고 나면 검색할 때 키워드가 바뀌지 않겠어요? 결과적으로 거기에서 새로운 경험이 생겨나고 시야가 넓어져요. 일본 출판이든 한국 출판이든 그런 식으로 '새로운 검색어'를 만들어갈 필요가 있다고 생각해요.

→ 일본에서도 '소규모 장사'라는 단어는 이제 겨우 정착했어요. 그런 의미에서 일본은 좀 더 한국의 독립적인 출판이나 서점에 배울 점이 있다는 느낌이 들어요. 일본의 출판계가 새로운 시각을 얻기 위해서 필요한 것은 뭘까요?

제가 출판사를 하고 있기는 하지만 지금의 출판사라는 형태가 영원히 남을 필요는 없다고 생각해요. 음악 같은 경우 물리적인 기록 매체에서 데이터로 미디어 환경이 변화함에 따라 많은 레코드 회사가 없어졌지만, 음악 그 자체는 지금도 존재하고 있어요. 마찬가지로 출판을 둘러싼 환경이 변하면 지금과 같은 출판사가 없어진다고 해도 출판의 역할이나 책이라는 매체 자체는 살아남겠죠. 그런 '새로운 출판계' 안에서도 저는 어떤 일을 하고 있을 것 같아요. 그때는 북노마드의 대표가 아닐지도 모르지만 책이나 출판과 관련된 무언가를 분명히 하고 있겠죠. 그렇게 믿고 있어요. 그래서 미래를 걱정하거나 불안하다고 생각하지 않아요. 무라카미 하루키 씨도 했던 말 같은데, 우치누마 씨도 저도 지금 태어난 아기도 100년 후에는 어차피 모두 없어져요. 그러니까 저희들이 50년 후, 100년 후의 미래를 생각할 필요는 없는 거죠. 무책임하고 자기중심적인 생각으로 말하는 게 아니에요. 저에게는 중학생 딸이 있는데, 딸이 상상하는 '책'과 제가 생각하는 '책'은 다른 거겠죠. 솔직히 말하면 제 딸에게는 지금 저희가 고민하는 출판의 미래 같은 건 어떻게 되어도 상관없어요. 왜냐하면 딸은 저와는 다른 시대를 살아갈 것이기 때문이죠. 제 아이가 살아갈 20년 후, 30년 후의 세상에는 지금과는 전혀 다른 라이프스타일로 살아가는 사

(Publisher)

《우리, 독립책방》은 서울 시내의 소규모 서점을 모아 소개하고 있다.

람들이 있겠죠.

북노마드의 책도 몇 년 전까지는 20, 30대 여성이 핵심 독자층이었지만 올해 온라인 서점 매출 데이터를 보면 핵심 독자가 40대로 옮겨갔어요. 예전의 주요 소비자였던 독자층이 나이를 먹었다는 의미라고 생각해요. 저는 지금 40대 중반이어서 북노마드는 그야말로 지금의 저라고 할 수 있죠. 90년대에 학창 시절을 보낸 저희 같은 사람은 50대, 60대가 되어도 좋은 영화가 개봉하면 극장에서 보고 좋은 책이 나오면 종이책을 사서 읽을 거예요. 저희 세대는 아마 30년 후에도 지금과 다르지 않은 문화 소비 활동을 하고 있을 겁니다.

하지만 세상은 시시각각 변화하고 있고, 그 변화에 적응한 새로운 세대가 나오는 건 당연하죠. 그 변화를 따라갈 수 없게 되면 아예 퇴장하는 게 구세대의 역할이 아닐까요. 제 라이프 스타일을 젊은 세대에게 강요할 생각은 없어요. 그건 출판도 서점도 마찬가지예요. 저의 바람까지는 아니지만, 한국에도 일본에도 수십 년 후의 미래를 살아가는 새로운 세대는 그 미래에 맞게 자기만의 방법으로 잘 해낼 거라고 생각해요. 그래서 저희는 미래를 걱정하지 않아도 되는 거죠.

그 후에 윤동희 대표에게 "뭔가 새로운 변화가 있었나요?"라고 묻자 "책을 13권 냈어요"라는 답장이 왔다. 9개월 동안에 말이다.

사무실을 목동으로 이전했고 그때부터 지금까지 책을 13권 출간했어요. 그중에서 《안으로 멀리 뛰기》는 베스트셀러 작가 이병률 시인과 저의 대화를 엮은 책으로, 시집과 산문집 사이를 오가는 책이 되도록 노력했는데 다행히도 발매 후 종합 판매 2위가 되는 등 호평을 받았어요. '편집자 되기' 수업에서는 예정대로 제2탄 《우리, 독립출판》이 나왔고, 아즈마 히로키 씨의 《약한 연결》 한국어판도 무사히 완성되었어요. 북노마드 미술학교 출신인 윤여준 씨의 산문 화집 《그때, 우리 할머니》는 미술을 배운 25세 손녀와 89세 할머니와의 시간을 그림과 글로 기록한 책이에요. 거대한 역사 속의 개인적인 장면이 가득 담겨 있어서 감동적이죠. 그리고 우치누마 씨가 다녀가신 이후에 박근혜 대통령의 탄핵을 요구하며 전국의 광장에 수백만의 촛불이 타올랐어요. 정치학자 송호근 씨의 《촛불의 시간》은 그러한 시민의 시간을 기록하고 개인의 취향과 관심에 맞는 시민활동을 추천해줘요. 미래의 한국 사회를 위해 민주주의의 기초가 되는 시민 자치의 가능성을 열어준 책입니다.

→ booknomad 북노마드
서울시 양천구 목동서로 280 1층 102호
02-322-2905
booknomad.co.kr

BOOK → REVOLUTION → SEOUL
IN

→ (Bookstore)

BOOKTIQUE

PARK JONGWON

(Bookstore)

24.

책 읽지 않는 사람도
끌어들이는 북클럽을
주최하는 서점

→ (Interview)

박종원

BOOKTIQUE 북티크 대표

1983년 서울 출생

———→ 책을 한 권 읽고 서로 이야기한다. 일본에도 독서 모임은 많이 열리지만, 독서 모임 전문 서점이라는 말은 들어본 적이 없다. 하지만 서울에서는 벌써 두 번째 가게가 문을 열었다. 넓은 북카페 공간에는 언뜻 보기에 독서 모임의 흔적이 보이지 않지만, 안쪽으로 들어가자 큰 방이 나타난다. 이곳이 '북클럽' 전용 방이라고 한다. 그곳에서 "이제 막 개점한 참이라 책이 많이 없네요"라며 박종원 대표가 웃는 얼굴로 나타났다. 이 서점은 대체 어떤 구조로 만들어진 것일까?

책을 읽는 사람과 만나고 책과 만나다

북티크BOOKTIQUE는 서울 시내에 2곳 있어요. 1호점은 강남에 있는 논현점으로 2014년 12월에 오픈했어요. 홍대의 끝, 서교동에 있는 이곳 2호점은 얼마 전인 2016년 7월에 정식으로 문을 열었죠. 지하에 있는 논현점은 실내가 계단식으로 되어 있는데 중앙의 카페 공간으로 내려가는 커다란 계단이 좌석도 되는 구조예요. 공연장과 비슷하죠. 서점을 시작하기 전에는 7년 정도 출판사에서 영업과 마케팅을 담당했어요. 처음 3년은 어학 전문 출판사, 그다음 4년은 웅진씽크빅이라는 교육계 대형 출판사에서 일했죠.

→ **편집자를 하다가 서점을 시작한 사람은 많지만 영업자가 서점을 시작하는 경우는 드물지 않나요?**

그렇죠. 편집자 출신이 만든 서점은 자신이 책을 만드는 사람이었기 때문이겠지만 책에 집중되어 있어요. 저는 독자, 즉 손님에 집중해서 서점을 하고 있어요. 책을 읽고 즐기는 사람들보다는 책을 읽지 않는 사람들에게 더욱 신경을 쓰죠. 어떻게 하면 책을 읽지 않는 사람들이 책의 세계로 오게끔 할 수 있을까. 북티크는 이 점에 포인트를 두고 있어요.

일본도 사정은 비슷할지 모르지만 출판업계의 한계라면, 출판사가 책을 좋아하는 사람들의 커뮤니티 안쪽에만 머물려 하는 점이 아닐까 싶어요. 영업을 하던 때에 그런 고민을 했어요. 그렇다면 책을 읽지 않는 커뮤니티와 사람들을 위한 콘텐츠를 만들어 서비스를 제공해보자는 생각을 하게 되었죠. 시각을 바꾸니 방법도 가능성도 많이 보였는데, 이러한 생각이 북티크의 원점이었어요. 그러니 처음부터 서점을 할 생각이었던 건 아니죠.

→ **그럼 실제로 서점을 열게 된 계기는 뭐였나요?**

두 번째 회사를 다니고 있을 때 런던 도서전(매년 봄에 개최하는 도서전으로, 가을에 개최되는 프랑크푸르트 도서전과 함께 세계적인 도서전으로 꼽힌다)에 갔어요. 런던 시내에 있는 서점 순례를 하면서 출판 환경의 차이를 직접 눈으로 확인해보니 서점에 관한 아이디어가 마구 솟아나더라고요. 워터스톤Waterstones이라는 체인 서점에 갔는데 광고대가 없어서 놀랐어요. 한국에서는 매대 광고라고 부르는데, 대형 서점에서 눈에 잘 띄는 판매대에 책을 진열하려면 기본적으로 출판사가 돈을 지불해야 해요. 그것도 비싼 돈을요. 그래도 교보문고 광화문점이나 강남점 같은 주요한 판매처에서는 광고하려는 출판사가 너무 많아서 추첨을 할 정도죠. 그 밖에 새로웠던 점은 서점 직원이 직접 책을 골라서 책장에 진열하거나 코멘트를 붙이던 풍경이었어요. 런던에서는 당연한 일일지도 모르지만 돈의 흐름이 드러나지 않고 선전이나 광고에 기대지 않고도 운영할 수 있는 서점 시스템에 감동한 것이 계기였어요.

출판사를 다닐 때 소셜벤처를 지원하는 정부 보조금 공모전에 사업 기획을 냈는데, 제 아이디어가 선정되었어요. 보조금을 3천만 원 받게 되었고, 그때부터 회사를 다니며 개업 준비를 해서 2014년 7월에 회사를 그만두고 창업했어요. 그렇지만 창업이 바로 서점으로 이어진 건 아니에요. 처음에는 혼자서 했기 때문에 수많은 아이디어 중에 바로 실현할 수 있을 것 같은 아이디어를 골랐어요. 지자체의 공간과 작가 행사같은 콘텐츠를 연결하는 일을 해보려고 했죠. 하지만 사람과 사람을 잇는 일을 하다가 한계를 느끼기 시작했고 자신의 공간이 필요하다고 생각하게 되었어요.

처음에 비즈니스 모델을 생각했을 때 서점

책을 읽지 않는 사람에게 서비스를 제공해보자고 생각하자 방법도 가능성도 많이 보였다.

경영이라는 아이디어는 없었어요. 하지만 독자를 발굴하려고 하다 보니 아무래도 독자가 올 만한 공간이 필요하다고 생각했죠. 결과적으로 그 장소가 서점이었던 거예요. 이런 과정을 거쳐서 만들어진 공간이기에 북티크는 단순하게 책을 파는 서점이 아닌 특별한 서점이 되었다고 생각해요.

→ 새삼스럽지만 서점의 콘셉트를 알려주실 수 있나요?

북티크의 핵심이면서 앞으로도 계속해나가고 싶은 것은 '북클럽'이에요. 북클럽을 많이 만들어서 전국으로 네트워크를 넓혀가고 싶어요. 애초에 이 북클럽을 운영하기 위해서 이러한 서점 공간이 필요했던 거니까요. 카페도 있고 천천히 독서할 수 있는 넓

2호점에는 북클럽 전용 공간이 4군데(그 후에 2군데로 줄었다) 있다.

은 공간도 있죠. 책을 읽지 않는 사람이라도 가볍게 커피를 마시거나 책을 구경하거나 북클럽에 참여하는 것이 가능한 공간이에요. 들어가기에 조금 어려운 이미지가 있는 서점의 문턱을 낮췄어요. 책을 읽을 계기를 만들어주는 건 책을 읽는 사람과의 만남이 아닐까요? 책에 흥미가 없는 사람에게 "책을 읽으세요, 책을 사세요"라고 말해도 먹히지 않으니까요. 실제로 책을 읽고 있는 사람들의 모습을 접하는 편이 효과적이라고 생각한 거죠.

'북클럽'이라는 새로운 형태의 독서 모임

→ **북클럽은 선정한 도서를 참가자가 읽어오는 독서 모임과 비슷하다고 생각해도 될까요?**

카페에 모여 앉아서 독서 모임을 한다는 느낌은 아니에요. 우선 북클럽 참가자들은 북클럽 전용 공간에 모여요. 지금 저희가 이야기를 나누고 있는 이곳, 긴 책상과 의자가 있고 10명 정도 들어올 수 있는 공간이에요. 1호점은 언제나 예약이 꽉 차 있죠. '책반장'의 인솔 아래 방에는 대체로 7~8명 정도 모여요. 지정된 책을 참가자 전원이 읽고 그 책에 대해서 이야기를 하죠. 이러한 방식이 기본이지만 참가자가 각자 읽은 책에 대해서 이야기를 하는 경우도 있어요. 고전문학 등 특정 장르를 선택해서 읽는 코스도 있고, 독서 습관을 만들기 위해서 2개월 동안 매주 화요일에 모여서 읽은 책에 대해 이야기하는 챌린지 코스도 있어요. 멤버 각자가 원하는 책을 읽고 모입니다. 돈을 지불하고 참가하기 때문에 헬스장에 다니듯 독서 습관을 들이는 효과가 있어요. 독서 경험, 장르, 계절에 따라 정말 다양한 북클럽을 개최하고 있죠.

북클럽 참가자들의 모습

서점에서는 저자를 초대한 토크 이벤트 '저자와의 만남'도 개최한다.

북클럽용 책장이 서점 안에서 가장 크다.

북클럽 기간은 기본적으로는 2개월이고 1회에 약 2시간 정도 진행해요. 회비는 각 클럽마다 다르지만 2개월에 4회 모이면 7~8만 원 정도 하고요. 이 가격은 음료 포함이에요. 현재 챌린지 북클럽은 월 4회 기본으로 하고 월 6만 원입니다. 개근하면 책을 1권 드리고 있어요. 평일에는 저녁에 개최하고 주말에는 주로 오후에 하고 있어요. 1호점은 최근에 인근 카페 공간에 입점을 했습니다. 이곳에서는 토요일을 제외하고 매일 모임이 최소 1개부터 많게는 3개 정도가 진행됩니다.

→ **'책반장'은 어떤 역할을 하나요?**
각 북클럽 개최 시 진행을 하는 사람을 북티크에서는 책반장이라고 불러요. 그와는 별개로 북클럽의 기획 및 운영을 하는 '북티크 디렉터'도 있는데, 둘 다 북티크 직원이 맡고 있어요. 참가자 중에서 지원하는 사람도 있지만 원칙적으로는 저희 직원이 담당해요. 북클럽을 진행할 때는 먼저 독서 모임 테마를 설정하고, 참가 대상, 읽을 책, 요금과 계좌번호, 책반장 이름 같은 기획의 모든 정보를 북티크 블로그에 올려서 멤버를 모집해요. 참여하고 싶은 사람이 자신의 전화번호와 메일주소 등 연락처를 적으면 관리자가 연락을 드리죠. 참가비가 입금되면 예약 완료가 됩니다. 최소 참가 인원은 4명이에요. 실제로 북클럽이 운영될 때 대화를 활발하게 만드는 것이 책반장의 중

책을 '읽어주시도록' 하는 것에 좀 더 주안점을 두고 할 수 있는 일이 없을까 고민해왔다.

우리가 방문했던 북티크 서교점은 오픈한 지 얼마 되지 않은 2호점

요한 역할입니다.

책반장을 다른 서점에서 데려온 경우는 지금까지는 없어요. 별도로 책반장을 모집한 적도 없고요. 같은 목표를 공유할 수 있는 사람들이 자연스럽게 이 서점에 모입니다. 저희는 '북 엔터테이너'라고 부르는 책반장 양성 프로그램을 운영했었고 올해 다시 북 커넥터 양성 프로그램을 준비 중입니다. 거기에서 새로운 리더가 길러지고 있어요. 리더가 계속 양육되지 않으면 북클럽도 늘어날 수 없으니까요. 리더가 리더를 키우는 구조예요. 이것이 북티크가 주체적으로 조직하고 운영해가는 '독서 모임'의 새로운 형태입니다.

→ **북클럽 운영에 공을 많이 들이고 계시네요. 매출 비율은 어떻게 되나요?**

2호점은 이제 막 개점해서 지금부터 키워가야 하고요. 1호점은 카페가 매출의 반 정도를 차지해요. 책과 북클럽의 매출 비율은 비슷하고요. 북클럽이 많이 만들어지면 당연히 매출도 늘어나겠죠. 북클럽을 시작하기 전에는 저도 솔직히 어려울 거라고 생각했지만(웃음), 해보고 나니 좋은 의미에서 배신당했어요. 대화가 통하는 사람을 만나고 다른 사람과 연결되기를 바라고 새로운 만남을 즐거워하는 이들이 예상보다 많았던 거죠. 모임을 촉진하기 위해서는 사람들 사이에 서는 사람, 즉 책반장이 이끌어가는 힘이 중요하다는 것도 알게 되었어요. 책에 있는 지식을 공유하는 것도 물론 필요하지만, 사람들이 모여서 자연스럽게 이야기하는 분위기를 만들고 대화를 이끌어내는 것이 책반장의 중요한 역할이에요.

이처럼 북티크의 독서 모임은 독자가 자발적으로 주최하는 것도 서점이 하는 단발성 이

(Bookstore)

벤트도 아닌, 서점 직원이 모임 속에 들어가 계속 키워나가는 형태예요. 서점 직원이 직접 독자를 발굴하고 책반장으로 키워내는 것이 저희의 주요한 일이죠. 서점의 역할에 대해서는 계속 고민하고 있어요. 책을 '파는' 일은 서점, 출판사, 도매상 등 출판업계 전체가 맡고 있어요. 하지만 독자가 책을 읽기 위해 처음에 가는 곳은 서점이죠? 서점 같은 구체적인 장소에서 독자가 책을 '읽어주시도록' 하는 것에 더욱 주안점을 두고 할 수 있는 일이 없을까 고민해왔어요.

→ 서점에 진열하는 책도 북클럽을 고려해서 선별한다는 말씀이세요?

맞아요. 북클럽을 할 때 읽기 좋은 책을 우선적으로 고르고 있어요. 한마디로 말하면 토론의 여지가 있는 주제를 다루는 책이죠. 예를 들면 페미니즘이나 정치·사회문제에 대한 책이에요. 어려운 책이 아니라 읽기 쉬운 책을 고르는 것이 포인트죠. 참가자가 그 주제에 대해서 의견을 갖고 감상을 말하는 것이 중요하기 때문이에요. 물론 소설도 다루는데 그중에서도 사회문제를 다루는 책을 골라요. 에세이나 힐링에 관한 책은 그다지 다루지 않아요. 최근 화제가 되었던 자기계발서도 많이 두지는 않고요. 서점 한쪽에는 북클럽에서 실제로 다루었던 책을 진열하는 코너도 있어요. 책장이 많이 비어 있는 이유는 여기 2호점이 오픈한 직후여서 그렇고

요. 책이 전부 입고되지 않았거든요(웃음). 기본적으로 책은 도매상을 통해 위탁 판매로 매입하고 있어요. 공급률은 70~75퍼센트 정도입니다.

→ 1호점에서 진행하는 '심야서점'은 뭔가요?

현재 1호점에서만 개최하고 있는 이벤트인데요, 금요일 밤 10시부터 다음 날 아침 6시까지 책을 읽는 이벤트예요. 매번 적어도 20~30명 정도가 모여요. 읽을 책은 직접 가지고 와도 좋고 서점에서 사도 괜찮아요. 서점에 비치된 대여용 책을 읽어도 되고요. 입장료는 음료 포함해서 1만 원으로, 시작할 때와 오전 2시쯤에 음료를 주문할 수 있어요. 오전 2시 정도부터 북클럽처럼 모여서 이야기하는 시간도 있어요.

→ 서점을 비즈니스로 성립시키기 위해서는 어떤 점이 중요할까요?

이제 막 서점을 시작해서 제가 말씀드릴 수 있는 건 아무것도 없어요. 다만 반복되는 이야기지만 조금 더 '읽는 것'에 가까이 가서 비즈니스를 찾아보면 가능성은 한층 넓어지지 않을까요? 서점이 할 수 있는 일은 아직 전부 발굴되었다고 생각하지는 않아요. 저도 지금은 서점 일에 집중하면서도 조금 더 다양한 기획을 펼쳐가고 싶어요. 북티크 자체도 서울뿐만 아니라 다른 지방 도시, 예를 들어 부산 같은 곳에도 만들고 싶네요.

10년 경력의 베테랑 바리스타 박경래 씨가 가게의 메뉴도 전부 담당하고 있다. 박종원 대표의 친구이기도 하다.

책과 독자를 연결하는 것은 결국 '사람'

→ 한국에서는 최근 몇 년 사이에 작은 서점이 많이 생겨나면서 북티크 같은 개성적인 서점도 계속 나타나고 있어요. 이러한 '작은 서점 붐'에 대해 어떻게 생각하세요?

서점이 늘어나는 현상은 무척 좋은 일이라고 생각해요. 이러한 현상이 거품처럼 사라져버리는 것은 싫지만……. 일본에는 츠타야 서점도 있고 특징 있는 서점도 많아서 한국보다 내실이 있다고 생각했어요. 그래서 이렇게 일본에서 한국 서점을 취재하러 오셨다고 해서 의아했어요. 한국의 출판 관계자는 일본의 출판업계에 대해 좋게 생각하고 있거든요. '서점은 일본'이라는 이미지가 있어서, 마음속에 일본 서점에 대한 낭만을 품고 있다고나 할까요. 저도 일본에 연수 때문에 갔을 때 다양한 서점을 둘러보면서 멋지다고 생각했고요. 일본의 그러한 특색 있는 서점을 참고해서 한국에서도 서점을 해보려는 젊은이들이 많은데요. 과연 그것만으로 괜찮은 걸까 하는 생각도 들어요. 일본 출판업계도 많은 문제를 품고 있지 않나요? 그렇다면 일본 모델을 그대로 가져와도 반드시 잘된다고는 할 수 없죠. 실은 저도 의문을 가지고 있어요. 차라리 어떻게 하면 책과 서점이 살아남을 수 있을까 하는 생사의 문제를 함께 고민하는 편이 생산적이겠죠. 일본 분들은 출판에 관한 문제를 어떤 식으로 생각하고 계신가요? 반대로 여쭤보고 싶은 점이 있는데, 일본처럼 서점에 책과 잡지에 DVD까지 갖다 놓고 레스토랑까지 운영하는 것이 출판 문제의 답이 될까요?

→ **그러한 복합적인 서점이 모두 성공하는 건 아니에요. 점포를 늘려도 핵심은 결국 '사람'이죠. 책을 제대로 제안할 수 있는 인재야말로 중요하다고 생각해요.**

저도 서점에 가장 중요한 점은 그곳에서 일하는 직원이라고 생각해요. 저희 직원들은 책을 좋아하고 사람을 좋아하고 이야기하는 것을 좋아해요. 이런 직원들이 있기 때문에 빠르게 2호점을 낼 수 있었어요. 생각해보면 서점의 성장이라는 것은 직원 한 사람 한 사람이 얼마만큼 독자와 커뮤니케이션을 잘 하느냐에 달려 있는 것 같아요. 책반장은 기존에 없던 직종이기 때문에 구조화된 매뉴얼을 만들 수 없어요. 그래서 직원이 스스로 생각하고 진행한다고 할 수 있죠. 직원들이 함께 고민하고 독서 모임을 할 때마다 독자와의 소통을 통해 경험을 쌓고 스스로 성장해가는 것 같아요.

지금의 서점은 단지 책을 진열하는 장소라기보다도 책과 사람을 이어주는 장소여야 하기 때문에 더욱 이런 기술과 훈련이 요구되죠. 반복되는 이야기일지도 모르지만, 책을 읽지 않는 사람이 책을 읽게 하려면 좋은 북클럽을 만드는 것이 가장 중요해요. 좋은 북클럽을 만들기 위해서는 북클럽을 기획하는 북 커넥터의 역할이 중요하죠. 북 커넥터가 북클럽을 잘 운영하면 참가자의 독서에 대한 흥미를 끌어낼 수 있어요. 그래서 좋은 직원을 발굴해야 하고 그것이 저의 일입니다. 이를 통해 저도 책과 사람을 잇는 일에 공헌할 수 있는 거죠.

→ **만약 책반장이 북티크를 그만두고 직접 서점을 운영하겠다고 하면 어떻게 하실 거예요?**

필사적으로 붙잡아야죠(웃음). 왜냐하면 직원이야말로 사람을 잇는 요소이며 북티크와 북클럽이 계속되기 위해서 반드시 필요한 존재거든요. 실제로 직원이 그만두고 독서 모임을 운영하는 작은 개인 회사를 차린 경우가 생겼어요. 현재 서로 윈윈할 수 있는 방향에 대해 이야기를 나누고 있습니다.

그후 북티크 홈페이지를 살펴보니 참가자가 책반장을 할 수 있는 독서 모임도 만들어지는 것 같았다. 박종원 대표에게 북클럽의 변화에 대해 물어보았다.

→ **299**

북클럽 시스템은 지금 개혁 중이에요. 책반장을 외부에서 영입하고 북클럽 자체도 수준별로 더 늘려나가려 하고 있어요. 수익성도 향상시키고 싶어요. 현재 챌린지 코스는 참가비가 1회에 1만 원이지만 지정한 책을 읽는 중급 코스는 1회에 2만 5천 원 정도로 올렸고, 외부에서 영입한 책반장에게 조금 더 환원할 수 있는 구조를 고민하고 있죠.

북클럽 전체를 회원제로 하는 것도 생각하고 있어요. 예를 들어 한 달 회비를 내면 챌린지 코스도 지정 도서 코스도 선택할 수 있고, 음료나 이벤트 참여권도 무료로 받을 수 있는 시스템 같은 거죠. 헬스장에 다니는 것처럼 멤버십 제도를 만드는 거예요. 그 외에도 책맥(책＋맥주) 파티나 책 플리마켓, 심야 이벤트 등 독서를 좋아하는 사람도 그렇지 않은 사람도 가볍게 교류할 수 있는 재미있는 기획을 만들어가고 싶어요.

(Bookstore)

넓은 가게 안의 카페 공간은 많은 사람으로 붐빈다.

→ BOOKTIQUE 북티크

논현점
서울시 강남구 학동로 3길 19, 2층
02-6204-4774
평일 14:00~19:30 토요일 12:00~18:00
일요일 · 월요일 휴무
booktique.kr

서교점
서울시 마포구 잔다리로 88 원방빌딩 1층
02-6204-4772
평일 8:00-23:00 주말 10:00-22:00

BOOK ────────────→ → (Bookstore)
←──→ REVOLUTION
→ IN ──────→ SEOUL

25.

한국의 최대 체인 서점

교보문고 광화문점

한국인이라면 누구나 '한국의 서점=교보문고 광화문점'이라고 입을 모아 말할 것이다. 규모, 역사, 유동 인구, 지명도 등 다양한 면에서 다른 서점을 압도하는 대형 서점의 대명사 같은 곳이다. 대형 생명보험회사 교보생명이 1981년에 서울 중심에 있는 자사 빌딩의 지하 1층에 열었다는 점이 흥미롭다. 한국의 첫 대형 서점은 이제 전국의 주요 도시와 대학 37곳에 매장을 열었고, 온라인 서점도 운영하는 전국 최대의 대형 서점 체인으로 성장했다. 경복궁이 보이는 광화문 앞(세종대로)이라고 하면 한일 월드컵이나 박근혜 대통령 퇴진 요구 시위로 뜨거웠던 국민적 광장이다. 매장 면적이 가장 크다는 타이틀은 후발 점포에 내어줬지만, 광화문점은 그 외의 지점과는 다른 상징적인 의미를 유지하고 있다.

지하철 광화문역과 직접 연결된 8,952평방미터의 매장은 한 층 전체를 쓰는 원 플로어 형식의 서점으로 대학 교재와 경제경영서부터 참고서, 교육용 장난감, 외국어 원서까지 온갖 책을 갖추고 있다. 일본어 서적 코너에도 책이 많이 있는데 그곳만 보면 일본의 대형 서점과 다르지 않다. 부록이 붙어 있는 여성 잡지는 일본 서점에서보다 높게 쌓여 있다. 전체 여행 가이드북 중 베스트셀러는 일본의 오사카 편이었다.

한때 교보문고에는 휴식 공간이 없어서 서가 근처의 통로에 사람들이 앉아 있었다. 뭐든지 있지만 개성은 없는 서점, 좋지도 나쁘지도 않은 오래된 대형 서점이라는 이미지였던 교보문고는 2015년 츠타야 서점처럼 '책을 즐기는 공간'을 지향하는 서점으로 대폭 리뉴얼했다. 나무 한 그루로 만든 거대한 테이블을 서점에 들여놓고, 나뭇결이 살아 있는 책장을 기반으로 무척 세련된 인테리어로 바꾸었다. 무엇보다 화장실이 넓고 깨끗해졌다. 예전에는 가족이나 커플이 많이 찾았다고 하는데 지금은 혼자서 천천히 책을 고르는 사람도 자주 보인다.

→ 교보문고 광화문점
서울시 종로구 종로1
교보생명빌딩 지하1층
1544-1900
9:30~22:00 설 · 추석 당일 휴무

26.

‘문화 브랜드’를 발신하는
오래된 출판사의 북카페

1984

세계문학 전집 등을 출판하는 '혜원출판사(혜원출판사의 전신은 1951년 설립된 희망사)'가 운영하는 서점 겸 북카페, 1984. 혜원출판사는 1984년생인 전용훈 대표가 3대째 경영을 이어가고 있는데, 1984는 2012년 홍대에 오픈했다. 출판사가 있는 빌딩 1층에서 시작한 서점으로 '1984'라는 이름은 물론 특정 작품과 연관되어 있다. 서점의 성명서에는 '1984라는 문화 브랜드는 조지 오웰의 영향을 받아서 문화적 전체주의를 비판하고 문화적 자생을 위해 활동합니다'라고 쓰여 있다. 그야말로 지금 시대에 딱 맞는 말이다.

북카페 안으로 들어서자 성명서와는 상반된 느낌의, 잡화나 의복까지 다루는 세련된 분위기의 셀렉트숍이 나타난다. 1984가 중시하는 것은 예술, 음악, 패션이며 서가에도 예술계 책이 많다. 인기 일러스트레이터인 신모래 씨의 작품집도 눈에 띈다. 북카페의 카운터는 매장의 가운데에 위치하고 있다. 북카페는 밤 12시까지 운영하고 커피도 한 잔에 2,800원으로 무척 싼 편이어서 젊은이들에게는 고마운 장소. 서점을 나오자 '책은 문화의 뿌리이자 그 결과이다'라는 문장이 쓰여 있는 간판이 보인다. 무라카미 하루키의 《1Q84》가 놓여 있는지 확인하는 것을 깜박 잊어버렸다.

→ 1984
서울시 마포구 동교로194 혜원빌딩 1층
02-325-1984
12:00~24:00
www.re1984.com

BOOK → REVOLUTION → IN → SEOUL

→ (Entrepreneur)

Chang's Company

CHANG JINWOO

27.

개성 있는 가게로 거리를
'힙'하게 만드는 서울형 실천가

→ (Interview)

장진우

Chang's Company 장진우회사 대표

1986년 포항 출생

⟶ 장진우 대표를 알게 된 것은 정지혜 대표(220쪽)가 자신의 남편이 점장으로 있었던 한국음식점 문오리에 데려가준 것이 계기가 되었다. 정지혜 대표의 남편이 형님처럼 따른다는 장진우 대표는 서른을 조금 넘긴 나이로 이탈리안 레스토랑과 디저트 가게 등 다양한 가게를 운영하는데, 장진우 대표의 가게는 모두 한곳에 모여 있다. 그 거리의 이름도 본인 이름을 딴 '장진우거리'라고 한다. 모든 가게의 콘셉트가 전부 달라서 장진우 대표의 센스에 경의를 표하게 된다. 이 사람에게는 분명 서점과 연결되는 이야기가 있을 것이라는 직감에, 하와이안 셔츠를 입은 장진우 대표와 가게에서 만났다.

일본에 있을 법한 거리를 만들고 싶었다

저는 원래 사진작가였는데요, 일찍 유명해지다 보니 사진을 찍는 것만으로는 만족할 수 없게 되었어요. 태어난 곳은 포항으로 일본으로 말하면 후쿠오카 같은 항구도시예요. 먹는 것을 무척 좋아했기 때문에 친구를 초대해서 직접 요리한 음식을 대접하려고 작은 테이블이 하나 있는 식당을 만들었어요. 그곳이 6년 전(2010년)에 오픈한 '장진우식당Chang's Kitchen'이에요. 초기에는 조리하기 쉽고 간단한 음식만 내어놨는데, 이유는 모르겠지만 처음부터 인기가 많아서 언제나 긴 줄이 만들어졌어요. 양이 많아서 그런가(웃음). 한 접시에 양이 꽤 많았는데 '어서 와, 친구!'라는 마음으로 만들었기 때문일지도 모르죠.

→ 이 '장진우거리'는 처음에는 아무것도 없는 주택가였다고 하던데, 왜 계속 이 거리에 가게를 내셨던 건가요?

이 주변에 살고 있었기 때문이죠(웃음). 조금 진지하게 말씀드리면, 저는 가게에는 항상 가게 주인이 있어야 한다고 생각해요. 주인이 언제나 여기에 있다는 안정감을 주는 식당을 하고 싶었죠. 가게가 하나둘 늘어나도 같은 거리에 모여 있으면, 시간대별로 가게에 들러서 손님들께 얼굴을 보여줄 수 있잖아요?

→ 대표님이 만드는 가게들은 스타일도 메뉴도 전혀 다른 것 같아요.

그 전까지 사진 찍는 일을 하면서 전 세계를 돌아다녔는데, 각국의 멋진 가게를 정말 많이 가봤어요. 이러한 경험이 가게를 만드는 데에 반영된 거죠. 여행 갔다가 돌아오면 또 다른 가게를 하나 내는 식으로 만들다 보니 분위기가 완전히 다른 가게를 만들 수 있는 것 같아요. 이곳 '칼로&디에고Kahlo&Diego'는 멕시코 화가 프리다 칼로와 그 남편 디에고 리베

장진우거리에 있는 한국음식점 '문오리'. 오리와 문어를 넣은 냄비 요리는 일품이다.

칼로&디에고의 외관

(Entrepreneur)

라의 이름에서 따온 카페 겸 바예요. 물론 '블루하우스(프리다 칼로 미술관)'를 오마주하기도 했는데 분위기는 오키나와를 참고했죠. 오키나와에는 의류 셀렉트숍을 하고 있는 친구가 있는데 그곳으로 여행 갔을 때 친구가 다양한 가게에 데려가줬거든요. 제 가게에는 각각 테마가 있는데 칼로&디에고는 아열대 정원 느낌이에요. 프렌치&이탈리안 레스토랑 '마틸다Mathilda'의 소품은 프랑스에서 제가 직접 골라서 가져왔어요. 벽은 골드 프레임으로 꾸몄죠. 한국에는 옷을 차려입고 식사를 하는 문화가 발달하지 않았는데, 한국인에게 '가끔은 차려입고 멋진 모습으로 식사합시다'라고 제안할 생각으로 만들었죠. 화려함의 극치를 보여주고 싶었어요.

→ 이곳이 '장진우거리'라고 불리게 된 것에 대해서는 어떻게 생각하세요?

좋은 일이라고 생각해요. 여기 이태원은 외국인이 많은 지역이에요. 예전부터 살고 있던 사람들도 땅값이 올라서 기뻐하고 있죠(웃음). 모두 베스트프렌드예요! 저는 일본에 있는 '거리' 같은 곳을 만들고 싶어요. 도쿄의 에비스나 다이칸야마에 있을 법한, 개성적인 가게가 늘어서 있는 거리를요. 굳이 가게를 작게 만드는 이유는 다양성을 고려했기 때문이에요. 한국에는 대형 비즈니스가 많아서 가게를 엄청 크게 만드는데 개성

아자부주반처럼 개성적인 가게가 늘어선 '거리'를 만들고 싶다.

이 없다고 느낄 때가 많아요. 일본에 처음 갔을 때는 저도 다른 사람들처럼 신주쿠, 시부야, 하라주쿠 쪽이 좋았지만 걸어다니다 보니 화려함에 피곤해졌죠. 점점 다이칸야마, 아자부주반, 긴자 같은 동네가 좋아졌어요. 한국의 명동이나 동대문 같은 번화가에는 가게가 많지만 그에 비해 아자부주반처럼 작은 가게가 모인 거리가 없어서 아쉬워요. 아자부주반 무척 좋아하거든요.

→ 다른 지역에도 장진우거리를 만들고 싶다는 생각이 있으신가요?

다른 곳에도 만들고 싶어서 추진하고 있는 참이에요. 하지만 이 장진우거리 자체도 아직 완성된 건 아니에요. 디테일이 부족하다고 할까……. 음식점은 많지만 패션 가게는 없죠. 그래서 지금도 만들고 있는 중이에요. 다른 지역이라면 성동구의 서울숲 근처에 가게를 만들고 있어요. 일본에도 이런 거리를 만들고 싶네요. 특히 오키나와에서 해보고 싶어요. 오키나와는 정말 멋진 곳이죠. 사람들이 무척 친절하기도 하고, 매일 술 마시는 주당 같은 스타일도 저와 잘 맞는 것 같아요.

장진우가게(중앙)와 그랑블루(오른쪽). 가게가 하나의 거리에 쭉 늘어서 있다.

→ **그럼 아직은 가게를 만드는 일에 싫증나지 않으신 건가요?**

좀 질렸어요(웃음). 다음에는 해녀를 해보고 싶어요.

→ **해녀요?**

요즘 시대는 너무나 많은 것을 소비하면서 생활하는 기분이 들어서요. 내 손으로 잡을 수 있는 재료를 활용해 요리를 하는 식당을 해보고 싶어요. 아, 요리는 질리지 않은 거네요(웃음). 제주도에 세컨드하우스를 짓고 있어요. 그다음은 오키나와에 건물을 지어서 1층은 한국음식점, 2층과 3층은 게스트하우스를 운영하는 게 꿈이에요.

물론 모든 가게가 성공한 건 아니에요. 예전에 열었던 오키나와요리 가게는 문을 닫았죠. 그 외에도 두 번, 아니 세 번 망했던가? 각각 스시, 소바, 규동 가게였어요. 전부 일본요리 가게였네요(웃음). 실패 요인은 제가 원하던 일본요리의 퀄리티가 너무 높아서라고 생각해요. 요즘의 한국인에게 일본요리는 친숙하고 가볍게 접하는 음식이죠. 그런 가게가 많은 상황에서 경쟁하기에는 가격이 너무 비쌌어요. 지금 제 별명은 '일본요리를 하면 망하는 사람'입니다(웃음). 농담이 반, 응원이 반이에요. 제가 무언가 시작하려고 하면 직원들은 언제나 무조건 오케이하지만, 일본요리를 한다고 하면 걱정하더라고요.

이 거리를 따라 위쪽으로 올라가면 공장을 개조한 것처럼 생긴 푸드코트 '스핀들마켓'이 나오는데 전에는 그 안에도 규동 가게가 있었죠. 스핀들마켓은 한 공간에 다양한 나라의 맛있는 요리를 모아놓고 같은 자리에서 먹는 곳이에요. 꿈꾸던 가게를 만든 거죠. 멕시코요리에서 베트남요리까지 스핀들마켓에 입점한 가게는 모두 제 브랜드예요.

→ **모든 가게의 인테리어와 외관이 멋지던데, 디자인은 어떻게 하고 계신가요?**

제가 디자인하고 있어요. 제가 한국에서는 꽤 유명한 디자이너거든요(웃음). 한국에서 유명해지는 건 의외로 간단하지만 행복하게 살아가는 건 어려워요. 일본에 비하면 아직 그 정도로 독특한 사람이 없는 편이어서 눈에 띄기 위해 열심히 노력하면 바로 유명해질 수 있어요. 반면에 유명인이 되면 질투를 많이 받아요. 일본도 그렇지 않나요? 사람들이 저를 질투하는 것 같긴 하지만 신경 쓰지 않고 있어서 그런지 저는 행복하게 살고 있어요. 하지만 저 한 명이 행복한 것은 의미가 없죠. 그래서 이렇게 가게를 만든 것도 '모두 함께 행복해지자'라는 생각에서 시작했어요. 가게의 직원과 그 가족도 모두 친구라고 생각하기 때문이죠.

→ **그러고 보니 공식 홈페이지의 직원 소개에도 '패밀리family'라고 되어 있었던 것 같네요. 이 정도의 속도로 연달아 가게를 내는 사람은 일본에도 그리 많지 않은데, 어떻게 계속 가게를 내는 일이 가능한 거예요?**

연달아 가게를 내고 싶으면 저를 불러주세요(웃음). 정말로 빠르게 가게를 내고 있죠. 가게를 만드는 시스템을 구축하기까지 꽤 시간이 걸렸지만 지금은 완성한 시스템을 사용해서 빠르게 만들 수 있어요. 저는 가게를 구상할 때 우선 음악이나 영화를 정해요. 음악을 듣거나 영화를 보면서 만들고 싶은 가게 이미지를 그리죠. 음악과 영화는 내용이나 역사, 만든 이에 대한 기록 등을 매개로 사람들과 연결되고 어울릴 수 있는 계기를 만들어줘요.

예를 들어 쳇 베이커의 삶을 다룬 '본 투 비 블루Born to be Blue'를 보고 저는 그 시대의 모습과 형태를 떠올릴 수 있죠. 재즈 라이브 공연도 열리는 지중해요리점 '그랑블루Grand Bleu'는 뤽 베송 감독의 '그랑블루'에서 이미지를 가져와서 확장했어요. 이곳 칼로&디에고는 블루스와 록 음악에서 시작됐죠.

일본에는 제가 일방적으로 라이벌이라고 생각하는 사람이 있어요. 에비스에서 뮤직 바를 여러 군데 운영하고 있는 분인데요, 정말 멋지다고 생각해요. 규모도 제각각인 가게 안에는 큰 스피커와 음반도 있죠. 가끔 인터넷으로 보면서 좋다고 생각했던 네 군데의 바가 모두 한 사람이 운영하는 가게였어요. 조금 충격이었죠.

한일 양국이 서로 보완하면 세계적 브랜드도 만들 수 있다

→ **이 다음으로 서울에서 붐을 일으킬 것 같아서 주목하고 있는 아이템은 있나요?**

서드 웨이브 커피Third wave coffee, 기존의 커피처럼 원두를 섞지 않고 한 종류의 나무에서 수확한 원두만 사용하는 커피-역주를 파는 가게는 서울에도 무척 많이 생겼는데, 절정기는 넘긴 것 같아요. 이전에는 도쿄의 커피가 가장 좋다고 생각했는데 지금은 한국에도 좋은 커피를 많이 팔죠. 커피 시장 규모도 이제는 한국이 더 큰 것 같아요. 커피 시장에서 인기를 끌고 있는 스타일에는 주목하고 있죠. 로우 인테리어라고 해야 할지, 인테리어를 아무것도 하지 않은 매장에서 최고급 커피 머신 하나만 두고 커피를 제공하는 가게가 유행하기 시작했어요.

그다음은 일본과 마찬가지로 인테리어에 활용하는 식물을 판매하는 가든숍도 늘어나고 있어요. 다이칸야마 츠타야 서점과 바로 그 근처 빌딩에 있는 다양한 식물을 파는 셀렉트숍 같은 가게에, 같은 원예가 한 사람이 식물을 제공하고 있다고 들었어요. 그 원예가의 사무실에 가봤는데, 최고! 정말 멋졌어요. 다만 다들 식물로 인테리어를 해서 그런지 다이칸야마에 있는 가게들이 예전에 비해서 비슷비슷해지는 것 같기도 해요.

→ **대표님이 만드는 가게는 언뜻 보면 뉴욕의 브루클린에도 있을 것 같은 구성인데, 다른 곳의 '힙한' 흐름을 참고하기도 하셨나요?**

물론 그러한 흐름도 알고는 있지만 저는 일본 쪽을 리스펙트하는 사람이에요. 뉴욕에서 일본으로 이식된 가게는 완전히 새로운 곳으로 바뀌었을 텐데, 그래도 일본인은 브루클린 느낌이 나는 것을 좋다고 생각하나요?

장진우거리의 동쪽에 있는 언덕을 오르면 스핀들마켓이 있다.

저는 일본에 좋은 파트너가 한 사람이라도 있었으면 좋겠어요. 그러면 어떤 일이든 서로 협력하면서 디테일한 부분까지 채워갈 수 있을 것 같아요. 한국인은 못하지만 일본인이 잘하는 것, 반대로 일본인은 못하지만 한국인이 잘하는 것이 있는데 이런 점을 상호 보완하면 세계적인 브랜드도 만들 수 있지 않을까요? 역사적으로 불편한 부분이 있을지 몰라도, 무엇이든 빠르고 시원시원하게 진행하는 한국인과 감성적이고 섬세한 일본인 사이에는 서로 배울 점이 많이 있어요.

농담처럼 들릴지도 모르지만 친절하고 다정하고 자신의 일을 무척 사랑하는 일본인이기 때문에 감사한 마음이 전해지는 "죄송합니다スミマセン"라고 말할 수 있다고 생각해요. 그렇게 하도록 제대로 교육되어 있는 거죠. 한국은 이런 교육이 제대로 되어 있지 않다고 할까, 접객에 대해서는 부족한 점이 많은 것 같아요. 호치민에서 훌륭한 피자 가게에 갔던 적이 있었는데 매니저에게 어떻게 피자가 이렇게 맛있냐며 이것저것 물어봤어요. 알고 보니 가게 주인이 일본인이었어요. 베트남 사람들에게 제대로 가르친 것 같아요. 역시 교육이죠. 지금은 제가 운영하는 가게가 잘 돌아가고 있지만 직원들에게 전달할 부분이 있지는 않은지 매일 반성하고 고민하고 있어요.

→ 일본에 있을지도 모르는 미래의 파트너에게 뭔가 하시고 싶은 말씀은 없나요?

한국에 오시면 함께 재미있는 일을 하거나 아니면 도쿄에서 좀 더 맛있는 한국요리점을 공동으로 낼 수 있을지도 모르죠. 다른 나라에서 같이 무언가를 시작할 수도 있고요. 그렇게 새로운 문화를 계속 만들어내면서 함께 고민하는 거죠. 그런 파트너가 있다면 재미있을 것 같아요. 제주도에 놀러 오시면 재워드리기도 하고요(웃음). 그럼 울릉도도 출장을 가야 해서 이만 일어나겠습니다. 그 섬에 파라다이스를 만들 거예요!

'재즈 비스트로'가 콘셉트인 지중해요리점 그랑블루.
재즈 라이브 공연이 비정기적으로 열린다.

→ Chang's kitchen 장진우식당
서울 용산구 회나무로13가길 40
070-8160-0872
수요일~금요일 18:00~22:00
주말 12:00~22:00
월요일 · 화요일 휴무
www.changscompany.com

Chang's Company

프렌치&이탈리안 레스토랑인 마틸다는 영화 '레옹'에서 영감을 받았다고 한다.

빵과 케이크를 파는 카페 프랭크(FRANK's).
가게 안에는 식물이 가득하다.

장진우 대표가 처음으로 만든 '장진우식당'.
식당에 테이블이 하나만 있는 원테이블 스타일은 당시 한국에서는
참신한 콘셉트였다고 한다.

Chang's Company

28. 음악을 좋아하는 사람도 찾아드는
홍대의 '만화책 카페'

한잔의 룰루랄라

왼쪽에 보이는 카운터 안쪽에 있는 사람이 점장인 이성민 씨

"재미있는 만화책 카페가 있는데 한번 가보실래요?"라고 취재의 끝 무렵에 통역사가 권해
주어서 가보기로 했다. 홍대의 번화가에서 조금 떨어진 어둑어둑한 길을 따라가니 카페가
나왔다. 문을 열고 들어서니 도쿄의 고엔지 근처에 있을 것 같은 만화책 카페가 모습을 드러
낸다. 어수선하지만 오히려 마음이 편하다. 점장에게 들어보니 책이 1,500권이나 있다는데,
자세히 살펴보니 《바쿠만》과 《별의 목소리》 같은 일본 만화책도 많이 놓여 있다.
이성민(1972년생) 점장은 언뜻 강해 보이는 인상이지만 각 테이블에 촬영 허가를 얻으러
다니는 등 무척 상냥한 사람이다. 9년째에 접어드는 가게의 벽면에는 영화 '파티51'에도 나
온 밴드 '회기동 단편선'의 포스터도 붙어 있다. 가게에서 라이브 공연도 열린다고 한다. 맥
주는 한국의 IPA India Pale Ale, 영국식 맥주의 일종 - 역주 '세븐 브로이7brau'나 북한의 '대동강맥주'도
있어서 다양하게 맛볼 수 있는데 특이하기는 하지만 무척 맛있다. 여행 막바지에 느긋하게
여운을 즐기기에 좋은 곳이다.

→ 한잔의 룰루랄라
서울시 마포구 홍익로6길 83 2층
02-337-9887
12:00~2:00 부정기 휴무
www.facebook.com/caferuloorala

한잔의 룰루랄라

BOOK REVOLUTION IN SEOUL

$\longrightarrow$ (Publisher)

PROPAGANDA

KIM KWANGCHUL

(Publisher)

BOOK ─────────→ → (Publisher)
←───→ REVOLUTION
→ IN ─────→ SEOUL

29. 디자인이라는 관점으로
독립출판계를 지켜보는
반골 편집자

→ (Interview)

김광철

PROPAGANDA 프로파간다 대표

1963년 춘천 출생

─────→ 2016년 6월 호리베 아쓰시와 우치누마 신타로 두 사람은 서울에서 열린 '탐방서점'이라는 서점에 관한 토크 이벤트에 초대되었다. 이 이벤트를 주최한 사람이 바로 프로파간다PROPAGANDA의 김광철 대표다. 프로파간다는 〈그래픽〉이라는 디자인 잡지를 내고 있는 곳이어서 디자인 회사일 것이라고 생각했는데 1인 출판사였다. 듣자 하니 '탐방서점' 이벤트가 무려 한 달 만에 책으로 나왔다고! 홍대에 있는 사무실을 방문하니 강한 인상의 김광철 대표가 미소 지으며 우리를 맞아주었다. 그에게 출판에서부터 한국 디자인계의 새로운 동향까지 들을 수 있었다.

→ 325

젊은 디자이너는 스스로 자기 역할을 확장하고 있다

프로파간다는 2007년에 잡지 〈그래픽〉의 창간과 함께 시작했는데 벌써 10년이 되었어요. 〈그래픽〉이 그래픽디자인 잡지여서 자주 헷갈려 하시는데, 프로파간다는 디자인 회사가 아니라 출판사예요. 저는 발행인이며 편집자여서 말 그대로 1인 출판사죠. 4년 전부터는 단행본 편집과 출판도 시작했어요.

→ **〈그래픽〉 창간 전에는 어떤 일을 하셨어요?**

영화 잡지 편집을 10년 동안 했고 그 전에는 CM의 프로듀서를 했어요. 상업적인 잡지를 오래 만들다 보니 아무래도 한계가 오더라고요. 광고가 없어도 되는 독립적이고 실험적인 것을 만들고 싶다는 마음이 강해졌어요. 물론 영화 잡지는 영화를 좋아하는 사람들이 만드는 것이고 저도 영화를 좋아하지만, 오랫동안 영화 잡지를 만들다 보니 잡지라는 미디어 그 자체에 눈이 가더라고요. 그래서 잡지에 대한 잡지를 만들기로 했어요. 말하자면 잡지의 플랫폼을 운영하는 것인데, 그러다 보니 그래픽이라는 분야가 매력적으로 다가왔어요. 텍스트와 더불어 그래픽디자인은 잡지라는 형태를 구성하는 기본 요소거든요. 그래서 디자인의 본질을 묻고 시각적으로 보여주는 미디어를 만들고 싶었어요. 그 결실이 〈그래픽〉이에요.

디자인 잡지 〈그래픽〉. 다루는 테마는 북디자인(가운데), 서점(오른쪽), 출판사(왼쪽) 등 다양하다.

→ 창간 당시 한국에는 〈그래픽〉 외에도 디자인 전문 잡지가 있었나요?

그때도 있었고 지금도 있어요. 그 당시부터 이미 월간지는 2종이나 나오고 있었죠. 저희는 계간지여서 1년에 4권 나오는데 다른 잡지를 경쟁 상대로 생각하지는 않았어요. 처음부터 세웠던 편집 정책은 한 권에 테마가 하나씩 있는 거예요. 제가 한 말은 아니지만 '원 이슈, 원 테마One issue, One theme'인 거죠. 테마는 유행에 휩쓸리지 않도록 심사숙고해서 선정합니다. '이제 잡지를 만드는 방식이 바뀌어야 하지 않나'라는 의문이 계속 있었고 지금까지도 고민하고 있어요. 그 물음이 있었기 때문에 아직까지 버틸 수 있었던 건지도 모르죠.

→ 〈그래픽〉을 통해서 지난 10년간 한국의 그래픽디자인을 지켜보셨을 텐데, 디자인이나 디자이너에게는 어떤 변화가 있었나요?

요즘에는 특히 젊은 사람들의 에너지가 넘치는 것 같아요. 그래픽디자이너가 담당하는 일의 성격이 변했고 범위도 확실히 넓어졌어요. 이 점이 가장 크게 달라졌죠. 이러한 현상이 더욱 현저하게 나타나는 분야가 미술계와 출판계인데요. 디자이너가 단순히 큐레이터나 편집자에게 의뢰받은 일을 실행하는 것을 넘어서 서로 동등한 위치에서 협업하는 경우가 점점 늘어나고 있어요. 그 외에도 서점을 운영하면서 출판사를 시작하는 디자이너도 있고 독립해서 이벤트를 기획하는 디자이너도 있으며, 액세서리 사업을 시작하거나 게스트하우스를 하는 디자이너도 있어요. 이 모든 일이 '디자인의 실천'이죠.

그에 따라 세대교체도 진행되었어요. 지금 문화적인 주도권을 쥐고 있는 것은 30, 40대의 젊은 디자이너들이에요. 상업디자인이나 북디자인뿐만 아니라 아주 폭넓게 활약하고 있어요. 한국의 젊은 디자이너는 아시아 중에서도 특히 열정적인 것 같아요. 해외에서 공부하고 온 디자이너도 점점 활동 범위를 넓혀가고 있어서, 예전에 느꼈던 해외 디자인과의 벽이 지금은 거의 없어졌어요.

6699프레스의 책. 가운데 있는 책은 평양의 소녀와 서울의 소녀가 서로를 생각하는 마음을 엮은 〈보고 싶은 친구에게〉. 왼쪽의 〈괜찮아〉는 베스트셀러다.

지금 문화적인 주도권을 쥐고 있는 것은 30, 40대의 젊은 디자이너들이다.

그런 현대의 젊은 디자이너를 상징하는 인물이 있어요. 박철희 씨는 레터링lettering과 브랜딩, 소규모 프로젝트를 중심으로 활동하는 프리 그래픽디자이너인데요. 서울 시내에 햇빛서점이라는 LGBT 서점을 하고 있어요. 게이라는 자신의 정체성을 바탕으로 LGBT 커뮤니티에 필요한 '즐거운 프라이드'를 제공하고자 문을 연 서점이에요. 그곳에는 선배 디자이너들에게 있었던 지나친 진지함은 없고 언제나 경쾌하죠. 워크스WORKS라는 여성 2인조 디자이너는 업무와는 별도로 소규모 과자 생산자와 애호가가 만나는 이벤트 '과자전'을 열었어요. 2012년에 사적으로 시작했는데 신문에 크게 소개될 정도로 커지면서, 2015년에는 사람이 너무 많이 모여서 준비한 과자가 1시간 만에 품절되기도 했죠. 그 성공은 맑고 순수한 열정 덕분이에요.

마지막으로 이재영 씨는 6699프레스라는 독립출판사를 운영하고 있어요. 그래픽디자이너는 일반적으로 사회문제에 대해 발언하지 않는 편이지만 이재영 대표는 자신의 생각을 밝히는 기회를 직접 만들고 있어요. 2012년부터 탈북 청소년, 성소수자와 여성 같은 이슈에 대해서 계속 책을 내고 있는데, 그 영향력은 출판계와 디자인계를 넘어서 확산되고 있어요. 지금 소개한 4명의 공통점은 모두 무척 젊고 우수한 디자이너이면서 자신의 역할을 사회를 향해 주체적으로 확장하고 있다는 점이에요.

→ 일본에도 세대교체는 진행되고 있지만 한편으로 이른바 '대가' 디자이너도 활발히 활동하고 있어요. 한국에서 그런 유명한 디자이너는 어떤 일을 하고 있나요?

물론 그분들도 아직 영향력이 있고 여전히 정력적으로 활동하고 있어요. 하지만 저희는 그다지 관심이 없죠(웃음). 세월이 흘러 대가라고 불리는 위치에 오른 사람들은 자신의 손을 움직여서 디자인을 하는 것에서, 그러니까 이제까지 해왔던 일에서 멀어져가요. 학교를 만들거나 건축디자인을 하는 등 좀 더 큰일을 하게 되는 거죠.

사무실에는 〈라스트 홀 어스 카탈로그(Last Whole Earth Catalog)〉가 있었다. 아마도 그 세대인 것 같다.

일본에는 〈아이디어〉라는 그래픽디자인 잡지가 있죠? 그 잡지를 보면서도 느꼈지만 일본의 디자이너는 역사를 중시하는 것 같아요. 한편으로 저희가 주목하는 건 '지금'이에요. 그래서 이미 정점에 있는 디자이너를 만나고 싶은 마음이 들지 않는 거죠. '과거에 있던 사람들'은 뛰어넘어야 할 벽이라고 인식은 하지만, 그들의 영향력이 미치지 않는 장소에 있는 편이 훨씬 좋아요. 그 영향권 아래 있으면 동화되어버릴 테니까요.

→ **한국에서는 작은 출판사의 북디자인이 아주 눈에 띄어요. 일본보다 디자인에 무척 신경을 쓴다는 인상을 받았는데, 실제로는 어떤가요?**

디자인이 좋아졌죠. 왜냐하면 책을 디자인하는 세대가 바뀌었기 때문이에요. 한국만 그럴지도 모르지만 5~6년 정도 전까지만 해도 북디자인은 북디자인을 전문으로 하는 디자이너가 담당했어요. 하지만 요즘에는 다른 일을 하면서 북디자인도 하는 젊은 디자이너가 늘어나고 있죠. 그들은 북디자인 이외의 세계도 알고 있기 때문에 예전부터 이어져온 규칙이나 형태를 전부 무시하고, 동시에 책의 내용과 디자인을 어떻게 조화시킬지 내용 측면에서 생각해요.

출판사는 그렇게 만들어진 책의 반응을 보고, 사람들이 젊은 디자이너의 결과물을 잘 받아들인다는 점을 알게 되었어요. 그 결과 새로운 스타일의 북디자인이 순식간에 퍼졌죠. 그렇다고는 해도 북디자인의 변화는 아직 전체의 10퍼센트 규모에서 일어나고 있다고 생각해요. 땡스북스에 있는 책은 그 10퍼센트에 들어가는 책들이겠죠. 젊은 디자이너가 활약하는 장소는 작은 출판사에 머물지 않고 대형 출판사까지 확장되고 있어요. 슬기와 민이라는 인기 디자이너 듀오는 최대 대형 출판사인 문학동네가 출간하고 있는 문학 선집의 북디자인을 담당하기도 했죠. 현재는 기존의 디자이너와 젊은 디자이너가 섞여 있는 상황인 것 같아요. 전에 〈그래픽〉에서도 북디자인 특집을 몇 번 했던 적이 있는데, 7~8년 전과 지금은 상황이 완전히 달라졌어요. 점점 진화하고 있는 것 같아요.

토크 이벤트가 한 달 뒤에 책이 된다

→ **〈그래픽〉을 계속 간행하면서 단행본 출판도 시작하게 된 이유는 뭔가요?**

그 즈음에 제 상태가 좀 안 좋았어요. 5년 동안 〈그래픽〉만 계속 만들다 보니 정신적으로 한계가 와서……. 어떻게 보면 단순 작업이잖아요. 같은 틀 안에서 테마를 바꾸고 편집하고 정기적으로 작업하고 마감에 맞추는, 그런 압박이 저에게는 너무 견디기 어려웠어요. 게다가 사람들은 점점 잡지도 안 읽고요. 거기서 갑자기 생각이 떠오른 거죠. "단행본이다!"라고(웃음).

마침 사무실을 파주 출판도시로 옮긴 즈음이어서 바로 단행본 작업을 시작했어요. 그 전까지 제가 단행본을 내리라고는 상상도 안 했죠. 저는 잡지 쪽 인간이라고 생각했으니까요. 그래서인지 제가 단행본을 만드는 방법은 잡지와 비슷한 면이 있어요. 책을 특정 저자가 쓴 결과물이라기보다는 '편집물'로 받아들이고 있죠. 즉 저희가 기획을 하고 구성해서 취재한 것을 정리하는 방식이에요. 기획할 때의 기본은 '다른 출판사도 만들 수 있는 책은 만들지 않는다'는

프로파간다가 펴낸 다양한 단행본

거예요. 단행본을 출간하기 시작했던 즈음에는 《공포영화 서바이벌 핸드북(세스 그레이엄 스미스 지음)》, 《좀비사전(김봉석, 임지희 지음)》 같이 서브컬처를 다룬 책을 집중적으로 만들었는데, 한국에서는 거의 전례가 없어서 반응이 무척 좋았어요. 프로파간다가 출판하는 책의 테마는 〈그래픽〉과 닿아 있는 비주얼 문화, 독립출판, 대중문화와 서브컬처가 중심이라고 할 수 있어요.

→ **책의 디자인은 아무래도 젊은 디자이너에게 의뢰하시겠군요?**

맞아요. 잡지를 만들면서 알게 된 디자이너가 많이 있거든요. 똑같은 디자이너에게 고정적으로 일을 맡기지 않고 매번 다른 사람과 작업하고 있어요. 함께 일을 하게 되면 디자인에 대해서는 거의 간섭하지 않아요. 디자이너는 자신이 하고 싶은 작업을 자유롭게 할 수 있는데, 그 대신 저희 페이가 조금 싸요(웃음). 예산이 없기 때문에 조금밖에 못 드린다고 양해를 구하고 가장 좋은 결과물을 받을 수 있도록 하고 있어요. 그렇게 지난 10년 동안 잘 해왔고 앞으로도 그렇게 해나가야겠죠.

한때 출판사 안에는 반드시 디자이너가 있었지만 최근에 생긴 출판사는 저희와 마찬가지로 디자이너를 두지 않는 경우가 많아요. 덧붙여 현재 프로파간다의 직원은 편집하는 저 이외에 경리와 경영 업무 담당자를

(Publisher)

포함해 세 명이에요. 요즘에는 이벤트에 관련된 일이 많아서 그다지 출판에 집중을 못 하지만 단행본을 한 달에 한 권 정도는 내고 싶어요. 편집자 혼자서 잡지와 단행본을 만들고 있으면 '죽겠다' 싶지만요.

→ 지난달에 열렸던 '탐방서점' 이벤트가 이번 달에 벌써 책으로 나왔던데요. 엄청난 속도네요.

이 책은 '탐방서점'이라는 프로젝트를 단행본으로 만든 거예요. 작가 두 사람이 8군데의 독립서점을 방문해서 그곳에서 서점 주인과 하는 토크 이벤트를 개최했어요. 덧붙여서 일본에서 세이코샤의 호리베 아쓰시 씨와 서점 B&B의 우치누마 신타로 씨 두 분도 초빙해서 강연도 진행했죠. 우치누마 씨는 《책의 역습》 한국어판의 출간 기념도 겸해서 오셨고요. 이런 이벤트를 바탕으로 한 책은 시간이 지나면 신선도가 떨어지기 때문에 빨리 만들어야 하죠. 저희만으로 이 책을 제작하기는 어려워서 녹취, 사진, 교정 등의 작업은 전부 외부에 의뢰했어요. 한 달 동안 각자 작업을 동시 진행해서 녹취가 반 정도 끝나면 그 자료를 가지고 레이아웃 구성을 시작하고, 완성되면 다음 단계로 넘기는 식으로 만들었어요. 상당히 특수한 경우로, 평소에는 그런 살인적인 스케줄로는 절대 하지 않아요. 기획하고부터 벌써 3년 동안 제작 중인 책도 있으니까요.

→ 《탐방서점》의 북디자인은 조금 특이하네요. 표지에 바코드가 크게 있어서 생소한 느낌이 들어요.

유명상 디자이너가 뒤표지에 그래픽을 넣고 앞표지에 바코드를 넣고 싶다고 의견을 줬어요. 디자인 잡지를 만드는 저희의 기본 자세는 디자이너의 자율성과 개성을 존중해야 한다는 거예요. 애초에 〈그래픽〉에는 '디자이너가 자유롭게 디자인하는 것을 지지한다'라는 목적이 있으니까요. 물론 끝까지 전부 마음대로 하라는 말은 아니에요. 제가 처음부터 가지고 있던 이미지에서 시작하기도 하고 디자이너와 잘 이야기하면서 개성을 살리는 방향으로 서로 의견을 조율하죠.

→ 만든 책 중에서 특히 마음에 드는 건 뭔가요?

2015년에 출판해서 사회에 파장을 일으켰던 《에센스 부정선거 도감》이에요. 한국에서 지금까지 횡행했던 부정선거에 대해 일러스트를 삽입해 해설한 책이에요. '기법과 사건 편'과 '인물 편'으로 나뉘어 있는데, 수십 명의 대역을 써서 투표하거나 투표용지를 세 장 가져가서 투표소에 들어가는 등의 고전적인 수법에서부터 최근 온라인을 활용한 새로운 기술까지 온갖 부정선거의 에센스를 정리했어요. 인물 편에서는 원세훈 등 과거 부정선거 사건의 주요 인물을 선별

서점 주인과의 이야기를 통해 만들어진 《탐방서점》의 표지

《에센스 부정선거 도감》은 김광철 대표가
거의 혼자서 만들었다.

(Publisher)

《책의 역습》한국어판 발매 기념 이벤트는
《탐방서점》이 만들어지기 한 달 전에 열렸다.

《70년대 잡지광고(프로파간다 편집부)》는 1970년대의 한국 광고를
모은 귀중한 시각 자료다.

하여 해설했어요. 너무 나간 것일 수도 있지만 책 끝에 '부정선거 테스트'로 복습할 수 있게 구성했죠(웃음). 박근혜 대통령이 당선된 2012년 대통령 선거에는 국가정보원과 국군사이 버사령부의 여론 조작에 의한 선거 개입 의혹이 일면서 국민적인 화제가 되었어요. 이 책은 기획도 집필도 편집도 전부 제가 했는데, 일러스트만 다른 사람이 그렸죠. 신문 아카이브를 활용해서 한 달 만에 완성했어요.

날카로운 기획을 좋아하는 건 성격 때문인지 다른 이유 때문인지 모르겠네요. 이 책을 출판 했을 때 친구들이 위험한 거 아니냐며 여러 가지로 걱정을 해줬어요. 도발적인 것을 좋아하 는 성격이기는 해요. 카운터컬처사회의 지배적 문화에 적극적으로 도전하고 반대하는 하위문화-역주스럽다고 할까. 저는 기존의 구조에 계속 이의를 제기해왔다고 생각해요.

서점이라는 플랫폼이 젊은 세대를 매료시켰다

→ 지금 서울은 서점 붐이어서 작은 서점도 많이 생겨나고 있는데, 이 점에 대해 어떻게 생각하세 요?

도서정가제의 영향으로 온라인에서 큰 폭의 할인 판매가 불가능해지면서 사람들이 오프라 인 서점에서 책을 사게 되었죠. 이 점이 작은 서점이 생존할 수 있는 가장 큰 이유가 되었 어요. 이러한 상황 가운데 '내 시간은 내가 생각한 대로 쓰고 싶다', '다른 사람과 같은 인생 을 살고 싶지는 않다'는 젊은이들이 표면에 드러나기 시작했어요. 예전 같았으면 대학을 졸 업하면서 '인생은 대충 이런 식으로 흘러가겠네'라고 생각했을 거예요. 졸업하면 취직해서

카운터컬처스럽다고 할까, 기존의 구조에 계속 이의를 제기해왔다.

결혼하는 것으로 삶의 방향이 정해져 있었죠. 하지만 최근에는 한국에서도 살아가는 방식이 점점 다양해지고, 젊은 세대가 활약하는 장소가 넓어지고 있어요. 다양한 가능성이 잠재되어 있는 젊은이들이 작은 서점을 인생의 선택지로 고르게 된 것 같아요. '탐방서점' 프로젝트로 독립서점과 동네서점 주인들의 이야기를 들어보니, 그들에게 있어서 서점의 역할은 서점 그 자체가 아니라는 점을 알았어요. 서점은 어디까지나 '기본 플랫폼'이며 젊은이들은 서점을 토대로 해서 자신이 하고 싶은 활동을 넓혀가고 있어요. 그렇지만 '왜 지금 서점인가'에 대해서는 역시 설명하기 어려운 부분이 남아 있어요. 젊은이들이 이제야 발견한 '서점'이라는 공간의 의미는 조금 더 시간이 지나 봐야 알 것 같아요.

→ **그 외에 최근 서점을 시작한 사람들에게는 어떤 경향이 있나요?**

더 북 소사이어티라는 서점은 의도적으로 독립적인 아트숍이라는 이미지를 확립하고 있어요. 땡스북스나 유어마인드는 어쩌면 서점이라는 형태가 아니어도 괜찮을 수도 있어요. 하지만 여러 상황을 고려한 끝에 '서점'이라는 방법을 찾아낸 거겠죠.

최근 급증하고 있는 새로운 서점 중에는 카페처럼 가볍게 시작한 곳도 있어요. 그러한 사람들은 문화에 대한 깊은 고민이나 사명감에서 서점을 운영한다기보다는 라이프스타일의 하나로 서점을 하고 있는 것 같아요. 하지만 저는 반대로 그쪽이 좋지 않나 생각해요. 왜냐하면 책임감 같은 건 딱히 필요하지 않으니까요. 사명 같은 건 괴로울 뿐이라고요(웃음)! 일단 저도 독립적으로 출판사를 경영하고 있기 때문에 그들을 동료라고 생각하고 있어요. 새로 문을 연 작은 서점은 꼭 저희에게 책을 도매로 보내달라는 연락을 주십니다. 저희 책이 작은 서점에서 그다지 팔리지는 않지만 독립출판사로서 작은 서점과 우호적으로 관계를 이어가고 있어요. 그러면서 큰 유통망 안에서 매출을 올릴 수 있는 건 온라인 서점과 대형 서점 덕분이죠.

다만 책 이외의 것을 많이 파는 북카페라면 공급 요청을 거절하기도 해요. 그러한 서점은 책을 인테리어의 일부로 인식하는 게 아닌가 하는 의문이 드는 거죠. 주인에게 확고한 방침이나 생각이 있어서 그 책을 두고 싶어 하는 건지 아닌 건지 모르니까요. 이런 이유도 있어서 서점에는 위탁이어도 도매로 팔지만 북카페의 경우는 직거래 매입일 경우에만 납품하고 있어요.

참, 이번 달에 제 아내가 서점을 시작했어요. 신촌에 '미스터리 유니온'이라는 미스터리 전문점을 열었죠. 25년 동안 쉼 없이 회사에 다니면서 일을 그만두면 서점을 할 거라고 늘 노래를 불렀거든요. 속으로는 말리고 싶었지만(웃음) 그 마음을 예전부터 알고 있었기 때문에 그러지 못했어요. 책은 그럭저럭 팔리는 모양인데 본인은 만족하고 있는 것 같아요.

앞으로도 저는 잡지나 단행본의 제작 방법을 근본부터 바꿔갈 생각을 하겠지만, 프로파간다는 안정적인 적자를 향해 더욱더 전진해나가겠죠. '안정적'이라는 것이 중요해요. 적자도 관리가 가능하다고 생각하면 무섭지 않거든요.

→ PROPAGANDA 프로파간다
서울시 마포구 양화로7길 61-6 3층
02-333-8459
graphicmag.co.kr

2017년 4월로 10주년을 맞이한 〈그래픽〉. '온 그래픽(ON GRAPHIC)' 특집에는 17인의 디자이너가 작품과 글을 보내주었다. 구매자에게는 인터뷰와 에세이를 책으로 엮은 《디자인이 태도가 될 때(프로파간다 편집부 지음)》를 선물로 보내주었다.

SEOUL MAP

N

→ 서울특별시, 통칭 서울은 23개의 구가 있는 도쿄와 거의 비슷하고 605제곱킬로미터 면적에 약 993만 명(2017년 1월 현재)이 살고 있는 대도시입니다. 이 책에 나오는 서점과 카페는 서울에서 다음과 같은 장소에 있습니다.

북한산 국립공원

시내 중심부

C 창덕궁

17 18

B 경복궁

19

홍대

D 서울시청

홍익대학교

김포공항

A 국회의사당

● N서울타워

여의도

이태원

한강

강남

1. BOOK BY BOOK 북바이북
2. YOUR MIND 유어마인드
3. 어쩌다 가게 망원점
4. BOOKTIQUE 북티크 서교점
5. Aladin 알라딘 중고 서점 합정점
6. PACTORY 팩토리
7. wit n cynical 위트 앤 시니컬 합정점
8. THANKS BOOKS 땡스북스
9. 한잔의 룰루랄라
10. 1984
11. cafe comma 2page 카페 꼼마 2페이지*잠정 휴업

12. 책방 탐구생활(어쩌다 카게 안에 입점)
13. 사적인서점
14. 雨乃日珈琲店 아메노히 커피점
15. wit n cynical 위트 앤 시니컬
16. MYSTERY UNION 미스터리 유니온
17. The Book Society 더 북 소사이어티
18. Schrödinger 고양이책방 슈뢰딩거
19. 교보문고 광화문점
20. Chang's Kitchen 장진우식당
21. BOOKTIQUE 북티크 논현점
22. PARRK 파크

Arrival

→ **마치며 / 우치누마 신타로**

컴퓨터로도 스마트폰으로도 검색할 수 없다. 애초에 한글을 입력할 수 있도록 키보드 설정을 바꾸지도 않았다. 설정을 바꿨다고 해도 한글의 구조나 읽는 법을 모르기 때문에 어찌 되었든 검색할 수 없다. 처음 보는 이름, 알고 싶은 가게, 흥미로운 일. 알파벳을 쓰는 나라라면 바로 검색이 가능하다. 의미를 몰라도 자동 번역으로 어느 정도는 알 수 있다. 그런데 바로 옆 나라의 언어를 입력하는 일부터 실패해서 정보를 알 수가 없다. 우리는 결국 메모 어플을 통해 복사 · 붙여넣기를 해서 알고 싶은 한글을 검색해야만 했다.

지금 서울에서는 서점이 붐이다. 이런 사실을 알고 있는 일본인은 출판업계에서도 거의 없고, 있다고 해도 극소수일 것이다. 물론 우리가 그 사실을 알게 되고 책으로까지 출간하는 행운을 손에 넣은 것은 우연에 지나지 않는다. 항상 인터넷에 접속할 수 있고 검색 엔진을 통해 필요한 정보를 손쉽게 얻을 수 있으며 온갖 웹 서비스가 개인 맞춤으로 설정된 이후로, 내가 관심 있는 정보는 자연스럽게 들어오리라고 쉽게 생각하고 있었다. 그럴 리가 없는데 말이다. 서울에 직접 가보니 내가 사는 세계와 동일선상에 존재하는 평행 세계가 이렇게 가까운 곳에 있었나 싶은 느낌이 들었다. 너무 신선한 나머지 가볍게 현기증이 났다. 우리는 서울에 완전히 매료되어 많은 공통점과 섬세한 차이가 축적되어 있는 사람들의 이야기를 듣고 또 들었다.

반면에 책을 좋아하는 서울 사람들은 일본 서점에 대해 무척 잘 알고 있었다. 한국에 출간된 도서 중에서 전체의 9퍼센트가 일본 도서를 번역한 책(139쪽)이라는 사실을 통해서 한국 사람이 일본 작가에 대해 잘 안다는 사실을 설명할 수는 있어도, 서점에 대해서 자세하게 아는 이유에 대해 설명할 수는 없다. 특히 정지혜 씨(220쪽)보다 일본 서점에 많이 가본 사람은 일본에서도 100명이 채 안 될 것 같다. 취재한 이들은 하나같이 입을 모아서 일본 서점에서 배웠다고 말한다. 과장이나 자랑하는 것이 아니라 실제로 이번에 취재한 사람들 중 대부분이 내가 경영하는 서점 B&B에 대해 알고 있었다. 하지만 그들도 우리와 마찬가지로, 일본어나 일본 출판 유통 시스템을 정확하게 이해하고 있지는 않았다. 제대로 모르기 때문에 자기 나름대로 해석하고 소화해서 만들어낸 결과가 놀랄 만한 열매로 나타나는 것이다. 이 책을 여기까지 읽으셨으면 아셨으리라. 변명의 여지가 없다. 언어를 배우지 않는 이상 서로의 나라에 대해 검색하기 어려운 점은 한국도 일본도 마찬가지이다. 그러니까 결론은 우리가 태만하고 공부가 부족했다는 것이다. 서울 사람들이 이 정도로 열심히 다른 나라나 산업을 연구하고 반짝이는 아이디어를 가지고 적극적으로 시도하고 있다는 사실은 책을 둘러싼 환경이 보다 절박해졌다는 증거이기도 하다. 아마도 가까운 미래에 일본에 닥칠 상황과 아주 비슷할 것이다. 물론 책의 미래는 실제로 그때가 와봐야 알 수 있다. 하지만 여행을 하고 사람들의 이야기를 들으면서 앞으로 책과 어떤 관련이 있는 일을 할 것인지 미래를 고민해보는 일은 가능하다. 이 책에《책의 미래를 찾는 여행, 서울》이라고 조금 거창한 제목을 붙인 이유는 이러한 의미에서다.

'책의 미래'라는 말에 전자책을 비롯한 디지털 콘텐츠에 대한 이야기를 다루지 않을까 기대한 사람이 있을지도 모르겠다. 한국은 IT 선진국임에도 불구하고 거의 아무도 전자책에 대해 언급하지 않았던 점 또한 시사하는 바가 많다. 더욱이 이 책의 목적은 미래 예측에 있지 않다. 어디까지나 우리가 느꼈던 놀라움을 그대로 전달하고, 책과 연관되어 있는 사람들에게 생각할 계기를 주는 일이 가능하다면 편저자로서 더없이 기쁠 것이다.

3년쯤 전에《책의 역습》이라는 책을 썼다. 이 책이 한국에서 번역 출판된 것을 계기로 《책의 미래를 찾는 여행, 서울》이 만들어지기까지의 과정은 아야메 씨가 책의 시작에 쓴 그대로다. 《책의 역습》은 "미래를 함께 만들어나갈 동료가 늘어나기를 바라며 이 작은 책을 끝내려고 합니다. 당신도 '책방'으로!"라는 문장으로 끝난다.

물론 서점을 여는 일은 간단하지 않다. 하지만 불가능하지도 않다. 아니면 본업은 두고 부업으로, 밤이나 주말에만, 가게 없이 혹은 가상의 공간에서라도 책과 관련된 활동을 할 수 있는 것이다. 이런 사람이 늘어나는 만큼 책과 그 주변의 문화는 다양해지고 풍성해진다. 《책의 역습》은 넓은 의미의 '서점 동지'를 늘리기 위해 일종의 선동을 목적으로 쓴 책이다. 이 책을 쓴 뒤에 실제로 서점을 시작하고 싶어 하는 사람들을 대상으로 구체적인 조언을 해주는 '앞으로의 서점'이라는 강좌도 시작했다. 강좌를 듣기 위해 모인 사람들에게 신중하게 조언해주고 용기를 주는 시간을 통해, 서점이 몇 군데 생기고 출판 관련 활동이 시작되는 모습을 보며 겨우 나의 활동에 대한 반응을 느끼기 시작한 참이었다.

그런데 서울에 가보니 젊은이들이 하나둘 오프라인 서점을 시작하고 있었다. 이 무모한 젊은이들은 먼저 장소를 마련하고 서점 이름을 짓고 책을 진열하고 나서 어찌어찌 서점 주인이 된 다음에 이제부터 어떻게 하면 좋을지를 생각한다. 서울을 대표하는 동네서점인 땡스북스의 이기섭 대표조차 서점 붐에 편승하는 무모한 젊은이들을 걱정하면서도 자신도 "해보고 안 된다 해도 좋은 공부가 되었다고 생각하자", "창업 자금을 수업료라 생각하고 쓸 수 있는 만큼 쓰자"는 생각으로 서점을 시작했다고 한다. 마치 웹 서비스를 런칭이라도 하는 듯이 서점을 베타 버전으로 일단 만들고 A안과 B안 중에 어떤 것이 나을지 테스트를 반복한다. 앞일은 아직 모르겠다고 말하면서도 실패가 그렇게 큰 문제는 아니라고 한다. 서점을 계속하기 위해서라면 책을 파는 일만 고집하지 않는 사람도 많았다. 모두 적극적으로 지역이나 특정 분야의 플랫폼이 되는 것을 지향하고 그 안에서 살길을 모색하고 있었다.

(Arrival)

일본에서는 젊은이가 서점을 시작하고 싶다고 말하면 출판업계는 사양 산업이니까 하지 말라고 반대하는 사람이 아직 많다. 나는 내가 했던 강좌를 통해 면밀한 준비와 사업 계획, 확고한 콘셉트와 아이디어의 필요성을 전해주었다. 물론 이러한 점도 중요하다. 하지만 해보고 나서야 처음 알게 되는 점은 가늠할 수 없이 크다. 당연하다고 생각했던 점을 다시금 깨닫게 된 여행이었다. 한국의 빠른 속도감이나 가벼운 발걸음은 나에게 무척 빛나 보였는데, 이 책이 모두에게도 용기를 전해준다면 좋겠다.

아메노히 커피점의 시미즈 점장이 "땅이 이어져 있다는 느낌으로 해외에 가는 부담감 없이 서울에 와보면 재미있을 것 같다"고 말한 것처럼(261쪽) 서울은 가깝다. 이 책은 주로 출판업계에 관심이 있는 사람의 손에 도달하겠지만, 조금 이상한 서울 여행 가이드북이나 논픽션으로 오해를 받아 누군가에게 배달되었으면 하는 소박한 소망도 있다. 책은 언어의 벽을 넘기 어려운 만큼 독자적으로 진화하기 쉬운데 그래서 개성이 드러나기 쉬운 매체이기도 하다. 검색으로는 느낄 수 없는 재미에 맛을 들인 우리의 다음 야망은 이 책이 잘 팔려서 속편을 내는 일이다. 가까운 곳도 먼 곳도 좋다. 타이베이의 성품서점(誠品敦南店)이나 VVG 같은 서점은 유명세 덕분에 이미 일본에서도 주목받고 있다. 그런 서점을 더욱 탐구해보면 어떨까? 아니면 다양한 소문이 들리는 베이징 쪽을 찾아가볼까? 아니면 또 다른 어떤 곳을 가볼까?

2017년 5월

My Place in SEOUL

1. 파머스 커피

2. 이런 된장

3. 오브젝트

이기섭
THANKS BOOKS
P.010

1. 홍대에 있는 카페로. 마치 약을 조제하듯이 섬세한 방법으로 커피를 내려주는 전문점.
2. 마을 주민을 위한 싸고 맛있는 김치찌개와 된장비빔밥 식당.
3. 홍대에 있는 리사이클 굿즈 숍. 환경을 생각하면서 만든 재미있는 굿즈가 많이 있다.

1. 투닷쇼룸

2. 북가좌근린공원

3. 스탠펀드 PK 마켓

김진양
BOOK BY BOOK
P.032

1. 인테리어 숍. 멋진 공간에서 여유롭게 자신의 라이프스타일에 맞는 물건을 찾는 것이 즐겁다.
2. 북바이북 근처 한강변에 있는 공원. 강변에서 부는 바람이 기분 좋고 공원의 디자인도 멋지다. 바람을 쐬고 싶을 때 간다.
3. 일반 슈퍼마켓과는 다른 센스 있는 분위기 속에서 쇼핑을 즐길 수 있다.

1. 심학산

2. 땅콩문고

3. 장인막국수

조성웅
UU PRESS
P.052

1. 파주 출판도시를 품고 있는 명산. 정상에서는 사방이 내려다보여서 마음이 맑아지는 기분이 든다. 날씨가 좋으면 북한까지 보인다.
2. 집이 사무실이어서 다른 사람들과 만날 때 근처에 있는 이 서점을 사무실 대신으로 활용하고 있다.
3. 땅콩문고 바로 옆에 있는 맛있는 막국수 집. 막국수는 메밀가루를 사용한 면 요리로 강원도 향토음식이다. 100퍼센트 메밀가루로 만든 담백한 면이 일품.

1. 명동성당

2. 당인리 발전소 야경

3. 교보문고

유희경
wit n cynical
P.068

1. 크리스천인 나는 번잡한 일주일을 잊기 위해서 일요일에는 반드시 성당 미사에 참석한다. 그 시간만큼은 마음에 천사가 머물고 있다.
2. 1990년대 초반의 주택이 가진 고요함이 머무는 곳. 골목이 많은 이 동네를 무척 좋아한다. 서교동이 점점 개발되고 있지만 당분간은 이대로였으면 좋겠다.
3. 나를 시인으로 키운 서점. 이곳에서 많은 시인과 소설가를 만났다. 지금은 어수선한 장소가 되었지만 어쩔 수 없이 이곳을 방문하게 된다.

→ 이 책에 나오는 분들에게 서울 시내에서 좋아하는 장소가 어디인지 물어보았습니다.
→ 사진은 본인들이 촬영한 자료를 받았고, 일부는 가게에서 직접 제공받았습니다.

1. 박노수 미술관

2. 유어마인드

3. 탐영덕 우정국

박활성
workroom press
P.090

1. 1938년에 세워진, 화가 박노수가 살던 집. 한국, 중국, 서양의 건축양식이 섞여서 불가사의한 분위기를 자아낸다.
2. 오랫동안 서교동에 있다가 최근 연희동으로 이전했다. 멋진 책을 발견할 수 있을 것이다.
3. 한때 우체국이던 건물을 활용한 문화 공간. 다양한 장르에서 활동하는 아티스트의 작업을 볼 수 있다.

1. EP

2. 연희동 칼국수

3. 비하인드 더레인

이로
YOUR MIND
P.110

1. 연남동에 있는 카페. 조용한 분위기에서 여유롭게 커피를 즐길 수 있다. 가게 이름대로 EP 레코드가 한쪽 벽면에 진열되어 있다.
2. 연희동의 유명한 가게. 칼국수는 우동과 비슷한 한국의 면 요리로 이 가게는 한우 사골로 우린 국물이 일품이다.
3. 유어마인드와 같은 '은는'에 입주한 카페. 서교동에 있는 오래된 카페의 지점이다.

1. 반송재 독서당

2. 책 속의 얼굴

3. 열린숲 도서관

백원근
책과사회연구소
P.134

1. 북촌 한옥 마을에 있는 한국적인 도서관.
2. 국립디지털도서관의 현관에 있는 LED 작품.
3. 2017년 3월에 구로 디지털단지에 문을 연 도서관. 한국에서 처음으로 상업 빌딩의 현관에 도서관이 만들어졌다.

1. 이코복스

2. 우래옥

3. 뷔페마마켓

최태혁
MAGAZINE B
P.154

1. 커피의 맛과 분위기의 적당한 균형감이 좋다. 최근 트렌드를 쫓지 않는 점도 좋다.
2. 한국 특유의 면 요리인 냉면. 특히 평양냉면을 먹을 때에 느끼는 '시원하다'라는 감각은 다른 언어로는 번역되기 어렵다.
3. 4층짜리 건물의 각 층에 서점과 카페가 들어가 있다. 중심지에 있어서 접근성이 좋고 누군가와 만날 때에도 편하다.

→ 343

My Place in SEOUL

박태근
ALADIN
P.174

1. 혜화동의 성균관대학교 앞에 있는 인문사회과학 서점. 대학 시절부터 자주 다녔는데, 서점 주인을 형님이라고 부르며 지냈다. 나에게 지적 자양분이 되어준 장소이며 지금 하는 일로 인도해준 곳.
2. 이곳에 가면 편집자나 번역가 등 출판계 사람과 만날 수 있다. 아침까지 영업한다는 점도 좋다.
3. 망원동에 있는 맥주 큐레이션 숍. 맥주를 한 병 사서 한강공원에서 바람을 쐬며 여유를 즐겨보자.

정지연 + 장성환
Street H
P.194

1. 연희동의 '은은'에 있는 카페. 오후의 햇살과 커피가 완벽히 조화를 이루는 공간.
2. 을지로에 개점한 카페로, 타임머신을 타고 예전으로 돌아갈 수 있는 참신한 복고풍 콘셉트가 재미있다. 소형 로스터로 로스팅한 커피와 영화의 한 장면을 연상하게 하는 인테리어가 독특하다.
3. 경복궁 근처에 있는 미술관. 미술관 주변에 있는 삼청동, 북촌, 계동 거리의 고요함이 좋다.

정지혜
sajeokin bookshop
P.220

1. 일본에서 손님이 오면 항상 데리고 가는 이태원의 가게!
2. 계동에 있는 전통적인 흑백 사진관. 기념으로 폴라로이드 한 장 찍어보는 것을 추천한다.
3. 망원동에 있는 디자인 스튜디오로 쇼룸도 같이 운영하는데 귀여운 일러스트가 그려진 여행 관련 굿즈가 많다.

시미즈 히로유키
아메노히 커피점
P.244

1. 혼자서도 보쌈을 주문해서 먹을 수 있는 귀한 가정요리 식당.
2. 인디밴드의 CD를 팔고 월요일에 라이브 공연도 하는 카페.
3. 갓 만들어진 식빵이 맛있는 오래된 빵 가게.

→ 이 책에 나오는 분들에게 서울 시내에서 좋아하는 장소가 어디인지 물어보았습니다.
→ 사진은 본인들이 촬영한 자료를 받았고, 일부는 가게에서 직접 제공받았습니다.

윤동희
booknomad
P.268

1. 목동아파트 8-14단지까지 이어지는 '목동로'를 걷는 것이 좋아서 집도 사무실도 이 동네로 옮겼다.
2. 좁은 골목에 서울의 전통적인 옛 모습과 젊은 예술가들의 공간이 절묘하게 조화를 이루고 있다. 서촌에 가면 카페 mk2나 더 북 소사이어티 등 지인의 가게에 자주 간다.
3. 홍대에 갈 때마다 방문하는 카페. 극도로 심플한 공간은 '커피 전시장'이라고도 부르고 싶을 정도.

박종원
BOOKTIQUE
P.286

1. 오래된 공장 거리에 아틀리에 등 문화 공간이 흩어져 있다.
2. 북티크 바로 근처에 있는 레스토랑. 일본풍 파스타와 가정요리가 맛있어서 인기가 있다.
3. 다양한 카페가 즐비한 거리. 최근에는 이곳에 세렌북피티(Serenbook pity)라는 북카페도 생겼다.

장진우
Chang's Company
P.306

1. 이촌 지구에 있는 한강공원. 잔디도 풍성하고, 경치가 점점 더 멋있어진다!
2. 공장 창고가 갤러리와 카페로 다시 태어났다. 무척 넓다!
3. 소셜호텔이 서울에 있어서 정말 다행이다. 손꼽히는 유명 디자이너가 경영하는 호텔.

김광철
PROPAGANDA
P.320

1. 서교동에 있는 카페. 강북 지역 최고의 맛.
2. 요리 연구가가 만들어내는 매력적인 비주류 한국요리.
3. 이태원에 있는 바. 자유가 넘쳐나는 예술적인 공간이다.

→ 345

BOOK REVOLUTION IN SEOUL by Shintaro Uchinuma, Yoshinobu Ayame

Photographed by Yukiko Tanaka

Illustrated by Ryo Kawahara

Originally designed by Takasuke Onishi & Akiko Numoto (direction Q)

Copyright ⓒ Shintaro Uchinuma, Yoshinobu Ayame, Yukiko Tanaka, 2017

All rights reserved.

Original Japanese edition published by Asahi Press Co., Ltd.

Korean translation copyright ⓒ 2018 by Hans Media Inc.

This Korean edition published by arrangement with Asahi Press Co., Ltd., Tokyo,

through HonnoKizuna, Inc., Tokyo, and BC Agency

『本の未来を探す旅 ソウル』ⓒ 内沼晋太郎、綾女欣伸、田中由起子 朝日出版社刊 2017

写真：田中由起子、イラスト：カワハラリョウ、ブックデザイン：大西隆介＋沼本明希子(direction Q)

책의 미래를 찾는 여행, 서울

1판 1쇄 인쇄 2018년 3월 13일
1판 1쇄 발행 2018년 3월 20일

지은이 우치누마 신타로, 아야메 요시노부
사진 다나카 유키코
옮긴이 김혜원
펴낸이 김기옥

실용본부장 박재성
편집 이나리, 손혜인, 박인애
영업·마케팅 김선주
커뮤니케이션 플래너 서지운
지원 고광현, 김형식, 임민진

인쇄·제본 민언 프린텍
펴낸곳 컴인
주소 121-839 서울시 마포구 서교동 양화로 11길 13(서교동, 강원빌딩 5층)
전화 02-707-0337 **팩스** 02-707-0198 **홈페이지** www.hansmedia.com

컴인은 한스미디어의 라이프스타일 브랜드입니다.
출판신고번호 제2017-000003호 **신고일자** 2017년 1월 2일

ISBN 979-11-960018-7-2 03300

→ 감사의 말

이 책의 제작과 출간에 있어서 특히 아래에 성함을 언급한 분들께 감사를 드립니다.

저희를 서울의 서점과 출판 세계에 초대해주시고 취재할 분들과의 협의 과정에도 힘을 써주셨던 정지혜 씨와 문희언 씨. 취재할 때 통역뿐만 아니라 즐겁게 서울 일정을 함께해주신 박주현 씨, 정상민 씨, 양미석 씨, 김한솔 씨. 출판을 통한 문화 진흥의 선배로서 많은 조언을 주셨던 쿠온출판사·책거리의 김승복 씨를 비롯한 직원분들.

그리고 마음을 열어서 아낌없이 많은 이야기를 해주셨던 이 책에 등장하는 서울에 계신 여러분.

정말 감사합니다.

취재·집필 우치누마 신타로, 아야메 요시노부

사진 다나카 유키코

일러스트 가와하라 료

편집 아야메 요시노부, 후루야 미쿠, 우치누마 신타로

편집 협력 안조 나오코, 하라다 사토미, 히라노 아사미, 이시즈카 마사유키

사진 제공 팽스북스(29쪽, 30쪽, 31쪽), 슈뢰딩거(51쪽 아래), 위트 앤 시니컬(85쪽 오른쪽), 유어마인드(130쪽, 131쪽), 백원근(140쪽 오른쪽), 사적인서점(표지 커버 가운데, 230쪽, 223쪽 위, 240쪽), 북티크(294쪽 왼쪽), 아야메 요시노부(132쪽, 222쪽, 241쪽 오른쪽, 302쪽, 303쪽)

→ 이 책을 후원해주신 분들

강수민
강은실
강정원
거지기린
경진
고광석(Wasabii-Punch)
구희진
그린티
글자들
기린기린기린아
김가희
김나래
김나정
김도균
김동건(리케다스)
김동현
김민수
김보경
김삿갓
김상훈
김순정
김종원
김지수
김지은
김찬희
김혁주
김호진
대구여자
도티끌
돈암동반짝이
라퓨타
롤론론
류지민
마음담으련
맛있당
무미담
미가야
미래의책사장님조혜연
민경
박건우
박다혜
박듀잇
박선영
박현진
반짝반짝빛나는
비규격
비렴
새봄
생활의지혜(전지혜)
서정은

서지선
서진영
손승희
손은진
스펙타클프로젝트
신형은
서유경
실바
○○
아보
아썸
아자아자
안수형(ahnsh)
양반
어린왕자qW2
여현주
연혜진
영원
온더무브
우제
웃음방울
유수진
유진경
유효주
윤지원
으니
은반디
은햇
이가람
이경미
이경재
이문경
이병진
이상
이상희
이성재
이세연(노아)
이수민
이수아
이승화
이용훈
이은숙
이은아
이은정
이정은
이종배
이지연
이형동
이혜림
임0현

임나현
임동재
임재희
임주연
임혜리
자그니
장세현
장팔사모
재영
정다현
정보영
정숙희
정신혁
정준민
조득신
조영진
조윤영
종이별
주연백주연
줄기세포
쪼니
책방사춘기
청오하
최리빈
최소라
최이수
카트린
쿄하는너너부리
타베
태엽
하늘바다
해이리
허예나
허재욱
헨이
황규정
황성현
황지현
회색연필
훈남
휘
휴먼플랫폼김범주이사
휴먼플랫폼김인국대표
169
3355.문문
ahnne
allo
AM
Byeonghwan Kim
cahier

cal
Cntia
dalrae
delll
dingtionary
E
Ellie
Eun
Gyoung
gom****
graphicv****
herbl****
HK
hs
Hyerin Na
HyunHee Cho
HyunYoe Park
Jaeseung Yum
Jeong-hye Akie Keum
Jihoon Kim
Jihyun Youm
Jisoo Shim
JungMin Lim
Jungrye Min
kyam
LaRoba
Lee Sangmyung
Mei
MinJae Choi
Mina Hyun
Minshin Kim
mintsto****
oTL
Rim
Seowoo Park
shark
sonia
SRT
st****
studio gomin
Sunyang
SYNN
The LORD your God is with you
vov
Yanu Kwon
Yesol Lee
YONY
Yoon JeongEun
yu0****